中公新書 2415



今井宏平著

# トルコ現代史

## オスマン帝国崩壊からエルドアンの時代まで

中央公論新社刊

# はしがき

「トルコの政治と外交を理解することは国際政治全体を理解することである」、と言っても決して大袈裟に聞こえないような状況が続いている。日本でもトルコのニュースを目にすることが多くなった。

ここ二年だけでも、二〇一五年一〇月一〇日にアンカラで起こった「イスラーム国（ＩＳ）」に所属する若者による自爆テロ、その直後の二六日に東京のトルコ大使館前で起こったトルコ人とクルド人の衝突、二〇一六年六月二八日のイスタンブルの玄関口アタテュルク国際空港でのＩＳによるテロ、同年七月一五日のクーデタ未遂事件、そして一二月一九日の駐トルコ・ロシア大使銃撃事件などは大きく報道された。こうした個別の事件にとどまらず、隣国シリアから約二七〇万人もの難民が流入し、ＩＳに共鳴したヨーロッパの若者がシリアへと渡るルート上にあるトルコは、国際社会における難民対策やＩＳ対策にとって欠かせない重要な国となっている。

日本との関係も確実に強まっている。二〇一三年には、安倍《あべ》晋三《しんぞう》首相とレジェップ・タイイップ・エルドアン首相（現大統領）が三度も直接会談を行い、九月に二〇二〇年夏季オリンピック開催地が決定する際には、両氏が健闘を称えあってハグをした親密さは語り草となっている。二〇一五年末から二〇一六年初頭にかけては、日本とトルコの合作映画「海難一八九〇」が上映され、二〇一六年六月末にはトルコ・日本科学技術大学（イスタンブル）の設置協定の署名が行われた。これは、日本の協力のもと、トルコの科学技術の向上と技術者の育成を目指すもので、特にトルコ国内の原子力発電所建設事業への貢献も視野に入れている。

## 一〇〇年の歴史と、六つの原則

両国の関係が深まってきている一方で、トルコ共和国の政治家で知っているのは、高校の世界史の教科書に出てくるムスタファ・ケマル（「建国の父」を意味するアタテュルクとも呼ばれる）と現在（二〇一六年一二月時点）大統領を務めるエルドアンだけであるという人も多いだろう。一九二三年にケマルが建国したトルコ共和国は、これまで度重なるクーデタと、めまぐるしいほどの政権交替を経験してきたが、それも多くの日本人が知るところではないだろう。また、トルコの歴史と文化に興味があっても、政治や外交のことは複雑でよくわからないという人も多いのではないだろうか。われわれ日本人からすると、トルコにおける政府と軍の関係や人口の二割近くを占めると言われるクルド人との対立と共存の問題は難しく見えるかもしれない。また、中東、南コーカサス、東欧、バルカン半島という多様な地域に陸続きで隣接しているトルコの地政学的な特徴も、外交の複雑さを印象づけているかもしれない。

建国の立役者であり初代大統領となったケマルは、まず国家の枠組みとして六つの原則を提示した。この建国の六原則をその後の政治家たちがいかに運用し、また、どのような修正を加えてきたかを見ていくことで、トルコ共和国が歩んだ紆余《うよ》曲折《きょくせつ》の行程を浮かび上がらせる。こうすることで、二〇〇一年にエルドアンが中心となって設立した公正発展党が、混乱したトルコを立て直し、安定した長期政権を築くことができた経緯も理解しやすくなるであろう。

オスマン帝国の崩壊過程から現在までを扱う本書は、ケマルとエルドアンの間の歴史の流れを内政と外交に分けて辿っていく。一世紀近くに及ぶトルコ共和国の激動の歴史を一冊の新書ですべて記述することは難しい。そこで、本書は各事象の詳細よりも、歴史の流れを掴《つか》むことに重点を置いて執筆した。現代トルコについて知るための最初の一冊として、トルコまでの空の旅で読む一冊として、また、トルコの政治と外交の理解を深める一冊として、本書を手に取っていただければ幸いである。

# 目次　トルコ現代史

ベルギー
ドイツ
チェコ
ポーランド
ウクライナ
カザフスタン
スロバキア
オーストリア
フランス
スイス
ハンガリー
モルドバ
ロシア
ルーマニア
クロアチア
セルビア
コソボ
スロベニア
ウズベキスタン
黒海
ブルガリア
イタリア
スペイン
マケドニア
ジョージア
カスピ海
アゼルバイジャン
トルクメニスタン
ギリシャ
トルコ
ボスニア・ヘルツェゴビナ
アルメニア
モンテネグロ
アルバニア
キプロス
シリア
地中海
レバノン
チュニジア
イスラエル
イラク
イラン
ヨルダン
クウェート
アルジェリア
リビア
エジプト
サウジアラビア
アラブ首長国連邦
オマーン

トルコ周辺の地図

ブルガリア
エディルネ
ギリシャ
黒 海
ロシア
ジョージア
デュズジェ
スィノプ
クルクラーレリ
カスタモヌ
サムスン
テキルダー
イスタンブル
サカ
リヤ
トラブゾン
リゼ
アルダ
ハン
アルメ
ニア
ヤロヴァ
ボル
チャンクル
チョルム
カルス
ブルサ
チャナッカレ
アンカラ
エルズルム
ヨズガト
スィヴァス
エルズィンジャン
バルクケシル
エスキシェヒル
アール
キュタヒヤ
トルコ
トゥンジェリ
ビン
ギョル
イラン
マニサ
アフィヨン
カイセリ
ウシャク
エラズー
ビトリス
ヴァン
アクサライ
マラトゥヤ
イズミル
ディヤルバクル
コンヤ
ウスパルタ
カフラマン
マラシュ
スィイルト
アイドゥン
デニズリ
アドゥヤマン
ハッキャーリ
ブルドゥル
アダナ
マルディン
ムーラ
ガズィアン
テプ
シャンルウルファ
アンタルヤ
メルスィン
バトマン
ハタイ
オスマニイェ
キリス
地中海
シリア
イラク
キプロス
レバノン


トルコの主な県

# 序章　トルコはいま、何を目指しているのか

## 1　「新興国」トルコの台頭

### 経済の安定成長

公正発展党（Adalet ve Kalkınma Partisi　トルコでは一般にAK Partiと呼ばれる）が二〇〇二年に単独与党の座に就いて以降、トルコの躍進には目を見張るものがあった。まず、経済的な指標を見てみよう。トルコに関して、二〇一五年の国際通貨基金（ＩＭＦ）と世界銀行のＧＤＰ（国内総生産）ランキングではともに世界第一八位に位置づけられる。二〇〇〇年と二〇〇一年に金融危機を経験し、図０―１のように一時は年次ＧＤＰ経済成長率がマイナス一〇パーセントまで停滞したが、二〇〇二年以降、リーマンショックの影響を受けた二〇〇九年以外、年次ＧＤＰ成長率はプラスとなっている。また、インフレ率も（図０―２）、二〇〇〇年代中頃から確実に低下し、二〇一四年では八・九パーセントとなっているように、安定成長が続いてい

図０－１　2000年以降のトルコの年次GDP経済成長率

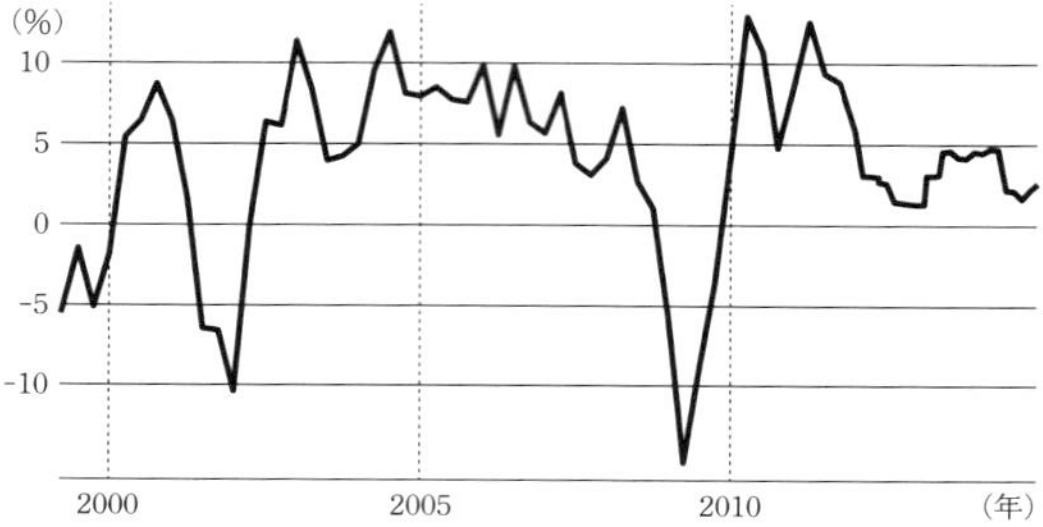


（出所）https://www.quandl.com/collections/turkey/turkey-economy-data

図０－２　1970年代から2010年代にかけてのトルコのインフレ率

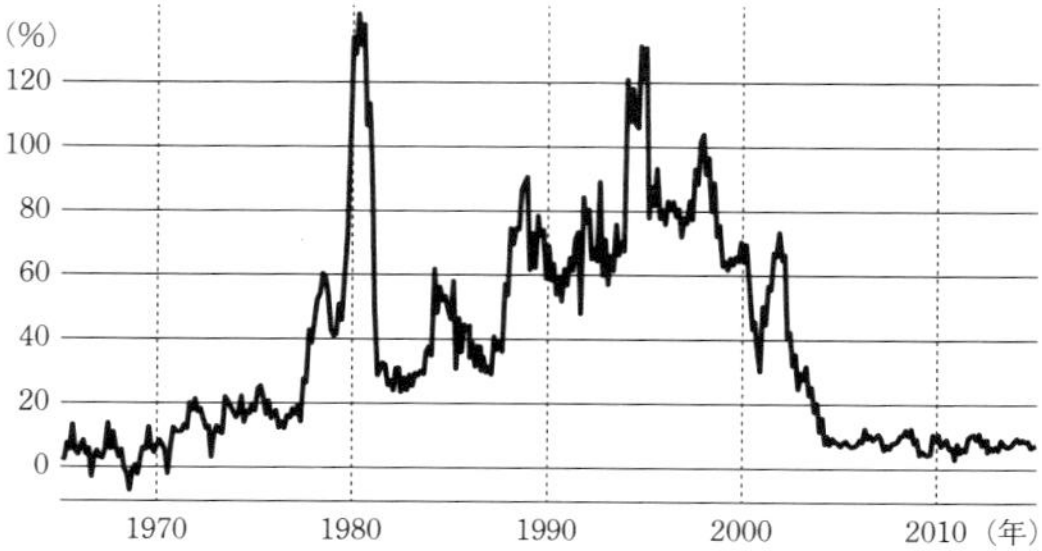


（出所）https://www.quandl.com/collections/turkey/turkey-economy-data

る。

このように二〇〇〇年代に経済的な躍進を見せたトルコは、現在では「新興国」の一つとして、その政策が周辺地域のみならず、国際的に注目を集める国家となっている。「新興国」という用語が注目されるようになったのは、二〇〇一年にアメリカの投資銀行であるゴールドマンサックスがブラジル、ロシア、インド、中国の頭文字を取ってＢＲＩＣｓと称してからである。その後、ＢＲＩＣｓに続いて成長を見せる国々を指す言葉も次々と使用されるようになった。二〇〇五年には、同じくゴールドマンサックスから出された研究論文で、ＢＲＩＣｓに次ぐＮｅｘｔ11が発表され、そこにはトルコが、イラン、インドネシア、エジプト、韓国、ナイジェリア、パキスタン、バングラデシュ、フィリピン、ヴェトナム、メキシコとともに名を連ねた。二〇〇六年にはBRICs経済研究所の門倉貴史《かどくらたかし》が、BRICsに次ぐ新興国としてヴェトナム、インドネシア、南アフリカ、トルコ、アルゼンチンを挙げ、五ヵ国の頭文字をとってVISTAと称している。

## 国際社会で増す存在感

もちろん、トルコの躍進は経済成長だけに留まらない。トルコはG20構成国の一つであり、二〇一五年にはG20の議長国を務めている。G20の構成国は、G7構成国であるアメリカ、イギリス、フランス、ドイツ、日本、イタリア、カナダに加え、欧州連合（EU）、新興経済国と位置づけられている中華人民共和国、ロシア、インド、ブラジル、メキシコ、南アフリカ、オーストラリア、韓国、インドネシア、サウジアラビア、アルゼンチン、そしてトルコである。先進国と新興国の対話の場であるG20の首脳会談は二〇〇八年から開催されている。G20の首脳会談において新興経済国が議長とな

安倍首相（右）と握手を交わすエルドアン大統領。2015年11月15日（写真：picture alliance/アフロ）

るのは、二〇一〇年の韓国、二〇一二年のメキシコ、二〇一四年のオーストラリアに次いで四ヵ国目であった（表0―1参照）。さらにトルコは、二〇一六年五月に潘基文《パンギムン》国連事務総長の呼びかけで開催が決定した、世界人道サミットのホスト国も務めた。

表0－1　G20首脳会談の概要

| 開催年月日 | 議長国 | 開催都市 |
| --- | --- | --- |
| 2008年11月14-15日 | アメリカ | ワシントンDC |
| 2009年 4月　2日 | イギリス | ロンドン |
| 2009年 9月24-25日 | アメリカ | ピッツバーグ |
| 2010年 6月26-27日 | カナダ | トロント |
| 2010年11月11-12日 | 韓　国 | ソウル |
| 2011年11月 3-4日 | フランス | カンヌ |
| 2012年 6月18-19日 | メキシコ | ロス・カボス |
| 2013年 9月 5-6日 | ロシア | サンクトペテルブルク |
| 2014年11月15-16日 | オーストラリア | ブリスベン |
| 2015年11月15-16日 | トルコ | アンタルヤ |
| 2016年 9月 4-5日 | 中　国 | 杭　州 |

（出所）https://g20.org/を参照し、筆者作成

### 中東における「モデル」兼潤滑油

公正発展党は、イスラームを尊重する「親イスラーム政党」（イスラームに「親和的な」政党のことを指す。世俗主義が国是の一つであるトルコでは、イスラーム政党が原則禁止である）でありながら、EU加盟交渉を推し進めることで民主化を促進させた。

二〇〇四年にEU加盟交渉国となったトルコは、EU加盟の指針であり、政治的基準、経済的基準、法的基準を定めた「コペンハーゲン基準」に則って国内の法改正（二度の憲法改正と八回にわたるEU調和法パッケージによる法改正）も行われている。そのため、二〇〇三年のイラク戦争後から「アラブの春」が高揚した二〇一一年に至る数年間、トルコは欧米や中東の指導者、民衆

から「イスラームと民主化両立の成功例」と折に触れて称賛された。たとえば、二〇〇四年六月にNATOの首脳会談でイスタンブルを訪問した当時のジョージ・ブッシュ米大統領は、「国民の九九パーセントがイスラーム教徒であるが世俗主義と民主主義を標榜し、自由主義諸国と密接な同盟関係を構築しているトルコは中東の民主化において重要な役割を果たす」と述べた。また、「アラブの春」で政治変動を経験したチュニジアやエジプトにおいてもトルコは民主化の「モデル」と見なされた。

加えて、二〇〇五年以降は、中東に積極的に関与し、地域の秩序を安定化させる潤滑油の役割も果たしてきた。たとえば、パレスチナ暫定自治政府とイスラエル、シリアとイスラエル、ファタハとハマースの関係改善に取り組んだ。

### シリア内戦の鍵を握る国家

「アラブの春」以前は、中東における「モデル」、そして潤滑油と見なされてきたトルコであったが、「アラブの春」以降は隣国シリアの内戦の泥沼にはまっている。トルコは二〇一一年夏にアサド政権との関係を断絶し、反体制派を積極的に支援してきた。しかし、二〇一六年一二月現在もシリアでは関係国を巻き込み、国際的な内戦の様相を呈しながら、終わりが見えない戦いが続けられている。シリアと九一〇キロに及ぶ国境を共有するトルコは、大量の難民の流入（二〇一六年一二月時点で約二七八万人）、さらには二〇一四年にISがイラクとシリアで台頭して以降、ＩＳに加わる外国人戦闘員の交通路として使用され、二〇一五年からはＩＳのテロが頻発するなど、苦境に喘《あえ》いでいる。そうした中でもトルコは、反体制派を支援する主要国として、ＩＳ掃討の鍵となる国家として、また、難民支援を積極的に展開する国家として、その重要性を維持している。

## 2　公正発展党の登場

### 現代版「瀕死の病人」

ここまでは、近年存在感を増しているトルコの状況について概観してきたが、二〇世紀から二一世紀に移行した一六年前に、トルコが「新興国」として台頭することを誰が予想できただろうか。トルコは、一九九九年一二月に開催されたヘルシンキでの欧州理事会においてＥＵ加盟候補国となったが、当時のトルコは慢性的な政治の腐敗と脆弱な経済に喘いでおり、「瀕死の病人」といわれたオスマン帝国末期を思わせる有様であった。さらに一九九九年八月一七日に起こったマグニチュード七・五のマルマラ大地震は約一万七〇〇〇人が犠牲となる甚大な被害をもたらした。そして、決定的だったのは、二〇〇〇年一一月と二〇〇一年二月に発生した深刻な金融危機であった。第四章で詳述するが、その背景には、一九八〇年代に首相を務めたトゥルグット・オザル（八九〜九三年には大統領を務めている）が当時のトレンドであった新自由主義経済をいち早く導入したことがあった。オザルが進めた経済改革には経済的弱者へのセーフティーネットがなく、貧富の差を拡大させ、徐々に経済を弱体化させていったのである。二度の金融危機は、世界銀行から国家経済大臣に転身したケマル・デルヴィシュが提唱したIMFや世界銀行と密接な協力を行う「強い経済に向けたプログラム」によってなんとか収束に向かった。

## 転機としての二〇〇二年

そんなトルコに転機が訪れたのは二〇〇二年であった。二〇〇二年はトルコ共和国の歴史にとって重要な二つの出来事が起こった。一つは、サッカーのトルコ代表が日本と韓国が共催したワールドカップで三位に輝いたことである。トルコに滞在したことがある方ならご存知だろうが、トルコではサッカー人気が非常に高い。トルコに生まれた男の子は、必ず一度はサッカー選手になることを夢見ると言われている。その一方で、トルコは強豪ひしめくヨーロッパ地域に区分されるため（日本にとっては幸いだが）、ワールドカップやヨーロッパ選手権に出ること自体難しく、長い間、弱小国に分類されてきた。しかし、一九九六年のヨーロッパ選手権に初出場、二〇〇〇年の同選手権でベスト・エイトに残るなど徐々に実力をつけ、二〇〇二年ワールドカップでは世界を驚かせる結果を残したのである。

二つ目の出来事は、二〇〇二年一一月三日の総選挙で公正発展党が大勝し、単独与党となったことであった。九〇年代に与党（連立政権も含む）であった正道党、祖国党、民主左派党、民族主義者行動党などは、マンネリ化と政治腐敗が進むとともに、金融危機に対しても効果的な対応策を提示できなかった。それに対し、若く、フレッシュな公正発展党の政治家たちは都市郊外の貧困層の重要性を認識するとともにグローバリゼーションに対して肯定的な評価を下していた。公正発展党の指導者たちは、保守的な価値観とグローバリゼーションを両立することで貧困層に富を提供しようとしたため、「保守的なグローバリスト」と呼ばれた。

公正発展党の勝利は、これまで中心から分断され、周辺に追いやられてきた保守的でイスラームへの信仰が厚い人々の票田に依るところが大きかった。二〇〇二年の選挙は、トルコ躍進の出発点であると同時に、国内においては、公正発展党の長期政権を下支えする「周辺の中心化」が確立されたことを意味していた。トルコのサッカー代表が国民に大きな希望を与えたように、この選挙結果も、政治的腐敗に倦《う》んでいた民衆に光明をもたらした。ともあれ、トルコの躍進は二〇〇二年から始まったのである。

## 二〇一五年は新たな転換点？

二〇一五年は、二〇〇二年同様、トルコ政治を検証するうえで転換点と言える年であった。まず、六月七日の総選挙で二〇〇二年から単独与党の座に君臨してきた公正発展党が単独で与党となるために必要な過半数（トルコの大国民議会は総議席数が五五〇）である二七六議席に届

**デミレルの葬儀**（写真：鈴木啓之）

かない二五八議席の獲得に留まったため、単独与党の座から滑り落ちた。

次いで、六月一七日には、一九六〇年代から政治の舞台で活躍し、首相と大統領を歴任したスレイマン・デミレルが九〇歳で死去した。デミレルはビュレント・エジェヴィト、ネジメッティン・エルバカン、トゥルグット・オザルとともに一九七〇年代から九〇年代のトルコを牽引した人物であり、巨頭政治家の最後の生き残りであった。九〇年代に政権与党であった祖国党、正道党、民主左派党は吸収合併、もしくは一パーセントに満たない得票率にまで凋落《ちょうらく》し、デミレルが亡くなったことで九〇年代までのトルコ政治はもはや歴史となったと言えるだろう。

七月は治安という観点から、大きな動きがあった。まず、二〇一三年三月から行われてきた、トルコ政府と非合法武装組織のクルディスタン労働者党（PKK）の停戦交渉が決裂し、七月後半から南東部でトルコ政府とPKKの衝突が起きるようになった。また、ISによるトルコ国内のテロが本格化し、七月二〇日に、シリア国境に近いシャンルウルファ県スルチでISのテロリストによる自爆テロで三二名が亡くなった。これ以降、ＩＳのテロがトルコ国内で頻発するようになる。

結局、六月七日の総選挙後、公正発展党を中心とした連立交渉が不調に終わり、一一月一日に再選挙が実施された。再選挙は、六月の総選挙とは全く違う結果となった。公正発展党が三一七議席を獲得し、圧勝したのである。国内の治安が悪化する中で、国民は公正発展党による安定した政治を期待したのである。

このように、二〇一五年は、公正発展党が一度は単独与党の座を失ったものの、その地位を奪回し、トルコ共和国一〇〇周年である二〇二三年を見据えた政権運営に着手し始めた。その一方で、国内の治安は不安定化し、トルコを訪れる観光客が大幅に減少した。

## 3 本書の目的と分析視角

二〇〇二年に転機を迎えたトルコが、公正発展党の舵取りで安定と成長を手に入れ、新興国と見なされるまでになったことについてはすでに触れた。しかし、こうした安定成長を手に入れるまで、トルコは多くの政変を経験しなければならなかった。本書は、一九二三年のトルコ共和国建国以来、時の為政者たちが紆余曲折を経る中で苦闘してきた歴史を概観するささやかな試みである。

現代史を描いていく手法はさまざまである。いくつかの事象をピックアップして詳述するもの、個々の事象よりも歴史の「流れ」に着目し、その流れをあぶり出そうとするもの、いくつかのキーワードから歴史を観察するもの、人物に焦点を当てるもの、などである。また構成に関しても、最初から最後までを一つの完結したストーリーとして描くものと、各章ごとに完結するもの、といった違いがある。

そのなかでも本書は、歴史の「流れ」をあぶり出すことに主眼を置きたい。二〇二三年に建国一〇〇周年を迎えるトルコ共和国のこれまでの歩み、特に現実と理念の間で苦闘しつつ、常にトルコ共和国の生存と既存の国家体制の維持を目指す「社会的ダーウィニズム」を最優先してきた様を描き出したい。この作業を行うためにはいくつかの補助線が必要となる。本書は、やや使い古された感もあるが、内政に関して、ケマルが提示した、①共和主義（Cumhuriyetçilik）、②民族主義（Milliyetçilik）、③人民主義（Halkçilik）、④国家資本主義（Devletçilik）、⑤世俗主義（Laiklik）、⑥革命主義（Inkilapçilik）という六本の矢（altı ok）、特に政策として用いられた民族主義、国家資本主義、世俗主義を緩やかな補助線として使用する。六本の矢に関しては第一章で詳しく見ていくが、この六本の矢のうち、共和主義、人民主義、革命主義は若干の読み替えが必要である。ここでは六本の矢の読み替えと、そのメカニズムについて、少し触れておこう。

まず、共和主義に関してであるが、共和主義は突き詰めると民主化と民主主義の問題となる。それまでの王権（トルコの場合はスルタン）を否定し、人民主権を原則とすることが共和政の根本的な原理である。共和政は、それまで国家権力を掌握していた王（スルタン）が取り除かれるために、民衆の暴動や権力を掌握した指導者による独裁が起こる可能性がある。トルコの場合は、オスマン帝国が第一次大戦による敗戦だけでなく、列強の帝国主義によって滅亡寸前であった。そのため、権力を掌握したケマルは帝国主義に抗することが急務であり、ある程度の独裁は許容された。バランス感覚に優れ、カリスマであったケマルが一九三八年に没し、第二次世界大戦後に複数政党制が施行されると、共和政の名の下での独裁が顕在化、さらには少数連立による政治的な混乱が見られるようになった。共和政は人民に主権が与えられているからこそ、独裁やポピュリズム、さらには過度の多元化によって政治が混乱することがしばしばある。これらを防ぐには、内からの、そして外からの民主化による民主主義の強化が必須となる。よって、共和主義とはつまり、人民主権の原則であり、健全な共和主義を確立するためには民主化と民主主義が必要不可欠である。

次に人民主義であるが、これは六本の矢に基づくケマル主導の改革を農村などにも普及させることを意味した。しかし、トルコの著名な社会学者であるシェリフ・マルディンが一九七三年に発表した論文で、オスマン帝国から一九七〇年代まで一貫して、中心（オスマン帝国時代はスルタンとその側近や官僚、トルコ共和国では西洋化を進める世俗主義エリート）と周辺（オスマン帝国時代は遊牧民族や部族、トルコ共和国では敬虔なムスリムが多い中央アナトリア以東の農民など）の亀裂があると指摘した。この中心と周辺の亀裂は、第六章で論じるように親イスラーム政党の台頭とも密接に関係しており、現在でもたびたび引用されている。

最後に革命主義であるが、これはケマルが主導する「近代化」に向けた一連の改革を支持する考えである。その中心となっていたのは当初は世俗主義エリート、特に軍部であった。軍部はトルコ共和国の「守護者」を自認しており、これまで二度のクーデタと二度の書簡クーデタを敢行するなど、たびたび政治に介入してきた。しかし、時代を経るにつれ、文民にその役割が移り、世俗主義色とエリート色も薄れてきた。二〇一六年七月一五日のクーデタ未遂事件も記憶に新しい。このように、革命の主導権を握る綱引きが文民政府と軍の間で行われてきた。トルコ現代史を俯瞰《ふかん》する中で政軍関係を無視するわけにはいかない。

一方、外交に関して、ケマルは「国内平和・世界平和（Yurtta Sulh, Cihanda Sulh）」という理念を掲げた。これは国内の安定と、国際社会の安定を希求するものだが、トルコ外交の文脈では、「国際社会で平和裏に生存する」ことと読み替えられる。オスマン帝国の崩壊からなんとか領土を死守し、トルコ共和国を立ち上げたケマルや二代目大統領のイスメト・イノニュは対外的な脅威認識が高く、極めて現実主義的な思考に基づき、外交を展開した。その際に、原則となったのが、西洋化（Batıcılık）と現状維持（Statükoculuk）であった。

このように、本書は、内政に関しては、①民主化・民主主義（←共和主義）、②民族主義、③中心・周辺構造（←人民主義）、④国家資本主義、⑤世俗主義、⑥政軍関係（←革命主義）という補助線、そして外交に関しては、①現実主義、②西洋化、③現状維持という補助線を引いて、現代トルコの歴史を紐解《ひもと》いていきたい。

# 第一章　トルコ共和国の国家建設

オスマン帝国とトルコ共和国の間には、大きな断絶があると論じられてきた。しかし一九九〇年代後半から、この時代を研究対象としている新井政美やオランダ・ライデン大学のエリック・ツルヒャーなどがオスマン帝国末期とトルコ共和国初期は密接につながっていることを主張し、現在では後者が定説となっている。本書はトルコ共和国を扱う書物であるが、この章ではその前提となっているオスマン帝国末期にも光を当てながら、トルコ共和国の国家建設を概観していきたい。

## 1　オスマン帝国の崩壊とトルコ共和国の建国

### 一九世紀におけるオスマン帝国の衰退と改革

約六〇〇年続いたオスマン帝国（オスマン朝）からトルコ共和国の建国への移行はどのよう

になされたのだろうか。オスマン帝国は全盛期、現在の中東から東欧、バルカン半島に至る大帝国であった。しかし、その後、「瀕死の病人」と言われたように、一九世紀初頭には「西洋の衝撃」を受け、ギリシャを皮切りに、バルカン半島や東欧でナショナリズムが高まり、各地で民族自決を求める動きが勃発《ぼっぱつ》した。それだけではなく、エジプトのムハンマド・アリーのように、帝国内部から公然とオスマン帝国に反旗を翻す有力者も出始めた。また、ヨーロッパ列強に多額の借款を行っていたオスマン帝国は一八七五年には財政破綻するに至った。

一九世紀はこうしたオスマン帝国の崩壊をいかに食い止めるかが模索された時代であった。第三一代スルタンで一八三九年から六一年までその地位にあったアブデュルメジトは、その在位中にオスマン帝国の改革を志向した。一八三九年一一月にはギュルハーネ勅令、一八五六年には改革勅令を公布し、政府機構、司法、行政、税制、教育などに及ぶ一連の改革を実施した。この改革の時期をタンズィマートと呼ぶ。そして、アブデュルアズィズ、精神的な病のために短期間でスルタンの座を下りたムラト五世を経て、一八七六年にアブデュルハミト二世にスルタンの座が引き継がれ、同年一二月に「ミドハト憲法」が制定された。ギュルハーネ勅令からミドハト憲法制定までの時期、オスマン帝国が目指したものは、宗教的差異を超えた平等な国民意識を創り出すことであった。これはオスマン主義と呼ばれた。オスマン主義とは、端的に言えば、「オスマン帝国人」というオスマン帝国のナショナリズムを創造しようとする諸政策であった。しかし、佐原徹哉が端的に指摘しているように、オスマン主義は理想のオスマン国民像が不明瞭であり、団結の核となる概念を欠いていた。また、アブデュルハミト二世は専制とイスラーム主義によって権力を掌握したので、オスマン主義による改革は頓挫《とんざ》する。

アブデュルハミト二世の統治は専制主義であったが、その特徴はイスラーム主義の提示と「中立」を目指した外交政策であった。アブデュルハミト二世は、オスマン主義に代わり、イスラーム主義をオスマン帝国の統合の概念とした。アブデュルハミト二世のイスラーム主義は、伝統的なイスラームの思想と近代化を融合し、帝国内のムスリムと西洋列強に対して正統性を示すというものであった。一方、外交においては、西洋列強（特にイギリスとロシア）の間の勢力均衡をうまく利用する形で、各国から協力をとりつけ、オスマン帝国の領土を維持しようとした。

## 青年トルコ人運動から独立戦争へ

アブデュルハミト二世は、専制主義を布きながらも一方で近代化と西洋化を推進した。そして、その近代化の中から新たに「青年トルコ人」と呼ばれる人々が現れた。彼らの目的はオスマン主義に通じるものであったが、それに加えてアブデュルハミト二世の専制から脱することが掲げられた。「青年トルコ人」の中核は一八八九年に設立された「オスマンの統一」という組織で、この組織は次第に有力な政府高官や官僚なども加わり、

アブデュルハミト２世

一八九四年には「統一と進歩委員会」と改名された。「統一と進歩委員会」はオスマン帝国各地に支部を作り、参加者を増やしていった。ただし、組織が拡大した弊害で、中央集権的にオスマン主義を目指すグループと、中央の統制ではなく、地方分権に基づく民衆の動員によって目標を達成しようとするグループの対立が顕在化していった。一九〇七年にはムスタファ・ケマルがこの組織に加わることになる。そして、一九〇八年七月、「統一と進歩委員会」はアブデュルハミト二世の専制を終わらせることに成功した。これは「青年トルコ人革命」と呼ばれた。

「統一と進歩委員会」は、オスマン帝国の統合の理念をオスマン主義やイスラーム主義よりも狭義なトルコ・ナショナリズムに求めた。一方で、「統一と進歩委員会」の統治は路線対立を繰り返し、彼らが目指してきた憲政とはほど遠い統治しか実施できなかったため、民衆は失望していった。こうしたなか、第一次世界大戦が勃発し、オスマン帝国はドイツと対ロシア軍事同盟を結んだことで、戦争に巻き込まれていくことになる。アブデュルハミト二世が専制主義を布きながら、外交に関しては現状維持を目指し、西洋列強に対して非常に注意深い対応を行ったのに対して、「統一と進歩委員会」の中心となっていたタラート、エンヴェル、ジェマルなどは第一次世界大戦への参戦回避を試みたものの、結局ドイツとの同盟に引きずられる形となった。第一次世界大戦直前に起きた二度のバルカン戦争で領土を失っていたことも、「統一と進歩委員会」の政策決定者たちの、現状を打破し領土を拡張しようとする野心を刺激した。

しかし、結局オスマン帝国は第一次世界大戦で敗戦国となり、一九一八年一〇月三〇日にムドロス休戦協定が結ばれた。オスマン帝国の領土は大幅に縮小され、ほぼアナトリア半島に限定されるとともに、交通の要地であったボスポラス海峡とダーダネルス海峡が連合軍によって接収された。アナトリア半島の領土に関しても、ムドロス休戦協定後にイギリス、フランス、イタリアに軍事占領されるとともに、ギリシャ人とアルメニア人もアナトリアの領土獲得への野心を強めていた。

オスマン帝国では「統一と進歩委員会」の政策決定者たちが逃走するなか、「青年トルコ人革命」後、影響力を失っていたオスマン帝国のスルタンに一九一八年に即位したメフメット六世が権力の掌握に動いていた。一方で、帝国内では西欧列強のアナトリア占領に対する抵抗運動が組織され始めていた。その中心となっていくのがケマル、イスメト、キャーズム・カラベキルなどであった。一九二〇年三月、イギリスはイスタンブルを占領し、同年八月一〇日にはセーヴル条約が公布された。セーヴル条約はオスマン帝国の解体を意味していた。具体的には、イスタンブルを除く現在のトルコの北西部にあたる地域とイズミル周辺がギリシャ領土、現在のトルコ南西部とエーゲ海諸島はイタリア領土、レバノン、シリアはフランスの委任統治となり、現在のトルコ南東部もフランスの勢力圏に入り、モースルを含めた現在のイラク、パレスチナ、シリア南部（トランスヨルダン）はイギリスの委任統治となった。また、キプロスはイギリス領土、現在のトルコ東部にあたる地域に独立アルメニア国家が建設、モースルから北のクルド人地域はクルド人に自治権が与えられる、ことが示された。また、ボスポラス・ダーダネルスの両海峡は「海峡委員会」の管理下におかれ、すべての国の船舶に開放、イスタンブルをはじめとする沿岸地域は非武装化されることとなった。結果的にオスマン帝国はアナトリア中北部しか領有を認められなかった。

こうした厳しい状況下でアンカラから抵抗運動を指揮し、最終的に一九二二年一〇月三日にイギリス、フランス、イタリアと停戦、ギリシャ軍を駆逐し、独立戦争を勝利したケマルは、国内での権力基盤を固めていった。一九二二年一一月一日に大国民議会はスルタン制とカリフ制の分離、スルタン制の廃止を決定、そしてメフメット六世は廃帝となり、ここに約六〇〇年続いたオスマン帝国は崩壊した。そして一九二三年七月二四日にセーヴル条約に代わり、ローザンヌ条約が締結された。ローザンヌ条約では、独立戦争によって防衛された領土がトルコの領土となること、そしてトルコが独立国となることが承認され、現在のトルコ国境の原型が画定した。ケマルは一九二三年一〇月二九日に共和制を宣言し、大統領に選出され、ここにトルコ共和国が成立した。

## 2　ムスタファ・ケマルの改革

### ケマルの権力掌握

初代大統領に選出されたケマルだが、国内にはケマルのやり方に疑問を呈する議員も数多く存在していた。オスマン帝国の海軍大臣や軍令部総長を務めたヒュセイン・ラウフや独立戦争で東部戦線司令官を務めたカラベキルなど、独立戦争時にはケマルに近かった人物たちは、ケマルに権力が集中すること、そして共和制を宣言したことに反発していた。ラウフやカラベキルは、新たに独立したトルコがカリフ制を採用し、イスラーム世界の元首の地位を継続することを望んでいた。一方のケマルは、イスラーム世界とは切り離された、トルコ人というナショナリズムに基づいた国家建設を目論んでいた。彼らの対立は、一九二四年三月に大国民議会でカリフ制の廃止が決定したことで修復不可能となった。一九二四年一一月にカラベキルを党首とする進歩主義者共和党が設立され、ケマル率いる共和人民党（Cumhuriyet Halk Partisi：通称CHP）に対抗することとなった。

ムスタファ・ケマル（写真：読売新聞社）

進歩主義者共和党の第一の目標は、権力を集中するケマルを抑制し、一部のエリートの意見だけでなく、国民の声を国家建設のプロセスに反映させることであった。しかし、結局、後述するシェイフ・サイードの反乱に荷担したとして、進歩主義者共和党は二五年六月三日に解党となった。さらに、翌二六年六月にイズミル訪問を予定していたケマルの暗殺計画が明らかになり、容疑者が死刑となっただけでなく、カラベキルなどケマルの反対派が事件に関係していたとして失脚した。ここに至り、ケマルはトルコ共和国での権力基盤を確固たるものとした。

## クルド・ナショナリズムの顕在化

近年、特にシリア内戦に関連するニュースなどでよく耳にするのがクルド人という民族である。クルド人はしばしば指摘されるように「中東で最大の国家を持たない民族」であり、トルコ、イラク、シリア、イランの一部に跨《またが》って住んでいる。各国でマイノリティに分類されてきたクルド人は、それぞれの政府から警戒の対象とされてきた。なぜなら、クルド人が国家建設という目標を持っていると考えられたためであった。クルド人は「クルディスタン」と呼ばれる、彼らが住む地理的なまとまりを重視する。「クルディスタン」は、トルコ、シリア、イラク、イランの領土に跨っており、「クルディスタン」のまとまりは第一次世界大戦後に成立した現状の国境線を否定することになる。しかもクルド人の国家は前述した一九二〇年八月のセーヴル条約で一度実現しかかったことも、クルド人の国家建設の悲願を強めている。この国家建設という悲願は、クルド人が居住している諸国家にとっては厄介な問題であった。

話をオスマン帝国の後半に少し巻き戻してみよう。オスマン帝国の中で「最も遅れて」顕在化したナショナリズムはクルド人のそれであった。クルド・ナショナリズムは一九世紀後半から次第に見られるようになり、二〇世紀の初頭に入ると、トルコ・ナショナリズムに呼応する形で理念として発展した。しかし、ナショナリズムを強めたものの、クルド人はオスマン帝国の良き臣民であるという考えも根強く、ギリシャ、バルカン半島、東欧でのナショナリズムのように、必ずしもナショナリズムの勃興がオスマン帝国の支配と齟齬《そご》をきたさなかった。この背景には、オスマン帝国下でクルド人居住地域がイラン系の帝国であるサファヴィー朝やカージャール朝に対する緩衝地帯となっており、長い間事実上の自治を行ってきたことがある。

しかし、第一次世界大戦による列強の委任統治、そしてオスマン帝国の崩壊がクルド・ナショナリズムを強めることになる。イギリスはイラク北部モースルの支配を強化するために、クルド人自治領の必要性を訴え、セーヴル条約にこれを盛り込んだ。ただし、この時、クルド人の多くはイギリスの案には同調せず、ケマルの抵抗運動に協力した。なぜなら、彼らはケマルが志向する独立国家でもオスマン帝国と同様のカリフ制が布かれ、自分たちは自治を享受できると考えていたためである。

しかし、クルド人たちの思惑は外れることになる。その後、ケマルが世俗主義や（トルコ）民族主義を強めたため、クルド人のトルコ共和国政府に対する不信は強くなっていった。クルド人はヌルジュ運動（コラム参照）などに代表される神秘主義教団による土着の信仰を支持しており、一九二四年のカリフ制の廃止と宗教施設の国家管轄化への移行は受け入れがたいものであった。こうしたなかで起きたのが、一九二五年二月のシェイフ・サイードの反乱である。

シェイフとは、イスラームに関する高名な宗教指導者のことを指す。シェイフ・サイードの反乱はトルコの南東部でクルド人が多く住むディヤルバクル県で起きた。反乱の理由は、クルド人の自治の確保、そしてカリフ制の復活であった。トルコ政府はただちにディヤルバクル県を含む東部・南東部に戒厳令を敷くとともに、軍を派遣、四月一四日にシェイフ・サイードは逮捕され、その後九月に処刑された。この反乱に乗じて、ケマルは反対派への取り締まりを強め、一九二五年四月に治安維持法を成立させ、反対派を支持する言論を封じ込めるとともに、六月には進歩主義者共和党を解党させた。

このように、オスマン帝国末期にナショナリズムに目覚めたクルド人であったが、その動きはトルコ政府によって徹底的に抑え込まれ、「トルコ人化」することが政策として促進されていくことになる。

### コラム　サイド・ヌルスィー

ヌルジュ運動の創始者であるサイド・ヌルスィーは、オスマン帝国末期の一八七六／七七年にビトリス県で生まれたクルド人であり、幼い頃から宗教教育の学校であるマドラサや神秘主義教団の修道場であるテッケで教育を受け、次第に高名な宗教家としてその名が知れ渡るようになる。

ヌルスィーは「光の書簡」を意味する『リサーレイ・ヌル』という一連の著作が有名である。『リサーレイ・ヌル』は、一九二〇年代後半から主にアナトリアの農村や小都市を起点に、筆写し輪読する文化運動を引き起こした。そして、この運動に参加した者たちが「ヌルジュ（ヌル主義者）」と呼ばれるようになった。ヌルスィーの考えは主に「デルスハーネ」と呼ばれる学習場や学生寮などを中心に、ヌルスィーが亡くなる一九六〇年まで全国に徐々に浸透し、最も有力な草の根の宗教集団（ジェマート）の一つとなった。

ヌルスィーの死後は、有力な弟子たちの集団指導体制に移行するとともに、一九七〇年代から徐々に分裂していく。このポスト・ヌルスィー時代に台頭した新興宗教家の一人が、フェトフッラー・ギュレンであった（第六章参照）。

話をヌルスィーに戻し、彼の思想の変遷を概観したい。ヌルスィー自身、自らの思想の変遷を「旧サイド」「新サイド」「第三のサイド」と分けている。

「旧サイド」時代は、主にエリートを対象とした教育活動に力を入れ、エジプトのカイロにあるイスラーム教育の権威であるアル＝アズハル大学をモデルとした、「メドレセテュッゼフラ（光明学院）」と呼ばれる大学を建設することを目指した。ヌルスィーが教育に力を入れた背景には、ヨーロッパ列強の帝国主義への対抗、旧弊で発展性のないオスマン帝国における宗教教育への不満があった。彼の考えはケマルをはじめとした改革派の有力者たちと一致しており、トルコ共和国建国まではある種の共闘体制にあった。

しかし、共和国建国後は、世俗主義を前面に押し出したケマルの改革に失望し、その後は『リサーレイ・ヌル』の教えを大衆に広げる活動にシフトした。この時期が「新サイド」の時期である。さらに

「第三のサイド」は、一九五〇年代にアドナン・メンデレスが率いた民主党を積極的に支持した時期に当たる。彼が民主党を支持したのは、民主党がイスラームに関して寛容だったためである。

ヌルスィーの思想と運動は、イスラームとクルド・ナショナリズムの結合とも解釈できる。彼が残した足跡は、トルコ共和国建設期における、新興のイスラーム運動の潮流の中に位置づけることができるだろう。

## 内政の理念と原則

トルコ共和国の建国の中心となったケマルは、オスマン帝国が西洋諸国の勢力争いの場とされ、最終的に崩壊したことを重く受け止めていた。オスマン帝国の後継国家であるトルコ共和国が、同じ轍《てつ》を踏まないようにするためにはどうしたらよいのか。ケマルが出した答えは、西洋をモデルとした「近代化／文明化」によって西洋諸国と同様の国民国家をトルコでも実現するというものであった。確かに、オスマン帝国末期から知識人の間で、西洋化を前提とした「近代化」を目指す動きは模索されてきた。しかし、その際、目指されたのはあくまでイスラームを根幹に据えるオスマン帝国と西洋化の両立であった。それに対して、ケマルはイスラームを後進性の象徴とし、徹底した政教分離を前提とした「近代化／文明化」を志向した。こうして、西洋化とほぼ同義語である「近代化／文明化」は、トルコ共和国の政治理念となるのである。トルコ共和国の初期の歴史に詳しい粕谷元が指摘しているように、ケマリズムの本質はトルコ共和国が生存するための「社会的ダーウィニズム」であった。

この理念を達成するために、ケマルが提示したのは、一九三一年五月一〇日の第五回共和人民党大会で承認された六本の矢である。①共和主義、②民族主義、③人民主義、④国家資本主義、⑤世俗主義、⑥革命主義からなる、この六本の矢は共和人民党の党旗にも描かれている。

この六本の矢は、一九三七年二月五日に「一九二四年憲法」の第二条として条文化された。いわく「トルコ国家は、共和主義、民族主義、人民主義、国家資本主義、世俗主義、革命主義である。国語はトルコ語である。首都はアンカラである」。六本の矢は、「ケマリズム」の根幹をなすものであるが、一方で新井政美は「固定的な教条と言うより、むしろ柔軟で可変的な枠組み」であったと指摘している。

共和人民党の党旗に描かれた六本の矢

ではそれぞれの原則についてもう少し詳しく見ながら、ケマルが目指したトルコ共和国のありようをまとめよう。ケマルは共和制を宣言したことによって、他の政治制度、特に一九二二年一一月一日に廃止されたスルタン制の復活を排除した（共和主義）。また、オスマン帝国解体の過程で、ギリシャやバルカン半島で民族自決権が主張され、トルコ人たちの間でも「青年トルコ人」運動が活発化するに至った。

それを踏まえ、「トルコ人の国家」として建国されたトルコ共和国は、当然トルコ人ナショナリズムが強化されることになった（民族主義）。たとえば、一九二八年にはアラビア語表記からアルファベット表記のトルコ語の使用を義務化する「文字改革」が実施され、トルコ言語研究委員会（一九三二年）やトルコ歴史協会（一九三五年）が続々と設立されていく。しかし、トルコは多民族国家であり、すべての人が「トルコ人」という新たなアイデンティティを積極的に受け入れたわけではなかった。そのため、いかに多くの人々に新たなアイデンティティを浸透させ、一つの「国民」としてまとめあげていくかが、建国後の大きな課題となった。

人民主義は階級闘争の否定であり、農民、商人、労働者など、異なる職業の人々の団結を強調した。人民主義は、トルコにおいて社会主義や共産主義が力を持ち、政府と対立することを未然に防ぐ予防策でもあった。

政治的民族的な改革だけでなく、トルコ共和国の存立基盤となる経済改革も当然行われた。国家資本主義とは、国営企業を軸とした工業化を目指し、資本主義を原則とするものの、場合によっては国家が介入し、資本主義を管理する経済政策である。トルコ共和国は、オスマン帝国が西洋との貿易で多額の負債を抱え、債務不履行に陥った轍を踏まないようにするため、建国当初から工業化に着手した。条件つきながら資本主義体制を採ったのは、単なる経済政策ではなく、長沢栄治が指摘しているように、反西欧リベラリズム、反コミュニズム、さらにイスラームとも距離を取るという対抗イデオロギーでもあった。

以上、四つの原則に加えて、近代化（西洋化）を目指すうえで最も重要な原則かつ最もドラスティックな改革であったのは「世俗主義」であろう。まさに、イスラームに根差していたオスマン帝国からの脱却が図られたのである。カリフ制の廃止やイスラーム関連施設の監督、さらに飲酒の合法化といった世俗主義に基づく政策は、「政教分離」を強要するものであったが、ここで注意しておきたいのは、トルコの「政教分離」は、西洋のそれとは異なっている点である。西洋諸国においては、政教分離が国家と宗教の相互不介入を意味するのに対し、トルコにおける政教分離は、澤江史子が指摘しているように、社会や個人の世俗化が国家の世俗化に必須であるという考えのもと、国家が宗教を管理統制することで制度上の脱宗教化を図ることであった。また、粕谷元はケマルの世俗主義の目的を、①オスマン帝国時代に力を持っていた宗教知識人層の影響力低下、②神秘主義教団の活動禁止、③イスラームに関連するシンボルや指針を廃止し、西洋基準とする、という三点にまとめている。

六つ目の革命主義は、これら「近代化」に向けた一連のドラスティックな改革を支持する考えである。ケマルが独立戦争を経て、共和国を建国するまでの歴史は、トルコではしばしば「革命史」と呼ばれており、この革命主義には、ケマルに対する崇拝の徹底化も含まれている。一九二七年一〇月にケマルは六日間かけて一連の革命の総括を行い、一九三四年には、一九二七年のケマルの大演説が「トルコ革命史」として学校で教えられることが義務づけられた。

## アタテュルクからイノニュへ

一連の改革を実行し、ケマルの権力は盤石に見えた。一九三四年にトルコ国民が姓を付けることを義務づけられた際、ケマルは大国民議会から「父なるトルコ人」を意味する「アタテュルク」という姓を贈られた。

しかし、ケマルの政策がすべて無条件に実行されていたかというとそうではなかった。特に一九三〇年代に入ると、首相で、独立戦争時の勝利の立役者として、イノニュという姓をケマルから与えられたイスメト（以下、イノニュ）との間で経済政策をめぐって対立が見られた。ケマルや一九三二年に経済大臣となったジェラル・バヤルは国家資本主義よりも自由主義経済を志向しており、国家資本主義は自由主義経済のための準備段階と捉えていた。一方でイノニュは国家資本主義を永続的な経済政策と捉えていた。結果的に、一九三七年九月にイノニュは首相を解任され、後任にバヤルが任命された。イノニュの政治生命は絶たれたかに見えたが、一九三八年一一月一〇日にケマルが五七歳の若さで死去したことで、イノニュは大国民議会において後任の大統領に選出された。

## 取り残される地方

これまで本章ではケマルによる一連の改革について論じてきたが、この改革は一部のエリート主導のものであり、施行対象はトルコ全土であったが、その浸透は都市部に限られてきた。

そのため、いかにケマルの改革をアンカラやイスタンブルといった中心以外の地方周辺部に浸透させるかが大きな課題となった。

この課題を解決するため、一九三一年に「人民の家」、さらに「人民の家」の下部組織として「人民の部屋」と村落教員養成所が設立された。これらの機関が中心となり、地方や農村にケマル主導の改革の普及が試みられた。しかし、当時のトルコは財政的にそれほどの余裕がなく、農村などでも共和人民党の支持者など、一部の有力な地主以外には手が回らなかったというのが現実だった。その一方で、地方や農村で影響力を持ってきた神秘主義教団の活動が禁止となるなど、地方の一般大衆にとって革命は魅力的というよりも不満が募るものであった。この不満が、複数政党制時代での共和人民党の衰退の一因となっていく。

一九三〇年代になると、トルコ政府はクルド人への「近代化」の施行に本格的に乗り出す。当然のことながら、クルド人は抵抗したが、トルコ政府は武力によってクルド人の抵抗を退けていく。この時期のクルド人の抵抗として最大のものは、一九三七年から三八年にかけてのアレヴィー派のクルド人によるデルスィムの反乱であった。しかし、この反乱もトルコ軍の徹底した攻撃によって鎮圧された。一九二〇年から三八年にかけて、クルド人による反乱は一七回起こったが、いずれも失敗に終わった。

クルド人は「トルコ人」への同質化を迫られ、クルド人という別の民族ではなく、あくまでトルコ人という民族の一つのカテゴリーとして「山岳トルコ人（Dağ Türkleri）」という名称で呼ばれるようになる。

## 3　現実主義に徹した建国初期の外交

### 外交の理念と原則

トルコ共和国の理念である近代化志向は、外交政策にも影響を及ぼした。トルコ共和国の基本的な外交理念は、ケマルが一九三一年に示した「国内平和・世界平和」である。ただし、この理念の解釈には注意が必要であろう。国内平和とは、文字通りトルコ共和国内の安定のことを指すが、ここで言われる世界平和とは、「世界平和に貢献すること」ではなく、「国際社会の中で平和裏に生存する」という意味であった。一見、リベラルな理念に思えるが、実際は極めて現実主義的なものだったのである。

さて、この理念を達成するための原則が、西洋化と現状維持であった。後者に関しては、特に一九二〇年のセーヴル条約で国家崩壊の危機に追い込まれた経験がケマルや二代大統領となるイノニュに強く働いていた。セーヴル条約はトルコに、領土を解体される不安と西洋諸国に植民地化される不安を与えた（このトラウマは、しばしば「セーヴル・シンドローム」と呼ばれる）。そのため、まずはトルコ共和国の領土を防衛するだけでなく、近代化を達成し、他の西洋諸国と対等な関係を築くことが既存の国境線の維持、つまり現状維持を強固なものにすると考えられたのである。

### 建国初期の外交——国境の画定を目指して

建国当初、トルコ外交の最大の課題はローザンヌ条約によってなんとか確保、もしくは奪還した領土の維持であった。それと同時に、ローザンヌ条約において国境が画定しなかったいくつかの地域に関する交渉も西洋列強との間で引き続き進めていた。

モースルを中心としたイラク北部の帰属についてはイギリスとの間で交渉が進められた。しかし、独立戦争において戦火を交えたイギリスとの交渉は容易ではなく、解決は国際連盟に持ち込まれた。トルコもさまざまな外交上の努力はしたものの、戦勝国であるイギリスの優位な立場はいかんともしがたく、一九二六年にモースルはイギリスが委任統治していたイラクの領土となった。

フランスとの間でもハタイ（アレクサンドレッタ）をめぐって交渉が行われた。ハタイはトルコ系住民が過半数を占めていたものの、一九二一年一〇月にトルコとフランスが締結したアンカラ条約では、フランスが委任統治していたシリアの領土とされた。ハタイに住む多数のトルコ系住民の不満が高まったのは、一九三六年にフランスがシリアの独立を承認した際である。トルコ系住民は、ハタイのトルコへの帰属を主張した。こうした要請を受け、トルコは国際連盟にハタイ問題を提訴し、一九三八年に国民投票が実施されることとなったが、国民投票をめぐりトルコ系住民とアラブ系住民の間で衝突が起こり、国民投票は中止された。しかし、フランスはイギリスとともにトルコがドイツをはじめとしたファシスト政権と同盟することを懸念し、トルコに譲歩して国民投票を実施し、一九三九年にハタイのトルコへの併合が決定した。

戦略的要地であるボスポラス海峡とダーダネルス海峡の主権回復も、トルコ外交の課題の一つであった。なぜなら、ローザンヌ条約においてトルコのボスポラス海峡とダーダネルス海峡に関する主権は制限されていたためである。ローザンヌ条約から一三年経った一九三六年七月に締結したモントルー条約において、トルコは両海峡の主権の回復に成功する。両海峡は、第二次世界大戦期、アメリカを中心とした西側陣営とソ連を中心とした東側陣営が対立した冷戦期において、戦略上より一層重要な意味を持つことになる。モントルー条約は現在に至るまでその効力を維持している。

トルコは建国当初、外交的に孤立していた。この時期、同様に外交的孤立の状態にあったのが、革命政府が率いるソ連であった。隣国である両国は外交的孤立を解消するため、一九二五年に友好条約を結んだ。新井政美はトルコのソ連との友好条約を外交上の「貴重な保険」と表現している。要するに、戦火を交えた西洋列強との関係が再構築できなかった場合に、ソ連と友好関係を深めようとしたのである。このように、ソ連との関係構築は、独立当初、オスマン帝国末期に戦火を交え、独立戦争でも対峙した西洋列強との関係修復に懐疑的であったトルコの不安が垣間見える外交行動であった。

## 一九三〇年代の外交――現状維持の模索

国境画定の作業が一段落しようとしていた一九三〇年代、トルコの政策決定者たちはいかにローザンヌ条約と国境画定の過程を通して確保した領土を維持するかに頭を悩ませていた。一九三八年にケマルがこの世を去ると、第二次世界大戦勃発前夜の外交は第二代大統領イノニュが中心となって進められた。イノニュは、第一次世界大戦でオスマン帝国がドイツやオーストリアとともに同盟国として参戦して敗北し、その後セーヴル条約で多くの領土を失いかけた苦い経験を常に念頭におき、この時期、非常に注意深い外交を展開した。

トルコはまず、ギリシャ、ユーゴスラヴィア、ルーマニアといった南東ヨーロッパもしくは東ヨーロッパの国々とバルカン協商を締結する。バルカン協商の大きな目的は参加国の安全保障であった。バルカン半島の国々は元々オスマン帝国を構成していた国々であり、社会的・文化的特徴をある程度共有しており、戦争を回避するためにこの遺産を活用しようとした。

バルカン協商の設立は、一九三〇年からの三年間で四回開催されたバルカン会議での議論が基になっている。会議の参加国は、アルバニア、ブルガリア、ギリシャ、ユーゴスラヴィア、ルーマニア、トルコで、開催地も基本的に持ち回りで決まった。当時、南東ヨーロッパでトルコが最大の脅威と感じていたのがイタリアであり、両国間の講和がこの地域における最大の争点であった。イタリアは地中海の大国であり、一九一一年の戦争でトルコからドデカネス諸島を獲得するなど、トルコの地中海地域の安全保障を考えるうえで鍵となる国家の一つであった。さらに一九二〇年代後半にはムッソリーニ率いるファシスト党がイタリアで独裁体制を築き、ヴェルサイユ体制打破を唱えるなど領土的野心を高めていたこともトルコの不安感を高めた。

一九二八年にイタリアと中立条約を締結していたが、トルコはこの条約だけではバルカン半島と地中海における安全を保障するためには不十分と考えていた。なぜなら、イタリアだけでなく、ブルガリアとハンガリーもバルカン半島において現状打破することを目論んでいたためである。そのため、トルコは一九三〇年にギリシャと中立条約を結んだのを皮切りに、一九三二年にイタリアと中立条約を再締結、ユーゴスラヴィアとルーマニアにも接近した。さらにトルコは一九三三年九月にギリシャとの中立条約を強化し、防衛に関しても取り決めを行った。これに続き、同年一〇月にルーマニア、一一月にユーゴスラヴィアと不可侵条約を締結した。そして、一九三四年二月に地中海とバルカン半島においてはあらゆる国家の侵略的な介入に反対し、領土保全を目指すことを謳《うた》ったバルカン協商が四ヵ国間で締結された。この協商の主たる目的は相互防衛機構的な機能であった。トルコにとって誤算だったのは、バルカン協商にブルガリアが参加しなかった点であった。トルコの隣国であるブルガリアはイタリアと協力してトルコの安全を脅かす可能性があったためである。また、イタリアだけでなく新たに台頭したナチス・ドイツが潜在的な脅威となりつつあった。

トルコはバルカン協商と同時に、トルコ以東の国々との同盟にも着手した。イランとイラクは、クルド人の反乱に対する脅威認識をトルコと共有していた。この共通認識に基づき、トルコはイランと一九三二年に国境に関する協定を締結し、さらにこれを発展させ、一九三七年七月にはイラン、イラク、アフガニスタンの三ヵ国との間でサーダバード条約が結ばれた。サーダバード条約は、外的な脅威と内的な脅威に対抗するための条約であったが、外的な脅威はそれぞれの国でその対象が異なっていた。たとえば、トルコがイタリアを地域における最大の脅威と認識していたのに対し、イランとアフガニスタンにとっては、一九世紀以降、アフガニスタンや中央アジアを巡って鎬《しのぎ》を削っていたイギリスとソ連が最大の脅威であった。それに加えて、イラン、イラク、アフガニスタンは新しい政府ができてから日が浅かったため、国内で正当性を獲得するために、近隣諸国との友好関係を築くこと自体に実利上の意味があった。サーダバード条約はまさにその目的に適っていたのである。

トルコは四ヵ国の中で最も近代化と国家建設が進んでおり、サーダバード条約においてはリーダーシップを発揮することが期待された。トルコはこの条約を通じて、外的な脅威に対する安全保障だけでなく、同盟する三ヵ国に対する影響力を高めることも考えていた。サーダバード条約が締結される以前、イランとアフガニスタン、イランとイラクは国境線に関して争っていたが、トルコはそれぞれのケースで仲介者となり、イランとアフガニスタンの間で一九三四年、イランとイラクの間で一九三七年に国境に関する合意が結ばれた。このように、サーダバード条約はトルコが当初からイニシアティブを握っていた。

一方、バルカン協商とサーダバード条約は結局、大国が参加しなかったために同盟として非常に脆弱であり、一九三五年のイタリアのエチオピア侵攻を機に始まった侵略政策に抗する同盟としては不十分であった。そこで、トルコはバルカン協商を締結した後も、この同盟を強化すべく、イタリア、フランス、イギリスも参加する、より広範な同盟の構築を模索した。しかし、バルカン協商の拡大にイギリスは反対し、むしろドイツに対する地域安全保障条約であるロカルノ条約加盟国（イギリス、フランス、ドイツ、イタリア、ベルギー）にルーマニアとユーゴスラヴィアを加えた諸国家の枠組みでイタリアの行動を押さえ込もうとした。そのため、バルカン協商は存在感を発揮できなかった。一九三七年に結ばれたサーダバード条約は有効期間が五年間であり、その後自動的に延長することが可能であったが、第二次世界大戦が勃発したことによって条約の延長はなされず、消滅した。こうしたバルカン協商とサーダバード条約の機能不全化、さらにドイツの東ヨーロッパ侵攻を受け、トルコは中小国との同盟よりも大国との同盟関係を模索するようになる。

### 第二次世界大戦期（一九四〇年代前半）の外交

一九三〇年代末からイノニュは中小国間の協調による現状維持を諦め、より大国との関係を重視するようになる。この背景には、国際秩序の現状を打破しようとする修正主義国家であるイタリアとドイツの行動が非常に活発化し、中小国との協調では安全を確保できないという認識があった。各国が第二次世界大戦へと突入していくに当たって、現状維持と戦争への参加の回避を目指すイノニュの外交には、二つの指針があった。第一の指針は、連合国陣営にも枢軸国陣営にも加わらないというものである。イノニュやシュキュル・サラチョオール（一九三八年一一月から四二年八月まで外相、四二年八月から四六年八月までは首相）や、ヌマン・メネメンジオール（四二年八月から四四年七月まで外相）などは、第一次世界大戦での苦い経験を実際に体験しており、もし大戦に参加し敗北した場合、トルコ共和国が分割される可能性があるという恐怖感を共有していた。また、二三年に建国されたばかりのトルコ共和国は、三四年から経済の五ヵ年計画に着手しており、軍隊は装備が時代遅れとなっているなど、いまだ国力が脆弱であった。そこで第二の指針は、大戦には参加しないが、戦勝国の戦後構想の恩恵は獲得し、安全を確保する、というものであった。実際、トルコは一九四五年まで辛抱強くどのように戦争が展開するかを静観し、戦争の最終局面で連合国に加わることになる。

一九三九年から一九四二年まで、トルコはイギリスとフランス、ドイツ、ソ連に対して全方位外交を展開した。まず一九三九年一〇月、イギリス、フランスとの間に、相互援助条約を締結した。この条約の主眼は、イタリアとドイツから地中海を防衛することであったが、例外として「トルコが果たしうる義務は、ソ連が軍事介入した場合には強制されない」という条項が盛り込まれていた。この例外条項は、一九四〇年五月にドイツがフランスを攻撃した際に適用された。これは、ドイツはその前年八月に独ソ不可侵条約を結んでいたためである。トルコはフランスが攻撃された際、ドイツがソ連と不可侵条約を結んでいることを理由に参戦しなかった。さらに、この時点でもまだ軍事設備は近代化が達成されていなかったことも、トルコが参戦を躊躇した理由だと推測されている。

トルコはイギリス、フランスと相互援助条約を締結する一方で、ドイツとの良好な関係を、特に経済的なつながりを中心に継続した。ドイツもまた、トルコとの貿易によって、クロム鉄鉱を確保することを目指していた。当時のトルコの中枢にも、政策決定過程に携わっていたメネメンジオールや統合参謀総長のフェヴズィ・チャクマックといった親ドイツ派の有力者がいて、彼らはドイツにとって、トルコがイギリスやフランスとの条約から脱退するよう圧力をかけるうえで貴重な存在だった。アドリア海からシベリアや中国に至るトルコ民族の文化的連帯を重視するトゥラン主義者たちもゲルマン民族を重視するドイツを支持した。これは、トゥラン主義者たちが人種主義を提唱するヒトラーに共感したためである。その結果、トルコはドイツと一九四一年六月一八日に相互不可侵条約を締結した。

トルコと相互不可侵条約を締結した直後の一九四一年六月二二日に、ドイツはソ連に対して不可侵条約を反故《ほご》にし、急襲をしかけた。これがいわゆるバルバロッサ作戦である。しかし、バルバロッサ作戦はトルコにドイツとの関係深化を躊躇させる要因となった。トルコにとってソ連は潜在的に最大の脅威であったが、バルバロッサ作戦を契機にソ連が連合国に加わったことでその脅威認識は薄れた。また、トルコは、一九四一年三月にアメリカと武器支援・技術援助に関する協力を締結したが、これも、ドイツと距離を置く理由となった。しかし、それでもウィンストン・チャーチル英国首相やフランクリン・D・ローズヴェルト米大統領の説得をよそに、トルコは連合国として大戦に参加せず、中立の立場を維持した。特にチャーチルは、地中海とバルカン半島の防衛のためにトルコを戦争に参加させることに非常に熱心であり、一九四二年一月に催されたカサブランカ会談や、一九四三年の間に開かれたアダナ会談、ケベック会談、モスクワ会談、カイロ会談、テヘラン会談といった連合国の首脳会談でも、折に触れてその必要性に言及した。ローズヴェルトとソ連のスターリン書記長も当初はチャーチルの意向を支持していたが、スターリンは一九四三年一〇月のモスクワ会談から自国有利の戦後秩序構想を念頭に置き、トルコの参戦とトルコへの武器支援に難色を示し始めた。

ようやく一九四四年になって、トルコの立場はかなり連合国側に傾き始めた。イギリス政府はトルコの煮え切らない態度に対し、次第に愛想を尽かし始め、参戦させることを諦め始めていた。一方で、枢軸国の力が衰退したため、トルコの戦略上の方針が戦争の回避から戦後の安全保障の確保へと変化した。この時点で、トルコはイギリスをはじめとする連合国側から「見捨てられる恐怖」を感じたため、ドイツに対するクロム鉄鉱の輸出を中止し、ドイツやイタリアに対する他の輸出も前年の半分程度まで大幅に縮小させた。また、これに加えて、イノニュは一九四四年六月に、親ドイツの立場を示していたメネメンジオール外相を更迭した。そして、一九四五年八月二日にそれまでの中立を放棄し、正式に連合国の一員となった。

ここまでに見てきたように、イノニュらは、第二次世界大戦のほとんどの時期で、中立政策を展開した。第一次世界大戦の経験が根強く残っており、またトルコの国力が限定的であることを理解していたために、彼らは絶え間ない警戒心とバランスを意識した中立政策を堅持し、それによって生き残りを図った。一九二三年のトルコ共和国建国から第二次大戦終結まで、トルコの政策決定者たちは現状維持を目指す注意深い外交によって国家の生き残りを達成したのである。

# 第二章　複数政党制下における混乱

## 1　共和人民党から民主党への政権交代

### 複数政党制の導入

一九四五年一一月一日、当時大統領で共和人民党の党首であったイノニュは、トルコ政治の弊害は一党体制であると述べ、次回の総選挙（当初は一九四七年七月に予定されるも、一年前倒しで実施される）は「自由な直接投票」に基づいて行うことを宣言し、複数政党制への移行を認めた。

イノニュが第二次世界大戦後に複数政党制を導入したことには理由があった。まず、初代大統領であったケマルが一九三八年に死去する前後から、二代目大統領はケマルに次ぐ独立戦争の功労者であるイノニュというのが既定路線と考えられていたが、この人事に対して共和人民党内部で不協和音が聞こえるようになった。こうした共和人民党内部の内輪もめは第二次世界大戦が始まると、この未曽有の危機に対処することが最優先とされたことでひとまず収束したが、戦争が終わると共和人民党内部で再発したのであった。イノニュはこの内輪もめを終わらせるためには、一党制を廃止し、複数政党制による総選挙を行う必要があると考えていた。

また、新井政美が指摘しているように、ソ連の全体主義に対抗して民主主義を標榜《ひょうぼう》する西側の一国となったために、トルコでも自由選挙を導入し、民主化をアピールする必要性があった。複数政党制の導入は、こうした国内外からの圧力によって可能となったのである。

### 民主党の結成

複数政党制が認められたのを契機に、一九四六年一月七日に民主党（Demokratik Parti）が設立された。民主党の結成の直接的な契機は、前年五月にイノニュが大土地所有の弊害を是正するために議会に土地分配法を提出したことであった。この土地分配法に関して、アイドゥン県の地主の息子であり、後に民主党政権で首相となるアドナン・メンデレスなど一部の議員が激しい批判を展開した。その後、六月七日にメンデレスに加え、バヤル、レフィク・コラルタン、メフメット・フアト・キョプリュリュが、複数政党制を含む民主化を提案する声明（四者提議）を提出した。そして、複数政党制が認められ、この四人が立ち上げたのが民主党である。

イノニュは当初、一九四七年七月に総選挙を行うと宣言していたが、民主党に基盤作りの時間的余裕を与えないために、一年前倒して一九四六年七月に選挙が実施された。民主党は、同年五月の地方選挙をボイコットしており、総選挙もボイコットすれば、党としての正当性を疑われかねず、選挙に参加する以外の選択肢はなかった。その選挙では、民主党は敗北したものの、一九五〇年五月一四日の選挙では四八七議席中四二〇議席を獲得して圧勝し、共和人民党の一党独裁に終止符を打つと同時に、与党の座に就いた。共和人民党と民主党の主張やマニフェストに大きな違いはなかったが、民衆は、エリート政党の共和人民党ではなく、民衆の考えに近い政策を打ち出した民主党を支持した。

かくして共和人民党は政権の座を降りたわけだが、その間接的な契機は一九三〇年にさかのぼることができる。このころ、世界恐慌の影響による経済の悪化や、トルコ東部でアルメニアに近く、標高五一〇〇メートルを越えるアララト山がそびえるアール県を中心としたクルド人による反乱（いわゆる「アララト蜂起」）が起こるなど、民衆の不満も高まっていた。ケマルをはじめとした政策決定者たちは、民衆の不満が高まっている原因を共和人民党の一党体制に求め、野党の設立を検討した。そして、一九三〇年八月一三日にケマルの親しい友人であるフェトヒ・オクヤルが中心となり、共和人民党を離党した一五人の政治家によって自由共和党（Serbest Cumhuriyet Firkasi）が結成された。自由共和党に参加した議員のほとんどはケマルとは良好な関係を保ちながら、イノニュとは距離を置く政治家たちであった。つまり、自由共和党はケマルの肝いりで結成され、共和人民党の正当性を高めることが期待された党であった。その自由共和党が提起し、その後もトルコ政治のトピックの一つとなるのが、国家資本主義経済と自由主義経済の相克という問題であった。自由共和党は自由主義経済を掲げたため、財閥やビジネスマンから支持を獲得していく。

しかし、自由共和党は同年一一月に突如解党を宣言した。その背景として、自由共和党への党員申請が一万三〇〇〇人に上るなど、当初ケマルたちが見込んだ、共和人民党の正当性を担保する以上の強大な野党となるポテンシャルを見せたこと、そしてそのことでケマルが主導する国家改革に支障をきたす恐れがあったことが指摘できる。解党の宣言は、オクヤルが親しいケマルに配慮した結果でもあった。前章で紹介した六本の矢のうち、国家資本主義と革命主義は、自由共和党の解党後に付け加えられたものである。自由共和党の活動は、約三ヵ月という短期間で終わったものの、トルコ共和国の初期の改革に確かな一歩を印している。

自由共和党の解党に際し、ケマルはオクヤルに自由共和党の中から引き抜くべき人材がいるかどうか尋ね、オクヤルは三名の名前を挙げている。その一人は、アドナン・エルテキン、後のメンデレスであった。

### アドナン・メンデレスの生い立ち

一九五〇年五月一四日の選挙後、大国民議会においてバヤルが大統領に選出され、バヤルはメンデレスを首相に指名した。この時から一九六〇年五月二七日の軍部によるクーデタまで、一〇年間民主党が単独与党の時代となった。

ここで民主党政権を牽引し、また、その象徴であったメンデレスという人物について詳しくみていきたい。一八八九年に、トルコ西南部のエーゲ海地方に属し、イチジクの生産で有名なアイドゥン県の裕福な家庭の息子として生まれたメンデレスは、独立戦争やトルコ共和国の建国に際してはほとんど関与してこなかったため、「遅れてきた世代」と言われている（とはいえ、独立戦争で活躍したケマルが一八八一年生まれ、イノニュが一八八四年生まれ、キャーズム・カラベキルが一八八二年生まれであり、メンデレスとは数年の差でしかない）。裕福な家庭に生まれたメンデレスであったが、その人生は最初から波瀾に富んだものであった。まず幼少の時に父親、母親、妹が死去し、祖母に引き取られている。メンデレスという人物を語る際に必ず用いられる「孤独」という表現は、幼少期に家族と死別したことが強く影響している。

彼が首相に上り詰めるまで、大きく四つの転機があった。第一の転機は、メンデレスが「統一と進歩委員会」によって新設された高等学校に進み、そこで教員として働いていた委員会のイズミル支部のメンバーの教えを受けたことであった。メンデレスは、この学校で革命的な理想主義、政治的自由について学んだだけでなく、バヤルをはじめとした委員会の有力者と会う機会にも恵まれた。

メンデレスは第一次世界大戦後、地元アイドゥンの近くで武装組織を結成し、休戦協定後も領土を侵犯しようとするギリシャ軍に対抗してゲリラ戦を展開するなどして、トルコ共和国から表彰された。しかし、一九二二年から一九三〇年まではアイドゥンで農場経営者として政治とは関わりなく生活していた。そのようななか、第二の転機となったのは一九二八年の結婚であった。妻となったベリィンはイズミルの良家の出身で、彼女の親族には有力な政治家が含まれていた。たとえば、一九二五年から三八年まで外務大臣を務めたテヴフィク・リュシュトゥ・アラスはベリィンの叔母と結婚していたし、「統一と進歩委員会」の中心メンバーであったナーズム博士もベリィンの親族であった（ただし、ナーズム博士はケマルの暗殺計画に関与したとして一九二六年に処刑された）。さらにアラス外務大臣の娘は、初代の北大西洋条約機構（NATO）の大使を務め、その後メンデレス政権で外務大臣を務めることになるキャリア外交官のファティン・リュシュトゥ・ゾルルと結婚している。ベリィンとの結婚は、メンデレスが政界に入っていく際に大きなアドバンテージとなった。

第三の契機は、一九三〇年に自由共和党のアイドゥン支部の議長となった点である。前述のように自由共和党は短期間で解党されることになるが、メンデレスはアイドゥンにやってきたケマルとバヤルに会い、有望な若手政治家として共和人民党に入党することになる。その際、青年期のメンデレスを知っていたバヤル、さらに親族のアラスがメンデレスを後押しした。ケマル自身も、メンデレスの個性に感銘を受けたと言われている。このように、若手の有望株として共和人民党に入党したメンデレスであったが、一五年間は議会の一番後ろに座っている人と評されたように、目立った活躍は見せなかった。メンデレスはこの時期、アンカラ大学法学部に通っており、また、三児の父でもあり、子育てに精を出していた。

第四の契機が前述したイノニュの土地分配法の提案であった。この提案に激しい反対を行って以降、メンデレスはその存在感を政界で誇示するようになった。

### メンデレスの光と影

トルコ共和国の歴史において、メンデレスほど劇的な政治家人生を送った人物はいないだろう。複数政党制の導入によって誕生し、一九五〇年の第二回総選挙で共和人民党に圧勝した民主党政権において首相の座に就いたメンデレスは、いわば民主化の申し子であり、その期待通りに最初の四年間は改革に着手した。

民主党は、国家資本主義から私企業と国際投資の受け入れによる門戸開放政策への変容を促進した。また、これまでの大都市エリート中心の政策を見直し、国民の三分の二が住む地方の経済・社会状況の改善、たとえば道路の建設、電力の供給、農業の活性化に取り組んだ。こうした地方、そして農業の重視は「緑の反乱」と形容された。民主党の改革によって、一九五〇年から五三年の間にトルコの国家収入は約四〇パーセント増加した。

地方が重視されるのと同時に、そこで暮らす多くの人々が共和国建国後も熱心に信仰するイスラームを公認する動きも起こった。民主党政権が成立後、公布した法律の一つがアラビア語によるアザーン（モスクから発せられる肉声による礼拝への呼びかけ）の詠唱を許可するものであった。また、宗教に関する出版の禁止措置も解除された。一九五〇年から六〇年の間に、新たに一五〇〇のモスクが建設され、クルアーン（コーラン）教室の開設をはじめとした神秘主義教団の活動が活発になった。こうした一連の動きを受けて、有力な神秘主義教団であったヌルジュ運動の開祖、ヌルスィーは民主党支持を打ち出した。メンデレスはさらに民衆からの支持を得るため、それまでタブーとされてきたケマルおよびその支持者が解釈する世俗主義への批判も口にするようになっていった。

表２－１　1946、50、54、57年の選挙結果（議席数）

| 政党／選挙年 | 1946年 | 1950年 | 1954年 | 1957年 |
| --- | --- | --- | --- | --- |
| 共和人民党 | 395 | 63 | 31 | 178 |
| 民主党 | 64 | 420 | 505 | 424 |
| 国民党 | — | 1 | — | — |
| 共和国民党 | — | — | 5 | 4 |
| 自由党 | — | — | — | 4 |
| 無所属 | 6 | 3 | 1 | — |
| 全議席 | 465 | 487 | 542 | 610 |

（出所）松谷1985などを参照し、筆者作成

民主党は、一九五四年の総選挙でも勝利するなど、一九五〇年代前半には地方を中心とした民主化を促進したが、五〇年代後半になると次第にその影響力を失い始める（表２—１）。その原因となったのは輸入超過による財政の圧迫とそれに伴う物価の高騰と品不足、そして報道と出版への圧力に対して、国民が反発を覚えるようになったためであった。加えて、民主党は権力を維持するために五〇年代を通して共和人民党に対して過剰に干渉した。たとえば、一九五三年一二月に共和人民党の資産や共和人民党の党紙である『ウルス』紙の経営権を没収したり、一九五四年の総選挙に際して共和人民党がラジオで政見発表を行えないようにしたりした。メンデレスもまた、共和人民党党首であるイノニュに対して、個人的な批判を展開していった。メンデレ

スは一九五四年の総選挙後、共和人民党をはじめとした野党、民主党内の反対派、知識人、民主党を支持しない新聞社などに対して次第に不寛容になっていった。

ここまでの部分を整理すると、民主党の時代、かつてケマルが掲げた六本の矢のうち、世俗主義、国家資本主義、人民主義が大きな変容を迫られたということができる。また、ケマルの革命を推進する革命主義も停滞した。たとえば、地方にケマルの考えを普及させてきた「人民の家」を民主党は一九五一年に廃止した。ケマルの提示した原則を大きく変えようとした民主党政権のこうした姿勢に、不満を抱いたのが軍部であった。

## 2　第二共和政の幕開け

### 五月二七日クーデタ

ケマルやイノニュは軍人から政治家に転身したこともあり、軍部は基本的に共和人民党を支持していた。そのため、一九五三年以降の民主党の共和人民党に対する締め付けは軍部の不評を買っていた。また、一九五二年一一月に防衛大臣に就任し、軍部の改革を推進していたセイフゥ・クルトベクが、政権転覆を図っているとの噂が流れたことで翌年七月に辞職した。クルトベクの辞職は、改革を支持していた若い軍人たちを落胆させ、民主党政権を支持する軍人はほとんどいなくなってしまった。なお、トルコ軍はアメリカ軍からの援助によって軍の近代化に着手していたため、アメリカ軍の軍事教育を受けた若い軍人たちが数多く育っていた。彼らが、後に一九六〇年の五月二七日に勃発し、民主党政権を崩壊させることになったクーデタの中心となっていったのである。

五月二七日クーデタの直接的な動きは、一九五五年にドュンダル・セイハンとファルク・ギュヴェンテュルクという急進的な若手将校が、クーデタを目的としたグループをイスタンブルで立ち上げたことに端を発している。その後、同様の二つのグループがアンカラでも立ち上げられた。これらのグループは一九五七年夏にイスタンブルに隣接したウスキュダル地区で開かれた会合により共闘していくことになるが、即時のクーデタを目指す者とクーデタの実行に、より慎重な者との間で意見対立が続いていた。また、その年の秋には、後にナショナリスト政党、民族主義者行動党の党首となるアルパルスラン・テュルケシュが加わっている。

即時のクーデタを目指したギュヴェンテュルクは一九五七年一〇月にイノニュと接触するも、民主党政権に対するクーデタについて色よい返事をもらうことができず、一二月には当時民主党政権で防衛大臣を務めていたセミ・エルジンに話を持ち掛けるも拒否された。その後、ギュヴェンテュルクらの行動が上級士官に漏れ伝わり、一二月末に彼ら九人の若手将校が逮捕された（「九人の将校事件」）。

ただし、ギュヴェンテュルクらの逮捕は、結果的に五月二七日クーデタを成功させる要因となったとトルコ現代史の泰斗、ウィリアム・ヘイルは述べている。なぜなら、メンデレスは九人が逮捕されたことで、もはや軍部に反乱分子はいないと安堵し油断するとともに、若手将校たちもそれまで以上に慎重に行動するようになったためである。

ギュヴェンテュルク逮捕後に若手将校の中で中心的役割を果たすようになったのが、サディ・コチャシュであった。コチャシュは若手将校たちの中でも慎重で裏方の仕事に徹する人物であった。彼はクーデタ計画に同意してくれる軍部高官を慎重に選定し、まず、第三部隊司令官の地位にあったネジャティ・タジャンに白羽の矢を立てた。タジャンは協力的であったが、不運にも一九五八年の夏に心筋梗塞でこの世を去った。コチャシュが次に選んだのはその年の暮れに陸軍司令官に任命されていたジェマル・ギュルセルであった。ギュルセルは第一次世界大戦と独立戦争を経験した老練な軍人であった。ギュルセルはコチャシュに協力することを約束するが、クーデタはあくまで「最後の手段」であると告げていた。

コチャシュはギュルセルを中心としたクーデタ計画に取り掛かったが、いまだに若手将校の立場は大きく三つに分かれていた。まず、最も急進的なテュルケシュらのグループは、民主党政権を転覆させたうえで、長期の軍政を布く必要があると考えていた。それに対し、よりリベラルな将校たちは、長期の軍政は独裁を招くとし、あくまで独裁を志向するメンデレスをはじめとした民主党議員の放逐を訴えた。ただし、リベラル派も、民主党政権転覆後、共和人民党に政権を委ねるべきと主張するグループと、一時的に軍政を布き、新憲法を公布し、選挙を行ったうえで民政移管すべきと主張するグループに分かれていた。結局、若手将校の意見は食い違ったまま、クーデタは決行されることになる。

若手将校たちにクーデタを決意させたのは、共和人民党党首であると同時に独立戦争の英雄の一人であるイノニュに対する民主党の過剰な圧力と、彼の身に迫る数々の危険であった。まず、一九五九年五月一日には、エーゲ海地方のウシャクで遊説中のイノニュに対して若者が投石を行い、イノニュは頭部を負傷した。さらにその三日後にイスタンブルのトプカプ地区でイノニュを乗せた車は民主党支持者に囲まれ、暴行を加えられそうになった。翌一九六〇年四月二日には「カイセリ事件」と呼ばれる事件が起きている。共和人民党の集会に出席するためイノニュが列車でアナトリア中央部のカイセリ県の中心都市、カイセリ市を訪れた際、カイセリ知事がイノニュのカイセリ市への訪問を拒否し、三時間も市外で待機させた。最終的にイノニュは通行の自由を主張しカイセリ市に入ったものの、翌朝アンカラに向かおうとしたイノニュ一行は、再度カイセリから遠くない地点で足止めをくらった。祖国解放の英雄に対するこのような侮辱的な措置に、軍部の若手将校たちは激昂《げっこう》した。

一九六〇年四月後半になると、反民主党の学生デモが活発化し、四月二七日にイスタンブルで学生デモ隊と警察が衝突した。学生デモはアンカラにも飛び火し、四月二九日にはイスタンブルとアンカラに戒厳令が出され、軍隊が治安維持に当たった。しかし、学生デモは民主党政権が崩壊する五月二七日クーデタまで続いた。五月五日には、その日の午後五時にアンカラの中心であるクズライに集まるよう民主党政権が呼びかけを行い、メンデレスが直接学生をはじめとする大衆に反政府デモを取りやめるよう演説を行ったが、逆に危うく暴行されかける「55K事件」が発生するなど、緊張は極限に達していた。

こうしていよいよ民主党政権転覆の動きが現実味を帯び始めたなか、若手将校たちがクーデタ決行の際、後ろ盾となる人物として交渉してきたギュルセルは、五月三日に退役してしまう。ギュルセルはこの段階においてもクーデタではない方法で治安を回復する道を最優先しており、退役に際して当時のエトヘム・メンデレス国防大臣に対して、首相のメンデレスと大統領のバヤルの辞任、特別調査委員会の廃止などを提案する書簡を送ったが、聞き入れられなかった。

一方、若手将校たちは、ギュルセルの代わりに新たにジェマル・マダノール少将を中心に据え、五月二七日クーデタは実質的にマダノールらを中心に決行された。

メンデレスは五月二六日にギリシャに外遊する予定であったため、当初、クーデタは、メンデレスがトルコから離れる五月二五日の深夜から二六日にかけて決行されるはずであった。しかし、メンデレスは急遽ギリシャ訪問をキャンセルし、二六日の早朝にアンカラに隣接するエスキシェヒル県に向かったため、クーデタは一日延期され、五月二七日となった。大きな抵抗もなく、五月二七日の早朝にアンカラ、イスタンブルが軍の統制下に入り、バヤルはアンカラで、メンデレスはエスキシェヒル県に隣接するキュタヒヤ県で拘束された。イスタンブルでは早朝四時三六分に軍部の政権奪取が報道機関により国民に伝えられた。

## 国家統一委員会による軍政

五月二七日クーデタ後、民政移管される翌年一〇月二五日まで約一七ヵ月間、軍政が布かれた。軍政において中心的な役割を果たしたのは退役したばかりのギュルセルであった。クーデタはほぼ無名の若手将校たちによって決行され、彼らは五月二八日以降のことはほとんど考えていなかった。当時六四歳のギュルセルであったが、こうした状況下でトルコ共和国の立て直しのため、若手将校たちの先頭に立つ覚悟を決めた。ギュルセルは、軍人としてのキャリアが長く、独立戦争をケマルやイノニュとともに戦った。特にイノニュの作戦で大きな役割を果たしており、イノニュとの関係は当時から深かった。ギュルセルはトルコ共和国建国後も軍に残り、政治には関与してこなかった。しかし、トルコ共和国の建国に尽力した生き残りとして、トルコ共和国の立て直しには強い意欲を見せた。ギュルセルのプランは、なるべく早い段階で軍は退き、民政移管を進めるというものであった。ギュルセルはイノニュを信頼しており、民政移管後はイノニュが首相となることは既定路線であった。

この軍政下の内閣は、ギュルセルが主導する三八人からなる国家統一委員会であった。軍政下では大統領は置かれず、ギュルセルが首相と国防相を兼ね、実質的な国家指導者であった。その後、ギュルセルは民政移管に伴い、一九六一年一〇月に大統領に選出されることとなる。急進派の代表であったテュルケシュは、ギュルセルのアドバイザーとなり、三八人中一四人はテュルケシュを中心とする急進派であった。国家統一委員会からは、ギュヴェンテュルク、タラット・アイデミル、デュンダル・セイハン、コチャシュといった数人の軍有力者が外された。ギュヴェンテュルクは軍に残り、残りの三名は海外勤務となった。とりわけアイデミルとセイハンはギュルセルが進めようとしていた早期の民政移管に反対していた。この人事は、その後の未遂に終わったアイデミルによるクーデタの呼び水となった。国家統一委員会は、民政移管の準備を進めるとともに、軍部の中の急進派や不満分子を一掃することを目指した。一九六〇年八月初旬には、二三五人の将官を含む三万五〇〇〇人が強制退職（パージ）させられた。その中には、就任して間もない統合参謀総長のラグプ・ギュムシュパラも含まれていた。ギュムシュパラの後任の統合参謀総長にはジェヴデット・スナイが選出された。

国家統一委員会が最初に直面した大きな問題は、民主党とその幹部の処遇であった。メンデレスをはじめとする民主党幹部の処遇に関して、国家統一委員会の大勢は彼らを国外追放にして裁判にはかけないというものであった。イノニュもこの案に賛成していた。しかし、新憲法作成のために集められた有識者たちから、それではクーデタと国家統一委員会の正当性に疑問が生じる可能性がある、といった案が出たことで、ギュルセルらは民主党幹部の裁判を行うことを決定した。

メンデレスらはイスタンブルに近いヤッス島に収監され、一九六〇年一〇月一四日から裁判が開始された。また、九月二九日に正式に民主党が解党処分となった。メンデレスやバヤルを筆頭に多くの幹部に対して死刑が求刑され、一九六一年九月一五日に一九六〇年五月二七日時点で首相であったメンデレス、大統領であったバヤル、外務大臣であったゾルルをはじめとした一五名に死刑、三一名に終身刑の判決が出された。ただし、バヤルは七八歳と高齢だったため、終身刑に減刑された。

結果的に、メンデレス、ゾルル、そしてクーデタ時に財務大臣であったハサン・ポラトカンの三名の死刑が執行された。ゾルルとポラトカンは一五日の判決当日に死刑が執行されたが、メンデレスは一五日の判決前に自殺しようとしたため、意識が回復した一七日に刑が執行された。バヤルはその後、一九六六年に恩赦を受け、一九七四年に政治的権利を回復、そして一九八六年に一〇三歳で死去した。

### 一九六一年憲法の制定へ

一九六〇年一一月一三日には、ギュルセルのアドバイザーでもあったテュルケシュをはじめとした、国家統一委員会の急進派一四名が一掃された。若手将校たちの意見が食い違ったままクーデタが実行されたことはすでに述べたが、国家統一委員会発足時点から潜在的な内部対立は取りざたされていた。民主党幹部たちの処分を終えた国家統一委員会が次に直面したのが、新憲法制定という問題だった。重鎮であるギュルセル派と若手将校中心のテュルケシュ派は、幹部クラスの将官と部下の将校という地位の違いだけでなく、民政移管に関して対立していた。ギュルセル派ができるだけ早期の民政移管を目指したのに対し、テュルケシュ派は軍部がより本格的な統治を行うことを主張し、少なくとも四年間の軍政が必要という立場を採った。

両者の対立が顕在化したのは、九月後半に憲法委員会の設置の是非が議題となったときであった。ギュルセルは早期の民政移管と憲法の発布のためには憲法委員会の設置が必須と考えていたが、テュルケシュ派一四名を含む一六名が設置に反対していた。そこでギュルセルは、九月二二日にテュルケシュをアドバイザーのポストから外し、一四名の影響力を削いだ。そして、最終的に一一月一三日にテュルケシュらを国外の在外公館の政治顧問として「追放」した。テュルケシュはニューデリー、一四人のうちの一人であるムザッフェル・オズダーは東京へと左遷された。

設置反対派の放逐を経て設立された憲法委員会は、一九六一年一月六日に第一回の会合が開催された。憲法委員会でまず論じられたのは、新憲法の性格、特に民主主義のあり方についてであった。憲法委員会の委員の間でも、文民政府への徹底した法的チェックを伴うものにするか、より国民の自由の権利を拡大したものにするか議論が分かれた。最終的に、国民の自由の拡大を考慮した憲法案が五月に国家統一委員会に提出された。そして七月九日に国民投票が実施され、六一・七パーセントの賛成、反対三八・〇パーセントで承認された。

こうして生まれた「一九六一年憲法」で特筆すべきは、上院と下院の二院制が設立されたこと、そして六本の矢に代わるものとして、第二条で民族主義、民主主義、世俗主義、社会的な法治国家という四点が掲げられたこと、そして国民の自由権（基本的人権の尊重・政治活動の自由・労働者の権利の保護・言論と出版の自由、大学の自治の許可など）が拡大したこと、であった。

国家統一委員会は、テュルケシュ派を一掃したことでまとまったかのように見えたが、依然として軍部には国家統一委員会の改革に不満を持つ者たちがいた。前述したように、ギュルセルが国家統一委員会を組織した際にギュヴェンテュルク、アイデミル、セイハンらが除外されたが、この三人もまた軍の有力者であり、特にアイデミルは急進的な「軍部連合」の中心となっていく。アイデミルは陸軍士官学校の教官でもあったため、軍部連合は彼の教え子が中核を占めていた。軍部連合は国家統一委員会に所属する軍人たちが軍部で影響力を持つことを阻止すべく、彼らを放逐するため、統合参謀本部に人事異動を進言するなどの行動を起こした。たとえば、ギュルセルと行動をともにしてきたマダノールは軍部からも国家統一委員会からも辞任を余儀なくされた。

ギュルセルら国家統一委員会が、テュルケシュ派追放後も軍部連合と対立を深めるなど、軍部は内部の混乱を抱えたまま、民政移管の総仕上げとなった一九六一年一〇月一五日の総選挙を実施することになった。下院選挙では、国家統一委員会が支持していたイノニュ率いる共和人民党が、過半数の確保に失敗した（四五〇議席中一七三議席）。これは国家統一委員会にとって最大の誤算であったが、敗因として、選挙の一ヵ月前に行われたメンデレスらの死刑が国民の感情に影響を与えたことが指摘された。加えて、共和人民党を脅かしたのが、メンデレス逮捕とともに解党した民主党の後継政党と言える公正党であった。

公正党は、民主党の残党議員に加え、国家統一委員会によってパージされた元軍人の中で最も有力であったギュムシュパラや、極右勢力、地方の復興を望む勢力などによって一九六一年二月一一日に結党された。公正党は下院で共和人民党の一七三議席に迫る一五八議席を獲得、さらには上院では公正党が七一議席で三六議席の共和人民党を圧倒した。この結果を受け、共和人民党は公正党と手を組まざるをえず、トルコ共和国史上初めて連立政権が組まれることになった。大統領にギュルセル、首相にはイノニュが就任した。

## 二度のクーデタ未遂事件

イノニュ内閣が発足後も、連立内閣は不安定で、さらに依然として軍の内部に不満が燻《くすぶ》っていた。軍部連合は、イノニュや統合参謀総長のスナイにクーデタの必要性を説いたが、イノニュとスナイは「新たなクーデタは起こりえない」として一蹴し、軍部連合をはじめとする現状に不満を持つ将校たちの沈静化を図った。軍部連合の先頭に立っていたのはアイデミルであった。彼は、一九六二年二月に再度スナイに新たなクーデタの必要性、クーデタ後は統合参謀本部、陸軍、海軍、空軍、国内治安維持軍が「安全保障理事会」を形成し、国内統治を図ることを訴えた。しかし、スナイは新たなクーデタが必要になるとすれば、それは、共和人民党の党首にして、軍部の英雄であるイノニュが死去、もしくは辞任し、政治が混乱した時以外にありえないとし、アイデミルの主張を一蹴した。その後、二月二一日午前にスナイは内部情報で、アイデミルとその部下たちがクーデタを起こす可能性があるという情報を受けた。軍首脳部は、空軍に警告を発するなどして未然にこれを防ぐとともに翌日、アイデミルたちに人事異動を命じた。

このスナイの対応に対し、アイデミルたちは人事異動の撤回を要求するとともに、二二日午後四時にアイデミルの教え子の士官学校の生徒たちが行政機能の集中するチャンカヤ地区を戦車で包囲した。そこへ、軍首脳に忠誠を誓う部隊が駆けつけ、それと前後して政府首脳、軍首脳、アイデミルの間で交渉が行われた。交渉の結果、アイデミルが求めたさらなる軍政の要求は退けられ、アイデミルと彼に付き従った将校たちは退役処分となった。イノニュは軍首脳の対応を評価する一方、軍部内部にいまだに不満が燻っていることを考慮し、アイデミルたちへの処罰は極めて軽いものとなった。それでも、アイデミルたちの退役で軍部連合は力を失った。アイデミルのクーデタを受け、イノニュは二月末にすべての政党の党首を集め、五月二七日クーデタによって成立した新たな体制を侵害する新たなクーデタの防止を訴えた。

イノニュの連立政権は危機を乗り越えることになった。一九六二年一一月には、国外に追放されていたテュルケシュ派の一四人が帰国することになっていたが、テュルケシュ派は路線の違いから分裂し、新たな火種にはならなかった。

ところが、退役後も新たなクーデタの可能性に言及していたアイデミルが、一九六三年五月二〇日に二度目のクーデタを試みた。約一五〇〇人からなる反乱軍は、午後一一時にアンカラの中心部にある国営ラジオ局（ＴＲＴ）を占領し、「軍部が権力を掌握し、大国民議会は解散した」と報じた。これを聞いていたアリ・エルヴェルディ中佐は部下を率いてＴＲＴに乗り込み、ＴＲＴにいた反乱軍を鎮圧し、先ほどの放送には信憑性がなく、クーデタは起こっていない旨を伝えた。さらに二一日早朝に空軍が、投降しなければ爆撃を行うと威嚇したため、反乱軍は投降し、アイデミルも逃亡中に逮捕された。アイデミルの二度目の試みに対し、イノニュとスナイは前回と異なり、アイデミル派の処分を軍法会議にかけた。その結果、アイデミルとその側近に死刑判決が下り、すみやかに刑は執行された。

## 3　デミレルとエジェヴィトによる政権運営

### デミレルの登場

公正党が一九六一年一〇月の選挙で第一党の共和人民党に肉薄し、共和人民党と連立を形成したことはすでに書いた。この公正党に一九六二年に加わり、わずか二年後に党首となり、以後、約三〇年間トルコ政治の中心に位置していたのがスレイマン・デミレルである。デミレルはアナトリア南部のウスパルタ県の農家の息子として一九二四年に生まれた。デミレルは農家の息子として初めてトルコの首相、大統領を務めた人物となる。頭脳明晰であったデミレルはイスタンブル工科大学に入学し、卒業後の一九四九年には電力関係の政府機関で働き始める。

そして、働き始めた初年度に一年間アメリカでの研修を経験する。デミレルは一九五四年にもアメリカでダム事業の研修を受けている。こうしたアメリカでの研修の経験は、その後のデミレルの経済政策に影響を与えたようだ。経済の繁栄が国を豊かにすることを確信し、デミレルは自身の経験を活かし、特にダム開発などの公共事業に力を入れていくようになる。

帰国後、デミレルはトルコの技術者による初めてのダム建設であるセイハン・ダムのプロジェクトを担当するようになり、その後、このプロジェクトの責任者となる。デミレルの事業は当時首相を務めていたメンデレスの目にも留まり、デミレルはメンデレスから信頼を受けるようになった。一九五五年には国家水道局の総責任者となり、一九六〇年の五月二七日クーデタ以後、一九六二年に公正党に入党するまでは、コンサルタントとして働いていた。

デミレルの政治活動には、農家の息子というアイデンティティが多大な影響を与えた。農村部を重視する公正党に入ったのもその出自ゆえであり、デミレルは常に農村部の発展と貧困の撲滅に注力した。デミレルは入党時から党大会の委員会のメンバーに選出されるなど、当初から期待されていたがハードワークと、優れたチームワークによってすぐに公正党内で頭角をあらわし、政治経験は少ないながらもわずかな期間で党内の有力者になっていった。そして党首のギュムシュパラが死去したことで実施された六四年の党首選でデミレルは公正党の党首になり、一九六五年の総選挙で公正党を勝利に導くと、首相に就任したのである。

## 治安の悪化と書簡クーデタ

政権の座に就いたデミレルが注力したのは、自身が政府の開発プロジェクトに携わっていたこともあり、地方の公共事業であった。特に前述したセイハン・ダムの建設の経験を活かし、彼は一九六六年のケバン・ダムを皮切りに複数のダム建設に着手し、「ダム王」と呼ばれた。

一方で、一九六〇年代、トルコは左派・右派の過激派によるテロに悩まされることになる。この背景には、いくつかの要因がある。まず、トルコ・ナショナリズム研究の第一人者であったジャコブ・ランダウが一九七四年に著した『近代トルコにおける急進政治』で指摘しているように、一九六〇年代に大学生が増加したことである。一九六〇／六一年に四万四四六一人だった大学生は、七〇／七一年には七万三二二八人まで増加した。特に左翼思想に傾倒する学生が多く、その中でもアンカラ大学と中東工科大学は左派勢力の牙城であった。革命と社会主義を掲げる学生運動は一九六四年から活発になり、多くの大学で思想クラブが創設され、一九六五年にはそれらを緩やかにまとめる思想クラブ連盟ができ、第一回目の会合がアンカラ大学で開催された。思想クラブ連盟はその後、トルコ革命家青年連盟へと名を変え、トルコにおける革命と左派思想の中心となった。

政党として左翼的な学生や知識人の受け皿となったのが一九六一年二月に結成された、急進的左派政党であるトルコ労働者党であった。トルコ労働者党は、一九六五年選挙では約二七万票、上院で八議席、下院で一五議席を獲得するなど躍進した。

学生運動は一九六八年から七一年にかけて激化していく。まず六八年四月にアンカラ大学神学部でアメリカのヴェトナム戦争に反対する反戦運動、ひいてはアメリカと同盟を結ぶ政府批判が起こり、この動きが全国の大学に波及した。翌年一月六日にはアンカラにある中東工科大学を訪問したロバート・コメル駐トルコ・アメリカ大使の公用車が極左のトルコ革命青年連盟によって焼き討ちされる事件が起きた。こうした動きに呼応し、左派系労働組合である革命的労働組合連合（DİSK）による反米、反政府抗議活動も起こった。

そのような中で行われた一九六九年一〇月の総選挙の結果は、数字だけ見れば、六五年選挙の結果と大差なく、公正党が二五六議席で第一党、共和人民党が一四三議席で第二党、他の政党はわずかな議席を獲得したにすぎなかったが、この時期、デミレルに汚職の疑いが浮上していたため、公正党の政権運営は危機的状況を迎えつつあった。さらに、デミレルが工業化推進のために新たな税を提案したことに地主や中小工業者が反発し、公正党は党の基盤である中所得層や地方の支持を次第に失っていった。これは一九七〇年代により顕著になっていく。

一九七一年になると、治安の悪化にさらに拍車がかかった。その中心となったのがトルコ人民解放軍である。トルコ人民解放軍の中心人物はデニズ・ゲズミシュとマヒル・チャヤンであった。ゲズミシュが活動家であったのに対し、チャヤンは戦略家としての側面をもち、キューバを例に挙げれば、ゲズミシュはチェ・ゲバラ、チャヤンはフィデル・カストロに相当する人物であったといえよう。トルコ人民解放軍はまず、七一年一月から三月にかけて立て続けにアンカラやイスタンブルの銀行を襲撃した。加えて、同年二月一五日に一人、三月四日に四人の米兵を誘拐した。三月五日には、誘拐された米兵を探していた国内治安維持軍（ジャンダルマ）と中東工科大学の敷地内で銃撃戦を展開し、学生一人が死亡した。米兵五人は無事に解放され、事件に関与した疑いでゲズミシュらは逮捕された。しかし、ゲズミシュが拘留されていた五月七日にも、イスタンブルでイスラエルの総領事エフライム・エルロムが誘拐され、約二週間後に遺体で発見された。この事件の首謀者はチャヤンで、彼もほどなく逮捕された。

こうした治安の悪化とデミレル内閣の統治力低下をトルコ共和国の危機と捉えたのが軍部であった。軍部内部では新たなクーデタを画策したグループもいたが、結局、一九七一年三月一二日に統合参謀総長のメムドゥフ・ターマチュ、陸軍司令官ファルク・ギュルレル、空軍司令官ムフスィン・バトゥル、海軍司令官ジェラル・エイジオールが連名で大統領と国会議長宛に覚書を提出し、社会不安を取り除く措置を講じなければ軍部が行動を起こす可能性もあると示唆した。この書簡を受け、同日、デミレル内閣は総辞職した。この一件を「書簡クーデタ」という。ただし、若手将校らがメンデレス民主党を倒した一九六〇年五月二七日クーデタの場合と異なり、軍政は布かれず、一九七三年一〇月の総選挙までの間、公正党、共和人民党、無所属議員、専門家などからなる超党派内閣による政権運営が行われた。

超党派内閣がまず取り組んだのは、統制を強化することで、国内治安の回復を図ることであった。書簡クーデタから二ヵ月後の五月二〇日に、ネジメッティン・エルバカンが立ち上げていた親イスラーム政党である国家秩序党、七月二〇日にはトルコ労働党が相次いで党の解散を命じられた。また、一九六一年憲法が左右両派の活動を促しているとして、四四の条項に関して修正が施され、大学の自治、言論の自由、出版の自由などが規制されることとなった。

しかし、治安の悪化は容易には回復しなかった。イスラエル総領事殺害のために逮捕されたチャヤンはその後脱走し、一九七二年三月二七日にトルコ人民解放軍のメンバーとともに黒海沿岸のウンイェという街で、NATOの基地で働くカナダ人一名、イギリス人二名を誘拐して立てこもる事件を起こした。チャヤンは、ゲズミシュ等の死刑を撤回するよう要求したが（この時にすでにゲズミシュには刑が執行されていた）、国内治安維持軍と銃撃戦となり、人質全員が死亡、立てこもったチャヤンら解放軍メンバーも一人を除いて全員が死亡した。さらに同年五月四日に極左の活動家によって狙撃され、治安維持軍の司令官が負傷、副官が死亡する事件が起きた。こうした治安の悪化は、一時的には沈静化するものの、七〇年代後半から再び激化し、三度目の軍の政治介入を招くことになる。

### デミレルの政治手腕

政治的影響力が低下し、軍部による書簡クーデタを誘発させたデミレルであったが、一九七〇年代も引き続き政権運営を担う存在であった。デミレルは組織を重んじ、仕事熱心で、現実主義的で注意深い政治家であった。とりわけ、農村出身のデミレルが一貫して注力したのが経済発展であった。自身が政府の開発プロジェクトに携わっていたこともあり、デミレルは地方の公共事業を積極的に展開した。特にダム建設に積極的で一九六六年にケバン・ダム（エラズー県）、一九七七年にカラカヤ・ダム（ディヤルバクル県・マルディン県）、一九七七年には南東部アナトリア・プロジェクト（通称GAPプロジェクト）に着手した。

また、デミレルはトルコの民主主義は文民によって担われ、人々の意志が尊重されるべきだと考える点でポピュリストであった。そのため、軍部の政治介入には断固反対であった。しかし、一九七〇年代の政局を争ったデミレルと次に述べるエジェヴィトの双方がポピュリストであったことが、皮肉にも政治の不安定化と治安悪化の原因となり、軍部の武力行使による新たなクーデタを引き起こすことにつながっていく。

## イノニュからエジェヴィトへ

共和人民党を語るうえでケマル、イノニュ、そしてエジェヴィトとデニズ・バイカルを挙げないわけにはいかないだろう。ケマルとイノニュに関しては本書でもこれまでに十分取り上げてきた。後者二人のうち、バイカルは八〇年九月一二日の軍事クーデタによって閉鎖された共和人民党を一九九二年九月に新たに立ち上げ、第二党の座まで押し上げた立役者である。一方、エジェヴィトは一九六〇年五月二七日クーデタ以後に頭角を現し、一九七二年の党大会でイノニュを破り、共和人民党党首に就任し、一九七〇年代に連立政権で三度首相を務めた人物である。イノニュの後継者であり、デミレルのライバルと位置づけられたエジェヴィトは、デミレル、エルバカン、テュルケシュ、オザルとともに一九六〇年代から一九九〇年代までのトルコ政治を牽引した。ここではエジェヴィトについてもう少し詳しく見ていきたい。

### エリート政治から社会民主主義へ

エジェヴィトは独立戦争後の一九二五年五月二八日にイスタンブルで生まれた。彼の父、ファフリ・エジェヴィトは一九四三年から五〇年までカスタモヌ選出の共和人民党の議員であり、エジェヴィトにとって政治は比較的近い存在であった。しかし、学生時代のエジェヴィトは政治よりも詩や文学に夢中になっていた。英語は一六歳で翻訳書を出すなど、学生時代から熱心に学んでいた。

エジェヴィトのキャリアには二つの大きな転機があったとされる。まず、大学卒業後に政府の出版局で働いていたエジェヴィトは仕事を始めてから二年後、ロンドン支社に異動となった。第二次世界大戦後の激動の時代にロンドンには多くの政治家たちが訪れており、それまで政治に無関心だったエジェヴィトも次第に政治に魅せられるようになっていった。一九五〇年に帰国したエジェヴィトは共和人民党の機関紙である『ウルス』紙の翻訳スタッフとなった。さらにエジェヴィトは一九五〇年代に二度アメリカに渡航し、ロックフェラー財団の支援による二度目の渡航では当時ハーヴァード大学で教鞭を執っていたヘンリー・キッシンジャーの授業を受講するなど、政治の中でも特に外交に惹かれていった。

二度目の転機はその二度目のアメリカ渡航中の一九五七年夏に受け取った一通の電報であった。差出人は共和人民党の党本部で、内容は同年一〇月の総選挙の候補者リストにエジェヴィトの名があるというものであった。青天の霹靂《へきれき》であったものの、政治に関心を持ち始めていたエジェヴィトはこのオファーを快諾し、三二歳で国会議員となる。五月二七日クーデタ後、ジェヴィトは共和人民党の若手のホープとして駆け上がった。一九六〇年には党の中央執行委員会のメンバーとなり、一九六一年には新憲法の草案の共和人民党の代表団の一員となる。さらに一九六一年一一月から六四年二月まで労働大臣を務めた。

ビュレント・エジェヴィト（写真：AP/アフロ）

一九六〇年代は共和人民党が変革を余儀なくされた時代でもあった。ケマルとイノニュによって率いられた時代の共和人民党は、六本の矢を掲げるエリート中心の政党であった。エジェヴィトはイノニュの支持を得ながら、共和人民党を「中道左派」の政党と位置づけ、大衆に開かれたポピュリスト政党への変容を図った。これは広く大衆の支持を得ていたデミレル率いる公正党への対抗措置でもあった。一九六六年の党首選でイノニュの支持を受け、「中道左派」を掲げたエジェヴィトが勝利したことで、この流れは決定的となった。

また、エジェヴィトが伝統的な共和人民党の政治家と異なっていたのは、共和人民党の政治家が伝統的に支持してきた軍部によるクーデタを批判し、一九七四年には連立相手に親イスラーム政党である国民救済党を選んだことである。また、外交に関してはアメリカとも一線を画し、一九七四年には世論の後押しを受け、キプロスに軍隊を派遣する決断も下した。

エジェヴィトは一九八〇年クーデタで拘束され、共和人民党も閉鎖となった。エジェヴィトとデミレルは六〇年代から七〇年代という民主主義と経済の過渡期に政権を担い、多くの混乱ももたらしたが、エリート中心であった政治を民衆の側に再配置させたと評価できるだろう。

## 4　混迷の七〇年代

### エルバカンと国民救済党

トルコにおいて、イスラームを尊重する政党（「親イスラーム政党」）を初めて立ち上げたのがエルバカンであった。エルバカンはイスタンブル工科大を卒業した後ドイツに留学し、エンジニアリングの分野で博士号を取得し、技術者として働いていた。その後、短期間ではあるがトルコ商工会議所連合（TOBB）の頭取も務めた。そして、政界に進出したエルバカンは一九七〇年に親イスラーム政党として、国家秩序党を創設した。

第一章でみたようにケマルの「上」からの政教分離は、信仰心の篤い国民には容易に浸透しなかった。一九四五年にトルコで複数政党制が始まると、票田獲得のために、民主党や公正党などいくつかの政党は、次第に政教分離の徹底を弛緩《しかん》させていった。民主党や公正党は共和人民党の単独与党時代と比べるとイスラームに寛容な立場を採ったのであり、それはあくまで政策の一つであった。初めて、イスラームの理念を党の方針の中核に据えたのは、一九七〇年にエルバカンが旗揚げした国家秩序党であった。

しかし、親イスラーム政党が歩んだ道のりは決して平坦なものではなかった。イスラームによる統治を掲げていなくても、軍部をはじめとしたケマルの改革を推進する勢力からすると、親イスラーム政党は明らかに異端であった。加えて、当初、エルバカンは前述した、政教分離と世俗主義の尊重・遵守という点にあまり配慮していなかった。結局、国家秩序党は一九七一年に世俗主義に反するという理由で解党された。しかし、すぐに後継政党として国民救済党が設立され、国民救済党は七〇年代に連立政権に三度名を連ね、党首であるエルバカンはエジェヴィト政権（一九七四年一月～一一月）およびデミレル政権（一九七七年三月～六月、一九七七年七月～七八年一月）で副首相を経験する。

## テュルケシュと民族主義者行動党

一九七〇年代に国民救済党とともにキャスティングボートを握り、政治の停滞を招いたのが民族主義者行動党であった。一九六〇年五月二七日クーデタ後に軍部から放逐されたテュルケシュは、一九六五年に共和主義者農民党に入党した。共和主義者農民党は右派系民族主義政党として知られていたが、テュルケシュはほどなくして同党の党首に選出され、より急進的な民族主義政党へと発展させていった。たとえば、国内で左派勢力が増長し、同勢力によるテロが横行するなか、これに対抗するべく、テュルケシュは右派勢力のための軍事訓練キャンプを開設した。一九六九年には党名を民族主義者行動党と変更した。関口陽子が指摘しているように、一九六五年選挙以降、共和人民党がナショナリストも包括する中道政党から中道左派政党へと旋回したため、ナショナリストを吸い上げる政党の空洞化が生じた。この空洞を埋めたのが民族主義者行動党であった。一九七〇年代には「民族主義者戦線」の一員として、民族主義者行動党は二度にわたり連立政権に加わり、テュルケシュは二度副首相を歴任した（一九七五年三月～七七年六月、七七年七月～七八年一月）。連立に加わりながらも右派勢力の拡充にまい進し、警察や治安関連のポストで幅を利かせ、左派勢力との抗争を激化させたことが一九八〇年九月一二日クーデタを引き起こす大きな要因の一つとなった。

### 七〇年代後半の治安悪化

七〇年代後半のトルコは、再び六〇年代後半と同じように、混乱と暴力が支配する状況となった。トルコの輸入代替工業は石油危機以降、苦しい状況に追い込まれ、ドイツなどで出稼ぎしている人々からの海外送金、そして海外からの借り入れでなんとか対応しようとした。しかし、肝心のトルコ国内の工業および農業の生産が上がらず、対外債務は膨らみ、インフレが拡大することとなった。こうした経済の苦境は、低賃金労働者や若者の失業を拡大させ、それが労働者と学生の運動を拡大、さらに過激化させた。こうした労働者と学生の運動に対し、前述したように警察を牛耳り始めていた民族主義者行動党が弾圧した。先鋭化した左派と右派の対立は多くの犠牲者を伴った。七七年には二三〇人、七八年には一〇〇〇人、七九年には一五〇〇人へと犠牲者は拡大の一途を辿った。また要人の殺害も後を絶たず、大学の教授や労働組合の幹部、そして一九七〇年の書簡クーデタ後に首相を務めたニハト・エリムまでが犠牲となった。こうした状況に連立政権は適切な措置をとることができず、トルコは混沌とした状態に陥っていった。

### 修正を余儀なくされる共和国の理念

本章では一九五〇年代から七〇年代にいたるトルコの内政を概観してきた。五〇年代の民主党政権からすでにケマルが示した共和国の理念には綻《ほころ》びが見られ始めた。特に世俗主義に関しては、民主党や公正党によってその規制が緩和されたり、エルバカンが親イスラーム政党を設立したりするなど、その指針は大きな妥協を迫られてきた。また、左翼運動の拡大は、共和主義を揺さぶるとともに、国民主義を強調する民族主義者行動党に代表される右派勢力の活動も活発化させた。この時期、共和国の理念とトルコの治安を確保したのは、トルコ軍であった。

そして、七〇年代後半の混乱を収束させることになるのも、やはり軍部であった。

# 第三章　冷戦期のトルコ外交

## 1　一九四〇年代後半の外交――西側への急傾斜

### ソ連の脅威の高まり

第二次世界大戦が終わりに近づいていた一九四五年の三月と六月、トルコはソ連と中立・不可侵条約の継続について三度にわたる協議を行った。大統領のイノニュを中心とするトルコ政府は条約の継続に対して後ろ向きではなかった。ただし、スターリンが領土拡大のために南下政策を行うことを危惧していた。ところが、この危惧は二度目に行われた六月七日の協議でより強いものとなった。ソ連のヴァチェスラフ・モロトフ外相はトルコ政府に対して、①ロシアは一九二一年にトルコに譲渡したカルスとアルダハンの返却を要求する、②トルコはトルコ海峡にソ連の基地を建設することに同意すべきである、③両国間でボスポラス海峡とダーダネルス海峡の通行に関して一九三六年に締結されたモントルー条約を刷新することに合意すべきである、という要求を突きつけたのである。スターリンは、交通の要所であり、ソ連にとって地中海への出口であるボスポラス海峡とダーダネルス海峡をトルコがコントロールしていることを快く思っていなかった。

トルコ政府はソ連の要求を拒んだが、一〇月にソ連がブルガリアを衛星国家化したことを受け、トルコの衛星国家化も狙っているのではないかと、より一層脅威認識を高めた。衛星国家化とは、中小国が周辺の大国の影響を強く受け、その支配化に入ることを指す。ウィリアム・ヘイルは、「スターリンが一九四五年から四六年にかけて実際にトルコを占領する意図があったかどうかは知る由がない。多分、スターリンはトルコ政府を外交的に孤立させ、その上でソ連のトルコ海峡に関する（新たな）条約を受け入れさせ、さらにトルコ政府の実質的な支配を目論んでいた」という見解を示している。勢力圏拡大に向けたソ連のこうした積極的な動きは、結果的にトルコがアメリカとイギリスをはじめとした西側に接近するきっかけとなった。

### アメリカによる経済・軍事援助

イギリスは、一九四六年三月にチャーチルが「フルトン演説」のなかで「鉄のカーテン」について言及したように、ソ連の拡大政策を危惧していた。しかし、拡大阻止の意志はあってもそれを実際に防ぐ能力は当時のイギリスには欠けていた。第二次世界大戦によって疲弊し、国際政治における影響力が衰退し始めていたのである。

そこで、トルコが対ソ連、対共産主義の拠り所としたのはアメリカであった。アメリカもソ連がイランに対する関与を強め、一九四五年一二月にアゼルバイジャン自治共和国、一九四六年二月にクルディスタン共和国といった親ソ連の自治区が設立されると、中東に本格的に関与する意志を固めた。アメリカは、一九四六年四月六日に心筋梗塞で死去したトルコの駐米大使メフメット・エルテギュンの遺体を、戦艦ミズーリに載せてイスタンブルに送り届けたが、この行為は両国関係が密接になっていることを象徴した出来事と言われている。一九四七年三月には、アメリカ大統領トルーマンが、「トルーマン・ドクトリン」の名で知られるギリシャ・トルコ援助法を議会に提出した。これは、ソ連の拡大を防ぐために、ギリシャとトルコが共産主義の手に落ちないよう経済と安全保障の分野で援助しようという趣旨のもので、ギリシャへ三億ドル、トルコに一億ドルの総額四億ドルの援助が決定した。この巨額の経済援助はすみやかに実施され、ソ連の拡大への抵抗が口先だけのものではないことを印象づけた。トルコは、翌一九四八年にアメリカで施行された欧州諸国の戦後復興を目指す「マーシャル・プラン」による援助も受けた。

トルコの課題は、軍備の老朽化であった。これはトルコ共和国設立以来の問題であり、第二次世界大戦への参戦を躊躇させた理由の一つでもあった。そこへソ連が潜在的な脅威として台頭したことで、陸続きで国境を共有しているトルコは、軍備の近代化の必要に迫られたのである。イギリスはトルコ軍の要請により、海軍と空軍に資金援助し、六〇人の将校をアドバイザーとして派遣する準備を進めた。さらにアメリカも、軍事訓練援助（アメリカ兵がトルコに赴き、直接トルコ軍を指導する行為）に力を入れ、一九四八年三月には最初の訓練部隊をトルコに派遣している。

## NATO加盟への試み

米英の軍事援助を受けたトルコは、さらに西側諸国との協調を目指した。時を同じくして、一九四九年四月四日にワシントンDCで北大西洋条約機構（NATO）が産声をあげている。NATOの原加盟国は一二ヵ国（アメリカ、カナダ、イギリス、フランス、イタリア、ポルトガル、デンマーク、ノルウェー、アイスランド、ベルギー、オランダ、ルクセンブルク）で、トルコはこのNATOの原加盟国入りを熱望していたが、残念ながらその願いは叶わなかった。

ここでNATO発足の経緯とトルコの動きを振り返ってみよう。一九四八年三月、ドイツの再軍備と共産主義の拡大の防止を念頭においた「経済的、社会的及び文化的協力並びに集団的自衛のための条約」、通称「ブリュッセル条約」が西ヨーロッパ諸国間で締結された。中心となったのはイギリスとフランスで、加盟国はほかにベルギー、ルクセンブルク、オランダであった。

「ブリュッセル条約」締結によって、トルコは集団安全保障のための同様の機構を設立することを強く望むようになった。ヒュセイン・ラーウプ・バイドゥル駐米大使は一九四八年五月一一日にジョージ・マーシャル米国務長官と会談し、「ブリュッセル条約」の締結は、アメリカが西ヨーロッパの安全保障を中心に考えていることを明確にすることで、ソ連政府がトルコを攻撃してもアメリカからの反撃を受けないという考えを抱く可能性があること、西側の一員としてソ連に対抗しようとしているトルコ国民のモラルを低下させる危険性があると主張している。トルコ側の提案は、「ブリュッセル条約」をトルコ、ギリシャ、イランに拡大させることであった。一九四七年一〇月から一九五〇年五月まで外相を務めたネジメッティン・サダクは同一九四八年七月一日付けの『ニューヨークタイムズ』紙のインタビューにおいて、トルコは同盟という正式な枠組みを結ぶことでソ連に対抗するより緊密な安全保障政策を展開すること、西ヨーロッパの安全保障にはアメリカの「ブリュッセル条約」加盟が不可欠であることを主張した。

さて、サダクが「ブリュッセル条約」にアメリカが加わるよう主張した七月に、当のアメリカは「ブリュッセル条約」加盟国にカナダを加えたメンバーで会談を行い、西ヨーロッパの防衛に限定した「ブリュッセル条約」とは異なる、仮想敵国をソ連とした大西洋の安全を保障する機構を構築することを決定した。この決定によって一九四九年四月に発足したのがNATOだったのである。

しかし、ここでトルコは挫折を経験する。NATO発足前夜の一九四八年一二月一六日に、アメリカ政府からワシントンDCのトルコ大使館に、「アメリカ政府は、トルコが北大西洋条約への加入を強要することを望まない」という電報が届けられたのである。アメリカがトルコの加盟を拒んだのは、NATOの防衛の主眼を西欧に置き、地中海の防衛を二次的と考えたためであった。同様の理由でギリシャもNATOの発足メンバーにはなれなかった。

### トルコのNATO加盟

一九五〇年になると国内情勢と国際情勢で大きな変化が見られた。まず、トルコにおいて民主党政権が発足したことである。前述したように、民主党は共和人民党以上に親西洋色を強く打ち出し、NATO加盟に非常に前向きであった。また、同年六月二五日に朝鮮戦争が勃発すると、バヤル大統領は七月二五日に四五〇〇人からなる旅団を朝鮮半島に派兵することを発表した。トルコは七〇六名の死者、二一一一名の負傷者、一六八名の行方不明者、二一九名の捕虜を出したが、駐トルコ大使などを歴任し、トルコのNATO加盟に深く関わったアメリカのジョージ・マッギーが強調しているように、朝鮮戦争における貢献はトルコのNATO加盟を確実に前進させた。トルコに対ソ連封じ込めの役割を期待したアメリカの後押しもあり、五一年九月二一日の北大西洋理事会でトルコのNATOへの加盟が承認され、翌一九五二年二月一八日に正式に加盟した（ギリシャもこのとき、同時に加盟している）。

## 2　一九五〇年代の外交―西側への献身

### 西側重視の継続

一九五三年三月五日にスターリンが死去すると、次に実権を握ったニキータ・フルシチョフがカルスとアルダハンがトルコの領土であることを認めたため、トルコはソ連に対する脅威認識を和らげた。また、フルシチョフは、ソ連と西側諸国の間で引き裂かれつつあった、第三世界の国々への支援を本格化させることを明言した。第一世界である西側諸国と第二世界であるソ連・東欧の間に位置するトルコの政策決定者たちは、このフルシチョフの発言は、トルコに対するソ連の関心が相対的に低下したものと捉えた。

ソ連の脅威は以前と比べて薄らいだものの、メンデレス政権はアメリカを中心とした西側諸国との関係を継続した。一九五四年六月には、トルコとアメリカの間で二国間協定が交わされ、アメリカ軍の配備、アメリカ軍によるトルコ軍の軍事訓練の実施、アメリカ軍のトルコにおける法的・行政的地位の保証、インテリジェンス活動の実施、アメリカ軍による作戦プランの実施、両国の軍の共同作戦プランの実施などが決定した。

また、トルコ国内にNATO（特にアメリカ）の施設が建造されることになった。その中でもとりわけ重要なのが、一九五四年にアダナ県に建設され、冷戦期は対ソ連、冷戦後は不安定化した中東地域への関与のための拠点の一つとして、アメリカが重宝したインジルリック空軍基地であった。インジルリック基地以外にも、空軍基地や海軍基地、レーダー基地などが国内の各地に建設された。

トルコのこうした献身は不安の裏返しでもあった。スターリンの死後も、ソ連がトルコに軍事侵攻する可能性が完全に払拭されたわけではなく、そのような事態が生じた場合、アメリカやNATO諸国が、本当に集団防衛の名の下にトルコを防衛してくれるのか、メンデレス政権は安心しきれなかったのである。のちに「アイゼンハワー・ドクトリン」の名で知られる、共産主義の脅威に晒《さら》されている国家に対してのアメリカの関与が実行されるか否かは、トルコにとって真に国家存亡の分かれ目であった。一九五〇年代、メンデレス率いる民主党政権は、西側に献身的な姿勢をひたすら貫くことで、西側諸国、特にアメリカにトルコの重要性を認識させ、この不安を払拭しようとしたのであった。

### 中東防衛構想

トルコの懸念とは別に、この時期、アメリカとイギリスの間で中東の防衛について意見の相違が見られた。中東の防衛に関しては、第一次世界大戦期以降イギリスが注力してきたが、第二次世界大戦が終わる頃になると、ソ連を仮想敵国とした中東の防衛を一手に引き受けるだけの国力が残されておらず、その役割はアメリカの手に移っていった。それでも中東地域にできるだけ影響力は残しておきたいと考えたイギリスは、トルコの重要性は認めつつ、「アラブの心臓」にあたる、エジプト、シリア、イラク、レバノン、ヨルダンといった地域への影響力を維持することを目指した。

一方、アメリカは第二次大戦後、ソ連の南下政策を警戒し、トルコやイランといった中東の「北層（Northern Tier）」の国々を重視するようになる。当然、トルコには北層を防衛する役割が期待された。

路線の違いはあったが、アメリカとイギリスはソ連から中東を防衛するという共通目標は一致しており、トルコがＮＡＴＯへの加盟を承認されるより早く、一九五一年の春からその具体的な構想が話し合われていた。それはまず、「中東コマンド（ＭＥＣ）」、そして「中東防衛機構（ＭＥＤＯ）」という形で現れた。ＭＥＣとＭＥＤＯのメンバーには、アメリカ、イギリス、フランスといった提案国、アラブ諸国、そして非アラブ諸国のイラン、イスラエルが想定されていた。トルコは提案国の一つとして名を連ねる立場にあった。ただしトルコは、ＭＥＣとＭＥＤＯを、ＮＡＴＯに次ぐ二次的な組織として認識していた。しかし、アラブ諸国の主力と目されていたエジプトが、国内からのイギリス軍の全面撤退を参加の条件としたため、話し合いが進まず、結局この構想は実現しなかった。また、依然としてトルコとアラブ諸国の間にはオスマン帝国期の遺恨があったため、中東の多くの国々をこうした枠組みに参加させる構想にはそもそも無理があった。このような蹉跌《さてつ》を経験し、米英による中東の防衛構想の焦点は、次第に

「北層」に比重が移ることになった。

こうして一九五四年前後から「北層」に比重を置くことでアメリカとイギリスの考えは一致していくが、アメリカ政府は、あくまで中東の同盟国を中心とし、自身は加わらない方針を採っていたのに対し、イギリス政府は自身が中心となる防衛構想を練っていた。一九五五年二月にトルコとイラクによって、反共軍事条約を基礎としたバグダッド条約機構が発足し、そこに四月にイギリス、九月にパキスタン、一一月にイランが参加することとなった。アメリカも、公式には参加しないものの、非公式にこれを支援する立場を採った。

ところが、バグダッド条約機構は二つの事件をきっかけに機能不全に陥ることとなる。

まず、一九五六年から五七年にかけて、エジプトの大統領に就任したばかりのナセルがスエズ運河を国有化したことに端を発するスエズ危機（第二次中東戦争）において、バグダッド条約機構内部の対立が起こった。スエズ運河の利権を保持したいイギリスがフランスと協同し、エジプトと敵対していたイスラエルを焚きつけて戦端が開かれた。戦況は三国側に有利に進んだが、ソ連がエジプト側について参戦することを危惧したアメリカが、ソ連と連携して国連を動かし、英仏とイスラエルに対してエジプトからの撤退を命じた。バグダッド条約機構の一国であったイギリスは、機構内からだけでなく国際社会からの非難の矢面に立つことになった。

二つ目の事件は、一九五八年七月にイラクで起こったクーデタである。このクーデタで、バグダッド条約機構に協力していたイラクのハシミテ王家のヌーリー・サイード外相が殺害され、一九五九年三月にイラクはバグダッド条約機構を脱退した。残ったトルコ、イラン、パキスタン、そしてイギリスの四ヵ国は、機構の本部をバグダッドからトルコのアンカラに移し、名称も中央条約機構（CENTO）に改めた。CENTOはその後も細々と続いたが、一九七九年のイラン革命により崩壊することとなる。

## 「巻き込まれる恐怖」とアメリカへの不信

国際政治学者のグレン・スナイダーは、「同盟における安全保障のジレンマ」という論文（一九八四年）のなかで、大国と同盟を結ぶことによって安全が保障されたように見える中小国家は、実際には同盟を結んだ後も「巻き込まれる恐怖」と「見捨てられる恐怖」に苛《さいな》まれるという点を指摘した。「巻き込まれる恐怖」とは、同盟を理由に、無関係の紛争に引きずり込まれることへの危惧である。一方、「見捨てられる恐怖」とは、危機に陥った際に同盟関係が機能せず、見殺しにされるという危惧である。

トルコが最初に「巻き込まれる恐怖」の可能性に直面したのは、一九五七年のシリア危機においてであった。アイゼンハワー政権は、中東において共産主義に加担している国家はエジプトとシリアと考えていた。五七年春にヨルダンで反王政クーデタが勃発し、ヨルダンのフセイン国王が「アイゼンハワー・ドクトリン」の適用を要請して以降、アメリカは間接的・直接的に中東情勢に介入した。五七年夏には、共産主義がシリアで政権をとる可能性が高いとして、アメリカはシリア周辺の親米諸国であるトルコ、イラク、ヨルダン、レバノンにシリアへ介入するよう促した。この中でその要請に最も忠実に応えようとしたのがトルコであった。トルコはシリア国境に五万人の軍を展開した。結局、サウジアラビアの調停により、事なきを得たが、トルコはシリアと戦争状態に陥る可能性が十分にあった。次いで、五八年五月、レバノンで内戦が勃発した。これは大統領のカミール・シャムーンとそれに対立するファード・シハーブの争いに端を発している。シャムーンが「アイゼンハワー・ドクトリン」の適用を要請したので、アメリカは同年七月にレバノンに直接介入した。このとき、トルコはアメリカに対してインジルリック基地の使用を許可している。NATOの活動にあたっては、アメリカのインジルリック基地の使用は許可されていたが、レバノン危機という中東地域への対応は明らかにNATOの活動の範囲外であった。結局、アメリカは調停の末、撤退するが、レバノンではシハーブが大統領となり、非同盟中立をかかげ、アメリカとの関係は冷却化した。アイゼンハワー政権の中東政策の最大の失敗は、アラブ民族主義および国内問題を、すべて米ソの対立、つまり自由主義と共産主義の対立で捉えた点であった。

さらに、一九六〇年五月のU2事件と一九六二年一〇月のキューバ危機がトルコの「巻き込まれる」恐怖を増幅させた。U2事件は、米軍の偵察機U2がインジルリック基地から飛び立ったあと、ソ連領内を偵察飛行中、ソ連によって撃墜された事件であった。トルコ政府は、米軍にインジルリック基地を使わせたことについてソ連側から報復されることを恐れた。

キューバ危機は、よく知られているように、全世界を巻き込んだ核戦争への発展が危惧された世界的な事件であった。アメリカは、ソ連に対してキューバに設置した核弾頭ミサイルを撤去するよう求めたが、ソ連は、トルコに配備されている中距離弾道ミサイル、通称ジュピターミサイルの撤去をアメリカに要求した。

ジュピターミサイルはアメリカとの三年半にわたる協議の末、イズミル県のチーリ基地に一九五九年九月に配備されていた。しかし、この時期は、第二章でみたように、メンデレス民主党政権と、共和人民党党首のイノニュを支持する若手将校たちが対立し軍部が混乱していた時期にあたり、ミサイル配備はいたずらに東側陣営を刺激しかねないとして、トルコにとって新たな懸念材料でしかなかった。この懸念は杞憂に終わらず、キューバ危機が起こると、米ソの対立に「巻き込まれる恐怖」として現実のものとなったのである。

結局ケネディ政権はソ連の要求を飲んで、チーリ基地のジュピターミサイルは撤去されることになったが、その際、ミサイルを配備しているトルコ政府には何の相談もなかったと言われている。キューバ危機でのアメリカの対応は、トルコ政府に対米不信を抱かせるものであった。さらに一九六〇年クーデタにより、「行き過ぎた親米主義者」と揶揄《やゆ》されたメンデレス政権が倒されたこともアメリカとの関係を再考するきっかけとなった。

この時期からアメリカとソ連との間で部分的なデタント（緊張緩和）が進むわけだが、ソ連という脅威によって結ばれていたアメリカとトルコの同盟関係は、次第に綻びが見られるようになった。

## 3　デタント期の外交──全方位外交とキプロス紛争

### キプロス紛争

トルコとアメリカの間の同盟の綻びは、トルコ南の地中海に浮かぶキプロス島をめぐるギリシャとの対立によって決定的になる。

キプロスについて説明しておきたい。オスマン帝国の領土であったキプロスは、一八七八年、露土戦争後に結ばれたベルリン条約によってイギリスの統治下におかれることになった。キプロスにはギリシャ人とトルコ人が住んでおり、その人口比率はギリシャ人八〇パーセント、トルコ人二〇パーセントであった。第二次世界大戦が終結し一九五〇年代になると、ギリシャ系住民の間で、キプロスをイギリスから独立させギリシャに統合するという考え（エノシス）が高揚した。

キプロスにおけるエノシスの高まりは、トルコの対ギリシャ感情を悪化させた。トルコはイギリスの統治継続を支持していたが、もしイギリスがキプロスから撤退するようなことがあれば、トルコ系住民の保護のためにキプロスに進軍する可能性も示唆していた。一九五五年九月六日にはイスタンブルでギリシャ人が襲撃され、一二名が亡くなるという痛ましい事件が起こった。この事件は当時のメンデレス政権によって煽動されたことが定説となっている。イスタンブル出身のギリシャ人はルムと呼ばれ、ギリシャ本土出身のギリシャ人と区別されていたが、この頃から、イスタンブルを去るルムが多くなった（コラム参照）。

一九五〇年代後半になると、キプロスのギリシャ系住民は、対英闘争からトルコ系住民に対する闘争へと軸足を移していった。一九五九年初頭に、イギリスがキプロスから撤退することを宣言すると、二月にメンデレスは当時のギリシャの首相であったコンスタンディノス・カラマンリスとチューリヒで協議し、キプロスの独立、ギリシャ系住民とトルコ系住民の「パワーシェアリング」に基づく統治などについて合意した。

「パワーシェアリング」とは異なる立場の勢力で権力を共有する政治手法で、キプロスでは、多数派のギリシャ系から大統領、トルコ系から副大統領を選出し、議会では五〇議席を七対三の割合で配分すること、さらにギリシャ軍九五〇名、トルコ軍六五〇名が島内に駐留することが決まった。そして、キプロスは一九六〇年八月に正式にイギリスから独立し、キプロス共和国として建国された。初代大統領には、エノシスの中心人物であったキプロス正教会のマカリオス大主教が選ばれ、副大統領にはトルコ系のラルフ・デンクタシュが就任した。

しかし、キプロス独立後も、ギリシャ系住民とトルコ系住民の衝突は続いた。一九六三年一一月にはマカリオスがトルコ系住民の特権の剝奪を盛り込んだ憲法修正案を提示し、これに反発したトルコ系住民の議員が議会から撤収する事態となった。

こうした状況を受け、当時トルコで首相の座に就いていたイノニュは、一九六四年六月二日、キプロスに住むトルコ系住民を保護するためにキプロスへの介入を決定した。

ところが、六月四日に、アメリカのリンドン・ジョンソン大統領からイノニュ宛に一通の書簡が届いた。それは「……私は、我々が一貫して協力してきた貴公の政府が、このような行動をとって遠いところに行ってしまうとは思わなかった。……私は、もしトルコがソ連の介入を受けても、他のNATO加盟国がトルコを守る義務を行使しないことを考える場合が有り得ることを、貴公が理解していることを望む。私は貴公に、現状では、アメリカが提供した軍備をトルコがキプロスに介入する際に使用することに同意できないことを正直に伝える」という内容であった。

イノニュらトルコ政府は、このジョンソン大統領からの手紙を受け取って、大いに落胆した。アメリカだけでなく、当時マカリオスと友好関係を築いていたソ連もトルコの派兵に反対していた。結果的にギリシャ系の部隊がトルコ系の住む北部を蹂躙《じゅうりん》したのに対し、トルコは限定的に空爆を実施することでしか対抗できなかった。

その後、国連のキプロス平和維持部隊が派遣されたことで、一応停戦が成立したが、後に第一次キプロス紛争と呼ばれるようになる一連の事件は、キプロスがいまだに不安定であることを露呈しただけでなく、トルコ政府が西側諸国との同盟関係を再考せざるをえなくなった事件として、極めて重要であった。

## コラム　イスタンブル生まれのギリシャ人、ルム

トルコ語で、ギリシャ人は「ユナン」という。ただし、トルコ、特にイスタンブル生まれのギリシャ人にはルムという別称がある。ユナンとはペルシャ語起源で古代ギリシャ、特にイオニアのことを指す。一方で、ルムはローマ帝国の子孫を自認する彼ら自身が付けた呼称とも言われている。ギリシャ人はイスタンブルに憧憬の念を抱いており、一八三二年にギリシャがオスマン帝国から独立した後も、国外のギリシャ人居住地域をすべて統一し、首都をコンスタンティノープル（イスタンブル）に置く一大国家を打ち立てようとするメガリ・イデアの理想を持っていた。

ギリシャ独立後もイスタンブルには多くのルムたちが暮らしていたが、第一次世界大戦（一九一四〜一八年）、オスマン帝国の崩壊（一九二二年）、そしてトルコ共和国の建国（一九二三年）をきっかけにギリシャへと帰還していった。さらに、第一次世界大戦後、メガリ・イデアの理想に燃えたギリシャがトルコに攻め込んだため（結果としてムスタファ・ケマルに阻まれたが）、トルコ国内に残っていたルムたちはまさに内なる敵と見なされるようになったのであった。奇しくも、第一次世界大戦直前のバルカン戦争によって、バルカン半島に住んでいた二七万人にのぼるトルコ系住民が難民としてトルコに流入していたために、ルムたちはますますトルコで肩身が狭くなっていった。

ルムたちの処遇はローザンヌ講和会議の議題となり、一九二三年五月一日にギリシャとトルコの間で住民交換が行われたが、イスタンブルのギリシャ正教徒は対象外となった。彼らがギリシャに帰還する

事件は、一九五五年に発生する。それが九月六日事件である。この事件は、ギリシャがキプロスに対する自決権を国連に要求したことに端を発し、トルコ国内で反ギリシャ人暴動へと発展した。イスタンブルではルムが襲撃され、一二名が死亡した。その後、キプロスをめぐるトルコとギリシャの対立は深まり、ルムたちは次々とギリシャに帰還していった。現在ではルムの人々をイスタンブルで見かけることはかなり珍しくなった。

しかし、彼らは帰還先のギリシャでも冷遇、もしくは異端視されるなど、自己のアイデンティティに苦悩することになる。『タッチ・オブ・スパイス』（二〇〇三年、タンス・ブルメティス監督）というギリシャ映画では、このルムたちとユナンの温度差がうまく描かれている。

それでもトルコで活躍するルムもいる。たとえば、トルコのドラマでたびたび登場するジャンス・デレはギリシャ系の女優である。

---

ソ連との部分的関係修復

西側との距離が広がるのと反比例して、トルコは次第に東側陣営や第三世界と良好な関係を築き始めた。ソ連との関係改善の兆しは、一九六〇年六月二八日に当時ソ連の最高指導者であったフルシチョフがギュルセルに宛てた「フルシチョフからの書簡」から始まったと言われている。

この書簡によって、徐々にではあるが両国関係の修復が始まり、一九六四年一一月五日に文化・科学技術における協力関係を締結し、これが二国間関係発展のきっかけとなった。また、一九六五年五月にソ連のアンドレイ・グロムイコ外相がトルコを訪問すると、その直後に、今度はトルコ側からスアッド・ハイル・ウルギュプル首相がモスクワを訪問し、経済援助とキプロス問題についてソ連政府と会談を行った。さらに同年一二月に、ソ連の首相としては初めてアレクセイ・コスイギンがトルコを訪問するなど、六〇年代後半は両国の間で高官レベルの訪問が相次いだ。その後も関係改善は進み、一九七〇年代後半には軍事協力にまで波及、一九七六年二月に両国はソ連領内（現在のアルメニアとジョージア）において合同軍事演習を行うに至っている。

## アラブ諸国への接近

トルコはソ連に対してだけではなく、一九六四年以降、特にキプロス問題での支持を得るために積極的にアラブ諸国と関係を構築し始めた。それまでは冷戦のロジック、すなわちトルコは中東の「北層」の守護者であり、イスラエルと親西洋諸国を支持するという政策に沿う外交政策を採っていた。しかし、一九六四年、イノニュがキプロスへの介入を決定するあたりから、トルコはアラブ諸国に対して関係改善を試みるようになったのである。

トルコの基本方針は「内政に干渉することなく、アラブ諸国に関与する」というもので、続く二つの戦争でトルコがとった立場はまさにその基本方針に沿ったものであった。一九六七年六月に起こった六日間戦争（第三次中東戦争）は、エジプトやシリア、ヨルダンといったアラブ諸国に対してイスラエルが一方的な勝利を収めた戦争であったが、トルコはエジプトに理解を示し、イスラエル船がエジプトとサウジアラビアを両岸とするアカバ湾を通行することに反対した。一方でソ連船に対してボスポラス海峡とダーダネルス海峡の通過を許可した。さらにトルコは、イスラエル軍がこの戦争で獲得した占領地から撤退するよう要求した国連安保理決議二四二も支持している。一九七三年一〇月の第四次中東戦争では、トルコはアメリカから、イスラエルに援助を行うためにトルコ軍の施設を使用する許可を求められたが、それを許可しなかった。その一方で、ソ連がエジプトとシリアに対して航空機の燃料を補給するためにトルコ領空を使用することは許可した。

これに加えて、トルコは七〇年代にパレスチナ解放機構（以下PLO）と密接な関係を築き上げた。一九七五年一月にトルコはPLOをパレスチナにおける唯一の代表として承認し、七九年一〇月にはアンカラにPLOのオフィスを置くことを許可している。

こうした一連の動きは、約二〇年間続いていたソ連の脅威がデタントによって和らぎ、キプロス情勢がトルコの新たな脅威となったことによる。こうして、ソ連やアラブ諸国との関係が相対的に重視されるようになったのであった。

一九六四年の第一次キプロス紛争のあとも、一九六七年にギリシャ系住民とトルコ系住民の間で衝突が起きるなど、キプロス情勢は不安定なままであった。一方で重要な変化もあった。当初エノシスを支持していたキプロスのマカリオス大統領が、次第にエノシスを放棄してでも、キプロスの独立を優先するという立場に変わっていったのである。ただし、このマカリオスの路線変更を快く思わなかった勢力も存在した。それは、キプロスにおける極右集団であるEOKAと、ギリシャ本国でエノシスを掲げていた一部の軍人たちであった（この時期、ギリシャでは軍政が布かれていた）。

キプロスを南北に分かつ境界線（筆者撮影）

一九七四年七月一五日、ギリシャから六五〇名の軍人がキプロスに送り込まれ、EOKAらとともにクーデタを決行した。マカリオスは逃亡し、代わりにEOKAのメンバーであった政治家のニコス・サンプソンが大統領に就任した。マカリオスはイギリスによって保護され、一時的にロンドンへと移送された。

この事態に対し、トルコは即座に反応した。当時の首相は、二年前の党大会でイノニュを破り、新たに共和人民党の党首となったエジェヴィトであった。イノニュと違い、軍部と距離をおいていたエジェヴィトだったが、キプロスのクーデタに対する反応は素早かった。進攻作戦の計画は二段階あり、まず、トルコ系住民の住むキプロスの北側に進攻してトルコ系住民を保護し、新たな憲法の制定を交渉する。もし交渉が決裂した場合、トルコ系住民の安全が保障される範囲まで占領地を拡大する、というものであった。キプロスへの派兵は、同盟国であるアメリカ、さらには国際世論の反対を受けることは必至であったが、首相のエジェヴィトと副首相のエルバカンはトルコ国内の世論の後押しを受け、派兵を決めた。

トルコ軍は予定通り七月二〇日にキプロス北部に進攻し、国連安保理決議三五五で停戦が決定するまでにトルコ系住民の居住区を中心に島の一部を占拠した。一方、ギリシャはトルコの進攻に対応できず、軍のボイコットなどにより、軍事政権が瓦解した。そして、一〇年間フランスに亡命していたコンスタンディノス・カラマンリスが国民の支持のもとに帰国し、首相に復帰した。

キプロスの混乱を収拾するために、七月三〇日と八月八日の二回、ジュネーヴで、トルコとギリシャにイギリスを加えた三ヵ国による協議が開かれた。当時アメリカの国務長官であったヘンリー・キッシンジャーも協議に加わっていた。交渉は難航したが、キプロスの二国分断を主張していたトルコが、ギリシャとアメリカが主張するキプロスの連邦制案をしぶしぶ受け入れ、協議は終了した。ところが、亡命中のマカリオスに代わって暫定的にキプロスの代表となっていたグラフコス・クレリデスが、連邦制の提案に対して四八時間の猶予を要求すると、トルコ側は態度を硬化させ、翌一四日にキプロス進攻を再開し、最終的にキプロス島の北部約三七パーセントを占領した。そして、トルコ系住民は一九七五年二月にキプロス連邦トルコ人共和国を発足させた。

### アメリカとの関係悪化とその修復

キプロス紛争が原因で、トルコとアメリカの関係は一九七〇年代に極度に悪化した。キプロスにトルコが介入したことを受けて、一九七四年九月にアメリカのジェラルド・フォード政権はトルコへの軍事援助と軍備品の売却の禁止を決定した。アメリカには一〇〇万人以上のギリシャ系の人々が暮らしており、この決定の背景には、アメリカで一定の勢力を持つギリシャ・ロビーの圧力もあった。トルコ側もアメリカとの防衛協力協定の停止を決定し、トルコ国内にあるNATO基地以外の軍事設備のアメリカ軍の使用を禁止した。さらに一九七五年一〇月にフォード政権はトルコに対して輸出禁止措置を発令し、その措置は一九七八年八月まで約三年間継続された。

両国の関係が急速に回復するのは一九七九年のことであった。二月に起こったイラン革命と、一二月二四日のソ連のアフガニスタン侵攻により、お互いにとって同盟の重要性が高まったためである。八〇年三月に両国は「防衛と経済に関する協力協定（DECA）」を締結した。

## 冷戦に翻弄されたトルコ外交

第二次世界大戦後から一九七〇年代までのトルコ外交は、まさに冷戦という時代に翻弄された。特にトルコの隣国、ソ連が超大国と呼びうる存在になるとともに、第二次世界大戦後に拡張主義的傾向を示したため、トルコの脅威は高まった。そして、まさに「世界で平和裏に生存する」ため、アメリカを中心とする西側同盟に庇護を求めた。西側諸国にとっても、ソ連と陸続きで接し、ボスポラス海峡とダーダネルス海峡を保有するトルコは戦略的に重要なパートナーとなった。

しかし、逆説的であるが、ソ連の脅威が減退すると、トルコの戦略的な重要性も同時に減退した。キューバ危機後に本格化した、米ソ・デタントの時代がその時期にあたり、ジョンソン書簡に代表されるように、トルコと西側諸国、特にアメリカとの関係はギクシャクし始めた。その傾向に拍車をかけたのがトルコとギリシャの間のキプロス紛争であった。結局、トルコはキプロスに住むトルコ系住民を保護するため、キプロスに軍事介入し、それがきっかけでアメリカはトルコに対して輸出禁止措置をとる事態にまでなった。しかし、一九七九年一二月のソ連のアフガン侵攻で米ソの緊張が高まると、トルコは再び西側諸国の重要な戦略的パートナーとなった。

### コラム　その後のキプロス

一九八三年一一月一五日、トルコが進攻した北キプロスは北キプロス・トルコ共和国として独立を宣言した。しかし、北キプロスは、国連安全保障理事会では独立が承認されず、トルコのみが承認する未承認国家として今日に至っている。

二〇〇四年には、国家の中にギリシャ系住民とトルコ系住民それぞれの共同体を形成することを基本とする「アナン・プラン」が、コフィ・アナン元国連事務総長の主導で進められ、最終的に南キプロス（キプロス共和国）と北キプロスの両方で国民投票にかけられたが、南キプロスで否決されたために統合は実現しなかった。その後、南キプロスがＥＵに加盟したこともあり、統合に向けた両キプロス間の交渉は停滞した。

とはいえ、二〇一〇年以降、再統合に向けた機運がそれ以前にも増して高まってきている。筆者は二〇一一年に北キプロスを訪問したが、ギリシャ系とトルコ系の衝突はほとんど起こっておらず、安定しているという印象を受けた。トルコにとってキプロスは、トルコ系住民の保護、安全保障上の拠点、ＥＵ加盟の条件という三点で、今なお極めて重要な意味を持ち続けている。

# 第四章　トゥルグット・オザルの時代

一九八〇年九月一二日の軍部によるクーデタ以後の時代は「第三共和政」と呼ばれる。一九二三年にトルコ共和国が建国されてから一九六〇年五月二七日クーデタまでの時期が「第一共和政」、五月二七日クーデタから一九八〇年九月一二日クーデタまでの時期が「第二共和政」、そして九月一二日クーデタから現在に至るまでの時期が「第三共和政」である。約三六年続く第三共和政の時代を象徴する政治家は誰かと問われれば、トルコ国民のほとんどは大統領在任中の一九九三年に急逝したオザルか現大統領のエルドアンの名を挙げるだろう。

その一方で、オザルは評価が難しい政治家でもある。オザルはその親しみやすい風貌と数々の政治改革によりトルコ政治のアイコンとなったが、その反面、政治改革が「早すぎた」きらいがある。たとえば、トルコは二〇〇〇年と二〇〇一年に金融恐慌を経験したが、この遠因はオザルが一九八〇年代に導入した新自由主義経済であった。また、二〇一四年の大統領選挙で勝利したエルドアンは、議院内閣制から行政権を行使できる「強い」大統領制への移行を熱望し、これが現在のトルコ政治の一つの争点となっているが、オザルが一九八九年に大統領に就任してから、彼の出身政党である祖国党（Anavatan Partisi：通称ANAP）が一九九一年一〇月の選挙で敗れるまで、オザルはまさに「強い大統領」として権力を保持していた。特に一九九〇年八月に勃発した湾岸危機における政策決定は、オザル主導で行われた。このとき、これに反発した外務大臣、国防大臣、統合参謀総長が辞任するという未曽有の事態が起こった。本章では、オザルが祖国党を立ち上げ、首相となった一九八三年から八九年の大統領就任を経て、九三年に急逝するまでの時代について振り返っていく。

## 1　第二共和政の終焉

### 一九八〇年九月一二日クーデタ

一九八〇年九月一二日午前四時、ケナン・エヴレンはTRTを通して、議会と政府を解任し、軍部がトルコ共和国の統治を行うとともに、全国に戒厳令を発動するという短い声明を出した。そして、同日午後一時には文民政府がテロを食い止めることに失敗したため、軍部が政治に介入したという趣旨の長い声明を、再度TRTで読み上げた。そして、統合参謀総長である自身と、陸・海・空・ジャンダルマの四司令官からなる国家安全保障会議の設置と同評議会が行政と司法の最高機関の役割を暫定的に果たしていくことを確認し、国民に支持を訴えた。

デミレル、エジェヴィト、エルバカンはすみやかにガリポリの軍駐屯地へ連行された。当初、逃走したテュルケシュも二日後の一四日に拘束された。既存の政党は公式に解党されなかったものの、すべての政治活動が禁止された。そして、九月二一日に暫定政府として前海軍司令官であったビュレント・ウルスを首相とする内閣を発足させた。二七名の閣僚の中で唯一、それまでの政党で要職につきながらもその経済政策により入閣したのがオザルであった。

一九六〇年の五月二七日クーデタの実行者が中級クラスの軍人だったのに対し、九月一二日クーデタは軍のトップ全員が一致団結して起こしたものであり、権力は国家安全保障評議会に集中していたため、時間をかけて民政移管を進めることができた。四万三〇〇〇人がテロに関与したとして逮捕され、七三万四〇〇〇個の武器が回収された。そして右派左派の急進主義者による政治的暴力は、一九八二年に完全に終結した。また、過激派の巣窟となった大学の改革を図るため、一九八一年一一月に高等文教法が発布され、大学は新たに創設された高等教育審議会（通称YOK）の監督下に置かれた。また、テロに直接的、間接的に関与したとして、多くの大学教員がその職を追われることとなった。

## 一九八二年憲法の制定

一九八一年からは新たな憲法を策定する作業が進められた。同年六月二九日に制憲議会設立法が発布され、諮問会議が一〇月二三日から活動を始め、約八ヵ月後の八二年七月に草案を発表、九月に国家安全保障会議によって受理された。そのうえで一一月に国民投票にかけられ、九一・三パーセントの賛成を経て、正式に制定された。同時に、エヴレンは大統領に就任した。

一九八二年憲法では、議会に関して、一九六一年憲法で採用されていた二院制議会を廃止し、一院制とした。そして、一一六条で政府が信頼を失墜した場合、早期選挙を呼びかけることができるなど、大統領権限が拡大された。また、民政移管までの国家安全保障会議の立場を保証する、多くの暫定条項がつけられた。そのため、一部では一九八二年憲法は一九六一年憲法よりも自由が制限されているといった指摘も見られた。一九八二年憲法が一九六一年憲法に比して自由が制限された理由は、一九六一年憲法で多くの自由を認めたことでかえって国内が混乱したこと、つまり一九六一年憲法が国内の混乱をもたらした元凶の一つであったという国家安全保障会議の解釈に求められる。

もう一つ、一九八二年憲法においてその後、たびたび議論を呼ぶことになるのが、総選挙における一〇パーセント足きり条項である。これは、一〇パーセントを下回る得票率しか得られなかった政党は、大国民議会で議席を獲得することができないという規定である。他国の足きりに比して、そのハードルが一〇パーセントとかなり高いのが特徴である。これは七〇年代に多くの政党が乱立したために単独与党となる政党が出ず、政局が混乱したことを防ぐ目的で設定された。しかし、足きりのハードルを高めるだけでは連立による混乱を防ぐことができないことが九〇年代に再び連立政権が乱立して政局が混乱したことで実証されていくことになる。

## 一九八三年一一月選挙

一九八一年一〇月に正式に既存の政党の解党が決定し、一九八二年憲法の暫定条項で既存の政党の党首の政治への参加が禁止となった。これにより、民政移管の総決算としての八三年一一月選挙にデミレル、エジェヴィト、エルバカン、テュルケシュは参加できなくなった。党首の政治活動の禁止は当初一〇年の予定であったが、一九八七年の国民投票でこれが否決されたため、結果的に五年間の禁止となった。

国家安全保障会議は、自分たちの影響力がある程度行使できる政党が選挙で勝つことを望んでいた。当初は暫定政権の首相であるウルスを軸に人選を考えていたとされるが、両者の考えが食い違ったため、退役軍人であるトゥルグット・スナルプに白羽の矢を立て、民族主義者民主党が一九八三年五月に結党された。また、暫定政権で首相の特別補佐官を務めていたネジデト・ジャルプが同月、民族主義者民主党よりもやや左寄りの人民党を結党した。さらに退役軍人のアリー・フェトヒ・エセネルが大トルコ党を、六月にはイノニュの息子でイスタンブルのボアジチ（ボスポラス）大学の教授であったエルダル・イノニュが社会民主党を設立した。しかし、大トルコ党は公正党の系譜を、社会民主党は共和人民党の系譜を色濃く継いでいたために選挙に参加することができず、前者は解党の憂き目にあった。この流れからすれば、国民救済党の系譜を継ぎ結成された福祉党が選挙に参加できないのは当然であった。民族主義者民主党、人民党とともに選挙への参加が認められたのはオザルが結成した祖国党であった。オザルはジャルプ同様、暫定政権に参加していたし、エヴレン等の調査によればオザルの政党が勝つ可能性は少ないとされて、参加が許可された。

選挙の結果は祖国党が得票率四五・二パーセント、人民党が三〇・五パーセント、民族主義者民主党は二三・三パーセントとなり、過半数を獲得した祖国党が単独与党、オザルは首相に就任した。エヴレンらの予想と異なり、選挙に参加した政党の党首の中では抜群の知名度を誇るとともに、この選挙から本格的に導入されたテレビでの選挙キャンペーンでも得意の経済政策を明快に論じるなど、政治家としての資質が高かったオザルの人気は抜きん出ていた。

## 2 オザルの来歴と権力掌握の過程

### マラトゥヤ発イスタンブル経由アメリカ行き

オザルには親米、新自由主義、欧州共同体（EC）推進者という建国以来続いている西洋化を目指す考えと、親イスラーム、親クルド、オスマン帝国の歴史の重視という建国の理念とは必ずしも一致しない考えが同居していた。こうしたオザルの多様な側面を理解するためにはまず、オザルという人物の来歴を知ることが必要だろう。一体オザルとはどのような人物だったのだろうか。

オザルは一九二七年一〇月一三日に東部アナトリア地域のマラトゥヤ県で生まれた。東部アナトリアは一般的にトルコの中でも保守的な地域と言われる。オザルは幼少期をアナトリア地域で過ごした後、一九四六年、デミレルやエルバカンと同じく理系の名門大学であるイスタンブル工科大学へと進学した。ここで、オザルは電気工学の学士を取得するとともに、物事を合理的かつ現実的に考える素養を身に付けたと評されている。大学卒業後、政府の電源開発部局で働くことになったオザルは、ここで大学の先輩であるデミレルと出会うことになる。

一九五二年はオザルの政治思想を考えるうえで重要な年である。この年、オザルは英語能力と経済学を身に付けるため、アメリカに一年間国費留学することになったのである。結果として、この留学の経験が根本的かつ長期的に、オザルの個性に大きな影響を与えることになる。

トゥルグット・オザル（写真：読売新聞社）

彼はアメリカの科学技術レベルの高さ、人々の欲望を満たす消費生活、アメリカの特徴とも言える自由と個人主義などに感化された。元々イスラームと伝統を重視する保守的なマラトゥヤで育ち、イスタンブルでトルコの世俗主義に触れ、そしてアメリカの自由な空気を吸うことで、多様な特徴を持つオザルという人物が形成された。

話はやや横道に逸れるが、ほぼ同時期にエジプトのムスリム同胞団の論客として有名なサイード・クトゥブもアメリカに留学しているが、クトゥブはアメリカ留学を経験することで自身のイスラームに対する考え方をより過激化させたと評されている。それに対し、オザルはアメリカでの経験と自身のイスラームに対する考え方を同居させることに成功していた。これはクトゥブがすでに四〇代であったのに対し、オザルが二〇代半ばで留学したことや、オザルがすでにイスタンブルという世俗主義社会で揉まれていたことなどが指摘できるが、何よりオザルの現実的かつ合理的な思考によるところが大きいと言われている。

## 九月一二日クーデタ以前のオザルの政治活動

アメリカから帰国したオザルは、以前よりも政治に興味を持ち始める。その過程で、デミレルが党首を務めていた公正党の議員と親交を深めたり、エルバカンやナクシュバンディー教団のシェイフであるザーヒド・コトゥクといったイスラームを重視する人物と接触したりするようになった。それからのオザルは着実にキャリアを積み重ねていく。六一年から六七年までデミレルの特別アドバイザーを務め、一九六七年にデミレルが連立政権で首相になると、オザルは国家計画庁長官に任命され、七一年四月までその職を務めた。その反面、国家計画庁のオフィスでの礼拝が日常となり、礼拝のための部屋も作られるなど、イスラーム主義者としての顔も垣間見せ、こうした行為が政教分離に反するという批判を受け、国家計画庁長官の職を辞したのであった。

一九七〇年代を通して、オザルはトルコ随一の経済テクノクラートとしての地位を築いていく。一九七二年から二年間、オザルは再びアメリカの土を踏み、ワシントンDCで世界銀行の一員として働いた。世界銀行時代もデミレルとの交友は続き、オザルはデミレルに対してトルコ経済の問題点や政策の提言などを行う存在となっていた（ただし、デミレルがオザルに全幅の信頼を置いていたかは疑問である。たとえば、オザルは一九七七年の国政選挙に公正党から出馬するつもりだったが、デミレルが気乗りしなかったためにエルバカン率いる親イスラーム政党、国民救済党から出馬するも落選した。デミレルはオザルが自分の地位を脅かす存在になる可能性を危惧していたと思われる）。その後、一九七九年一一月から一九八〇年九月の公正党の少数内閣においてデミレルの首相特別顧問を務めたオザルは、一九八〇年一月二四日にいわゆる「一・二四決定」と呼ばれる経済改革パッケージを作成し、悪化するトルコの経済改革を進めた。

## 「一・二四決定」による経済改革

オザルが主導した「一・二四決定」とは、どのような経済改革だったのだろうか。具体的には、①組織改革、②価格政策、③為替・貿易政策、④貸し出し金利の引き上げ、⑤外国投資の奨励という五つの分野における改革であった。①組織改革では、経済の調整委員会、通貨金融委員会、外国投資局、投資・輸出振興実施局を設立した（経済部門の拡充）。②価格政策に関しては、国営企業に価格決定権を付与し、部分的に民営化を実施した（民営化への着手）。③トルコ・リラをそれまでの一ドル四七リラから七〇リラへ三三パーセント切り下げた（通貨の切下げ）。④公認為替銀行は外貨受け取りの八〇パーセントを保有でき、これを準備金として輸入品目の拡大を図った（貿易の拡大）。⑤五〇〇〇万ドルの投資案件は外国投資局が許可を下すことができるとした（対外投資の拡大）。

「一・二四決定」は一九七七年から世界銀行に勤務し、二〇〇一年に「強い経済パッケージ」を提示するケマル・デルヴィシュによって作成されたとも言われている。いずれにせよ、経済改革のかじ取り役を担うことになったオザルは、一九八〇年九月一二日クーデタによって多くの有力政治家が拘束されるなか、軍が立ち上げたウルス内閣において唯一、経済担当の首相補佐官という立場に着き、政治への関与、具体的には「一・二四決定」を推し進めることとなった。

オザルは「一・二四決定」に基づく経済改革を推し進めたが、中央銀行が投資を煽《あお》ったためにインフレが進行し、バブルがはじけてトルコ経済の状況は再び悪化することとなった。政府が八〇億リラを投入し、なんとか事態は収束を迎えたが、この責任をとってオザルの経済政策の理解者であったカヤ・エルデム金融大臣が辞職し、後任にオザルの政策に批判的なアドナン・バシャール・カフォールが就任した。オザルはこの人事に反対し、エルデムとともに八二年七月一四日に首相補佐官を辞職した。

新井政美も指摘しているように、なぜ、ナクシュバンディー教団やエルバカンとも接触があったオザルをエヴレンが拘束しなかったのか疑問は残るが、この決定がその後一〇年のトルコ政治を左右したことだけは確かである。八二年七月の首相補佐官辞職後、オザルは八三年一一月の選挙に向けた準備を着々と進めた。祖国党を立ち上げたオザルは、前述したように八三年一一月の総選挙で四五・二パーセントの得票率を獲得し、首相に就任した。

## 祖国党の特徴

祖国党の特徴は、以下の四つにまとめられる。①党を束ねていたのはオザルのカリスマ性、②七〇年代の公正党、国民救済党、民族主義者行動党の議員を主な基盤としたため、党内には自由主義勢力、イスラーム勢力、ナショナリズム勢力という三つの派閥が存在、③イスラーム、トルコ・ナショナリズム、自由主義経済、社会民主主義という四つのイデオロギーを掲げる、④中間層（Orta Direk）の利益を代表する。トルコを代表する社会学者のニルファール・ギョレは、オザルと彼が率いる祖国党を「エンジニアの現実主義と文化的保守主義の組み合わせ」と評した。オザルの生い立ちと経験が、イスラームを尊重する伝統的な社会の価値観、新自由主義経済、欧米との関係を重視という一見矛盾する組み合わせを可能にした。この組み合わせは、その後の公正発展党の政策と重なる部分があり、後世の政治家たちに大きな影響を与えたと言えよう。

オザル以外の祖国党の代表的な政治家は、前述したエルデム元金融大臣、オザルの後任として一九八九年から九一年にかけて首相を務めたイルドゥルム・アクブルト、九〇年代を代表する政治家の一人であるメスット・ユルマズ、祖国党時代に国務大臣を務め、その後、美徳党、公正発展党へと移り、法務大臣、大国民議会副議長、大国民議会議長を歴任したジェミル・チチェクなどが挙げられる。

### トルコ―イスラーム統合論の実践

オザルは前述したように、イスラームを重視する政治家であった。オザルは「トルコ―イスラーム統合論」に基づき、政教分離に抵触しない範疇でイスラームを正当化した。トルコ―イスラーム統合論とは、一九七〇年代初頭からトルコ民族主義のイデオロギーとして提唱され、トルコ・ナショナリズムの要素としてのイスラームの重要性を説くものであった。エルバカンに率いられた親イスラーム政党がイスラームに力点を置いてトルコ・ナショナリズムの重要性を主張したのとは逆に、トルコ―イスラーム統合論はトルコ・ナショナリズムに力点を置きつつ、イスラームを不可欠な要素とした。このトルコ―イスラーム統合論に最初に目を付けたのが、八〇年クーデタを敢行した軍部であった。六〇年代から七〇年代にかけての混乱、急進左派勢力の拡大を防ぐ手段として、トルコ―イスラーム統合論に注目し、国民に宗教心と道徳心を植えつけることでトルコの一体性を担保しようとした。新井政美が指摘しているように、軍部と政権がイスラームの重要性を公的に認めたことは、世俗主義の再解釈であった。これまで国家の世俗化のためには個人と社会の世俗化も必須とされてきたが、後者に関しては、前者に抵触しない限りはある程度容認されるようになった。

## 大物政治家たちの復帰

一九八〇年九月一二日クーデタとその後の軍政の結果、トルコは再び安定した議院内閣制が布かれた。そのなかで、八三年と八七年の総選挙、八四年の地方選挙で勝利したオザル率いる祖国党は一党優位の立場を確立した。八七年選挙前には憲法改正によって、政治活動を禁止されていたデミレル、エルバカン、エジェヴィトといった有力政治家の政界への復帰が認められた。これらの有力政治家が復帰した選挙でも勝利を収めたオザルは自信を深め、次第に強大な権力を振るうようになる。

ただし、デミレルの正道党、エルバカンの福祉党、エジェヴィトの民主左派党の設立によって、言わば寄せ集め政党である祖国党の基盤となっていたイスラーム、トルコ・ナショナリズム、自由主義経済、社会民主主義という四つのイデオロギーは特徴を失っていくことになる。一九八九年にオザルが大統領職に就き、後任に党の「調整役」であったアクブルトが選ばれると、さらにその傾向は強まっていった。

### 首相から大統領へ

一九八九年、エヴレンの大統領任期満了に伴う大統領選挙に、首相を務めていたオザルは出馬を決意する。オザル以外の有力候補者はおらず、大国民議会における第三回目の投票でオザルは大統領に選出される。トルコの大統領は国家元首という位置づけであるが、立法、行政、司法に関して一定程度の権限が一九八二年憲法第一〇四条で規定されている。たとえば、立法に関しては、法律の公布や法案の議会への差し戻し、行政に関しては、首相の任命権、トルコ軍の最高司令官としての指揮権、統合参謀総長の任命権、司法に関しては、憲法裁判所をはじめとした各種裁判官を選出することができる。オザルは五〇年代のバヤル大統領以来の文民大統領となった。

しかし、オザルが大統領に就任したことでいくつかの問題が生じた。まず、八〇年代のトルコ政治を牽引してきた祖国党の弱体化である。ただでさえ、祖国党は一九八九年地方選挙で敗北していたのに加え、オザルというカリスマが抜けたことで、祖国党内でイスラーム、トルコ・ナショナリズム、自由主義経済、社会民主主義という四つのイデオロギーに基づく勢力の両立が困難になった。

最も懸念されたのが政治への介入である。トルコの大統領は前述したように国家元首であり、本来政治から一定の距離を置くことが原則となっていた。共和国を建設したムスタファ・ケマル以後の大統領たちは意図的に政治に不介入の立場をとった。クーデタによって全権を掌握したエヴレン前大統領でさえ、大統領になってからは首相のオザルの政策に不満があった場合でも距離を保つように努めていた。結果的にオザルの政治への介入は、祖国党の凋落をもたらすことになる。

## 3　新自由主義経済の導入と「アナトリアの虎」

### 国家資本主義の時代

オザルの経済政策はいわゆる新自由主義経済の導入であった。ここで少しトルコ共和国の経済政策を振り返ってみよう。トルコ共和国の初期の経済政策は、「国家資本主義」であった。国家資本主義とは、第一章で概観した、ケマリズムの六本の矢の一つであった。

トルコ共和国建国前の一九二三年二月にイズミルで開かれた経済会議で工業化の計画が提示されたが、すでにそこで「国内産業の金融助成のための国営銀行の創設」、「大企業の創設に際しては国家が民間資本を支援する」など、国家資本主義的傾向が見られた。一九三四年からは「第一次産業振興計画（通称、五ヵ年計画）」がスタートした（～一九三八年）。後藤晃は、一九三〇年代初頭にトルコが国家資本主義を採った要因を、①独立戦争後の資本も信用も乏しい時期に外資に依存せずに工業化に着手しなければならず、そのためには国家の強いリーダーシップと計画が必要だったこと、②オスマン帝国時代に商業を担ってきたユダヤ人、ギリシャ人、アルメニア人などのマイノリティが激減したので資本家と企業を欠いた状態であったこと、③世界恐慌の時代であり、開放型の経済政策よりもソ連が採用していた閉鎖型の輸入代替工業化がトルコにとって現実的な選択であったこと、と三点にまとめている。輸入代替工業とは、関税あるいは輸入数量制限などによって、輸入競争から自国市場を保護することで、国内の工業生産を促進し、工業化を達成することである。「第一次産業振興計画」は、農業大国であるトルコの特徴を生かした綿工業、雑繊維工業、製糸工業などの原料自給型の工業化と、鉄鋼やセメントなど基幹工業の振興に重点が置かれた。

国家資本主義に基づいたトルコの経済政策は、五〇年に発足した民主党政権下で、一時自由主義政策に転換された。これは一九四八年にマーシャル・プランの援助を得たことで、経済の開放と自由化の圧力が強まったことが大きな要因であった。一九四七年と五四年に外資導入法が施行され、外国から借款や外資を導入することで、民間企業が勃興し、コチやサバンジュなどの財閥に代表される資本家層が発達した。このように、一九四〇年代後半から五〇年代にかけて、貿易の自由化と民間企業の発展が促進されたが、五〇年代後半は債務の拡大と外貨危機が発生し、自由主義政策は停滞した。

結局、一九六〇年の五月二七日クーデタによって民主党政権は崩壊し、それに伴ってトルコの経済政策は再び国家主導の計画経済へと逆戻りした。ただし、外資導入法は継続するなど、一定の開放性も有していた。一九六〇年代から七〇年代にかけての国家資本主義の中心を担ったのが国家計画機構（SPO）であり、この組織の主導の下、新たに第一次から第三次五ヵ年計画（一九六三〜七七年）が実施された。トルコは第一次・第二次五ヵ年計画では高成長を達成したが、七三年の第一次石油危機後、次第に経済状況は悪化し、七七年頃から赤字と外貨不足が深刻化し始めた。根本的な原因は、国営企業を優遇するとともに、輸入代替工業を採用していたことである。輸入代替工業は発展途上国が経済発展を達成するうえで避けられない方法である。民営化を放棄し、重工業に携わる国営企業を優遇する政策は、非効率であり、慢性的な赤字経営に苦しむ結果をもたらした。一方で、輸入代替措置による保護主義も国内産業の国際的競争力を弱める要因となり、慢性的な不況が八〇年軍事クーデタを引き起こす結果となった。七〇年代、国家主導の国家資本主義が、明らかに時代遅れの政策となったことは、ケマリズムの擁護者である軍部さえも認識していた。

---

### コラム　コチ財閥とサバンジュ財閥

トルコの財閥で有名なのが、コチ財閥とサバンジュ財閥である。コチ財閥の創設者はアンカラ出身のヴェフビ・コチ（一九〇一〜九六）で、彼は一九一七年から父親の食料雑貨店で働き始め、一九二六年にフォード社やスタンダード石油社（現モービル社）などの代理店を務める貿易会社を立ち上げ、一九三八年にコチ商業株式会社、そして一九六三年にコチ・ホールディングスを設立した。一九五〇年代以降は、総合商社として、さまざまな事業を展開している。その後、コチ・ホールディングスの経営は息

コチ（上）とサバンジュのマーク

子のラフミ・コチに引き継がれ、現在はラフミ・コチの長男のムスタファ・ヴエフビ・コチが会長、次男のオメル・メフメット・コチが副会長、三男のアリ・コチも役員職に就いている。ラフミ・コチは名誉会長となっている。ちなみに彼らの苗字であるコチとはトルコ語でヤギの意味であり、コチ財閥のエンブレムもヤギである。

一方のサバンジュ財閥の創設者、ハジ・オメル・サバンジュ（一九〇六〜六六）はカイセリ県出身で、一九二五年から綿貿易の仕事に携わった。彼はその後、さまざまな業種の株主となり、ビジネスを拡大していった。彼が保有した株式の中には現在もトルコ有数の銀行であるアク銀行なども含まれていた。ハジ・オメルは一九六六年に他界するが、彼の次男サクプ、三男ハジ、四男シェヴケット、五男エロル、六男オズデミル（長男のイフサンはビジネスの世界には関わらなかった）が後を継ぎ、一九六七年にサバンジュ・ホールディングスを設立した。現在の会長はイフサンの長女ギュレルが務めるほか、役員にギュレルの妹セヴギ、エロルの娘スザン、オズデミルの娘セラが名を連ねているように、現在の役員職は非常に女性が多い。サバンジュ・ホールディングスのエンブレムは苗字の最初の二文字であるSAである。トルコの会社や企業で、たとえばトルコの大手家電量販店 Teknosa のように最後に sa が付くものはサバンジュ・ホールディングスの関連会社である。

コチ財閥、サバンジュ財閥はともに、一九五〇年代、民主党政権が旗振り役を担った民間企業重視と外資の導入の恩恵を受け、その後の発展につなげた。両財閥はビジネスの分野だけでなく教育にも力を入れ、コチ大学が一九九三年、サバンジュ大学が一九九四年に設立され、現在ではトルコ有数の私立大学となっている。

## 新自由主義経済への転換

一九八三年の選挙で勝利したオザルは、自身の経済改革パッケージを実現すべく、規制緩和の促進、民営化の促進、変動相場制への移行、外資の積極的な導入を試みた。このオザルの開放政策は当初、成果を上げ、一九八〇年代半ばに貿易額が七〇年代末比で五倍に伸びた。

しかし、国際政治経済の視点からトルコ現代史を執筆したエルトゥールルが指摘しているように、オザルの政策は「海外からの借金を元手にした開発政治」であり、自動車道、橋、ダムの建設が盛んになる一方で国家の借金が膨れ上がることになった。このツケは、オザルが死去した後の九〇年代半ばから二〇〇〇年代初頭にかけて、経済の不安定化、経済危機という形で払われることになる。

オザルの時代の開発としては、たとえば、イスタンブルのファーティフ・スルタン・メフメト大橋（第二ボスポラス大橋）の建設やシャンルウルファ県のアタテュルク・ダムが有名である。また、一九八五年から民営化も実施され、首相府の民営化管理機関によると、これまでに二四四の企業、四つの発電所などがその対象となった。コチ大学の国際政治経済学者であるズィヤ・オニシュは、一九八〇年代の経済政策を、①主に軍政下における安定化と構造調整の時期

（一九八〇年一月～一九八三年一一月）、②文民統制下での公的機関による自由化と成長の加速の時期（一九八三年一一月～一九八七年一一月）、③一九八七年総選挙以降の小規模な経済危機による安定化と成長の鈍化の時期（一九八八年～一九八九年前半）と区分している。

## TÜSİADから「アナトリアの虎」へ

オザルの経済政策において重要な役割を果たしたのが、トルコ産業家・企業家協会（TÜSİAD）と「アナトリアの虎」と呼ばれるコンヤ県、ヨズガト県、デニズリ県、チョルム県、アクサライ県、ガズィアンテプ県の中小企業家たちである。

TÜSİADは一九七一年に大企業一二社（コチ・ホールディングス、サバンジュ・ホールディングス、エジザジュバシュ・ホールディングス、ヤシャル・ホールディングス、メタシュ株式会社、ギュネイ産業株式会社、テクフェン株式会社、自動車販売株式会社、チャナッカレ・セラミック株式会社、電子鉄鋼産業株式会社、アルトゥンイルドゥズ株式会社、セメント産業株式会社）、特にコチ財閥のヴェフビ・コチが中心となって設立したトルコで初めての自発的な経済団体である。それまでは、一九五〇年に設立されたトルコ商工会議所連合（TOBB）が経済界における唯一の組織であった。しかし、TOBBは、そのすそ野が広すぎるため、コチ財閥など一部の大企業は、より多角的で自由貿易に重きを置く開放経済を志向する少数精鋭の新たな組織の必要性を主張していた。

一九七〇年代におけるTÜSİADの目標はトルコ国内の安定とそれに伴う経済の安定であった。TÜSİADはトルコに対するアメリカの禁輸措置の撤廃に尽力し、また、政治的安定のためにエヴレンが主導した九月一二日軍事クーデタを支持した。オザルは閣僚となる以前、TÜSİADに所属しており、一時、金属産業事業者組合の会長やサバンジュ・ホールディングスの重役を務めていた。さらに彼の推進する新自由主義に基づく経済が大企業に有利に働くものであったため、当初、祖国党政権とTÜSİADとの関係は良好であった。しかし、TÜSİADの中にはオザルの外資導入によって大きな損失を被る企業もあり、また、オザルが「アナトリアの虎」を重視したため、次第に祖国党政権とTÜSİADの関係は微妙なものとなった。

それでは次に「アナトリアの虎」について確認していこう。「アナトリアの虎」の特徴は、保守的でイスラームに敬虔な中産階級の若手企業家という点であった。彼らは新しい市場を開拓するためにイスラームと地域のネットワークに基づくコミュニティを重視した。また、彼らはムスリムが多い中東地域に共感を抱いており、積極的に投資を行った。オザルは首相期に、サウジアラビアのファイサル・ファイナンスとアル・バラカ・トルコ金融会社、そしてクウェート・トルコ金融会社を設立するなど、「アナトリアの虎」と協調する政策を実施した。さらに一九九〇年に自主独立産業家・企業家協会（MÜSİAD）が設立されたことで、より「アナトリアの虎」のコミュニティが拡大した。ただし、中小企業を主体とするMÜSİADの経済的なインパクトはTÜSİADと比較するとかなり小規模で、トルコのGNPの一〇パーセント前後であった。

## 4　オザル時代の外交

### EC加盟交渉の進展

オザルの首相時代における外交政策の最重要課題は、八〇年軍事クーデタによって関係が悪化した国々との関係回復であった。オザルは、クーデタによってトルコの人権と民主主義が抑圧されていると強く主張した欧州諸国との関係回復に奔走した。欧州諸国がクーデタを強く非難した背景には、クーデタ前後に脱出・追放された政治家たちが欧州に避難していたことと、トルコとの間にキプロス問題を抱えるギリシャの存在があった。

欧州委員会は、オザルが政権に就いた八三年時点においても多数の政治家やジャーナリストが拘束されている状況、八二年憲法の正当性、人権侵害などに対して懐疑的であった。オザルはクーデタによって凍結された欧州からの援助の再開、ECとトルコの間の協定の回復、主要輸出品である織物の輸出増加という三点を目標として掲げ、関係の正常化に奔走した。しかし、欧州委員会から八五年に出されたレポートは、「トルコの人権に対する活動はEUの基準から大きくかけ離れている」と指摘するなど、その溝はなかなか埋まらなかった。

こうしたなか、オザルは、アンカラ協定に調印（一九六三年九月）して以来停滞していたEC加盟交渉を進めた。オザルは、ECに加盟するメリットとして、トルコ共和国が建国以来の悲願である欧州の一国となることができる点、民主主義の普及を促す点、自由主義経済のさらなる発展が見込める点を国民に対して訴えた。トルコ政府は八七年にEC加盟の申請を行い、これに対してEC加盟委員会は三〇ヵ月後に結論を出すという声明を発表した。加盟委員会は経済改革と人権問題の解決を加盟の必要条件としてあげたが、この加盟委員会の要請が、国内におけるオザルの自由主義経済の追求、軍部に対する優位性の後押しになったと言われている。しかし、結果として八九年一二月一八日に欧州委員会はトルコのEC加盟申請を棄却した。その理由として、欧州委員会はトルコとEC加盟国の経済状況に大きな隔たりがあること、人権問題に改善が見られなかったこと、EC加盟国であるギリシャとの間にキプロス問題が生じていることを挙げた。また、ECの中心国の一つであるドイツが、トルコがECに加盟すると多くのトルコ人の移民がドイツに流入することを懸念したことも理由の一つと見られている（ドイツには一九六〇年代から七〇年代にかけて多くのトルコ人が労働者として流入していた。その後、石油危機の影響でドイツは移民の受け入れを停止した）。EC加盟申請は棄却されたものの、二〇年以上進展が見られなかったEC加盟交渉をオザルが活性化したことが一〇年後の九九年にトルコが加盟交渉国となる呼び水となった。

## 親米路線の強化

オザルの外交の柱は対米関係の重視であった。トルコ共和国の歴史を振り返っても、オザルほどアメリカとの関係に熱心だったのはメンデレス以外には見当たらない。オザルがアメリカとの関係を重視したのは、前述したアメリカへの留学、超大国であるアメリカとの関係強化という実利的な判断、そして冷戦の終焉期という時代背景が指摘できるだろう。

第三章でも概観したが、冷戦期におけるトルコとアメリカの関係を振り返ってみると、その関係は良好→悪化→良好という道のりを辿っている。アメリカのギリシャ・トルコ援助法（いわゆるトルーマン・ドクトリン）の決定からNATO加盟（一九五二年）を経て、キューバ危機（一九六二年）までは良好な関係が続いた。キューバ危機に際し、トルコ政府の意向を無視しインジルリック基地からジュピター・ミサイルを撤去したこと、また、六四年のキプロス紛争に関するジョンソン書簡が提出されたこと、という二点によって対米感情が悪化した。これは米ソ間のデタントが進展し、アメリカのソ連に対する脅威認識が減退した時期でもあった。トルコはアメリカにとっても対ソ防衛の柱の一つであり、ソ連に対する脅威認識が薄れたことでトルコとの関係も相対的に希薄となった。七〇年代に入ってもこの傾向は続き、七四年にトルコが北キプロスに介入したことを受け、アメリカは対トルコに輸出禁止措置を発動することを決定し、両国の関係は凍結した。しかし、七八年に武器輸出禁止法が解除されたことにより、両国は再び歩み寄りの姿勢を見せ始めた。

オザルが首相となった八〇年代のトルコとアメリカの関係は七九年に起きた二つの事件、イラン革命とソ連のアフガニスタン侵攻によって決定づけられたと言っても過言ではない。この二つの事件によってアメリカは再びトルコの地政学的重要性に着目し、軍事分野を中心とする同盟の強化に乗り出した。アメリカがトルコに期待した役割は、不安定な中東地域の影響を最小限に抑えること、ソ連に対する防衛として、エーゲ海と二つの海峡を防御することがあげられる。その中心となった二国間関係が八〇年三月二九日に締結されたDECAである。

DECAは五年間の協定であり、その後も延長される可能性があると記載された。協定の内容は、安全保障と経済の両面においてアメリカの意図が強く反映されており、安全保障に大きな比重が置かれた。アメリカがトルコに対して防衛設備、サービス（公益事業）、軍事トレーニングの供給と経済政策の援助を行い、その代わりにトルコに配備されているNATO基地において共同で防衛対策を行うことなどがその主たる内容である。これらは援助政策を基盤として展開された。

しかし、トルコ側はDECAの内容に不満を持ち、八五年一二月にオザルは、アメリカに対して次の点を改正することを要求した。それらは、①ギリシャとトルコに対する援助の割合を改正すること、②トルコへの援助はキプロス紛争、人権問題の解決、いわゆる「アルメニア虐殺問題」と関係性を持たせないこと、③援助に際し、トルコの世論も考慮すべきであること、④アメリカはトルコの主要産業である織物輸入を増やすこと、⑤トルコの経済政策で生じた負債を軽減すること、という五点である。こうした問題において、両国の間でなかなか歩み寄りが見られず、正式な延長は行われなかった。やっと八七年に、ほぼ当初のDECAと変わらない補足条項が締結され、DECAは九一年まで延長されることになった。

アメリカは九月一二日クーデタに関して欧州よりも理解を示していた。当時のジミー・カーター政権は、八〇年クーデタは多くの国民が待ち望んでいたものであり、一般的な政治転覆とは異なった必要不可欠なものと理解していた。アメリカ大統領がカーターからレーガンに変わると、トルコの重要性が再評価され、関係は大幅に改善された。

### 湾岸危機

八〇年代後半にミハイル・ゴルバチョフ書記長の主導によってソ連とアメリカの緊張緩和が進んだ。そして、八〇年代末にソ連は東欧諸国に対する指導制を否定し、八九年一一月のベルリンの壁崩壊を経て、共産主義陣営は崩壊した。共産主義陣営の消滅は、対ソ防衛の要であったトルコの役割を相対的に低下させた。オザルは、この状況に対して、共産主義陣営が弱体化し、自国の安全が高まることは歓迎しつつも、欧米諸国との関係が希薄になることに関しては懸念を示していた。そうした最中、一九九〇年八月二日にサッダーム・フセイン率いるイラクがクウェートに侵攻したことで湾岸危機が勃発した。湾岸危機は、オザルにとって欧米諸国に自国の重要性をアピールする絶好の機会となった。

湾岸危機が勃発すると、オザルはすぐに大統領声明でイラクに対して遺憾の意を表明し、国際社会と行動をともにすることを発表した。トルコはイラクの隣国であり、ソ連の場合と同様、イラクを攻撃するうえで地政学的に重要であった。イラクは、トルコにとって主要な石油の輸入先でもあったが、八月七日にオザルは、①イラクとの間のパイプラインの一本を閉鎖、②イラクの資産凍結、③イラクの原油積み出し禁止、という制裁をイラクに対して発表した。オザルの決定には、当時のアメリカのジョージ・H・W・ブッシュ大統領からの圧力があったとも言われている。

問題となったのは、大統領であるオザルが国際社会と行動をともにする決定をほぼ独断で下した点であった。行政の長であるアクブルト首相は政策決定にほとんど関与できなかった。湾岸危機への積極的な介入に関しては、ムスリム（イスラーム教徒）を攻撃することを懸念する多くの与野党議員、中東への介入を伝統的に控えてきた軍部からの反対にあったが、そうした国内の声は考慮されなかった。

オザルの独断に対するトルコ国内の不満は、具体的な形で表れる。まず、九月中旬にオザルとアリ・ボゼル外相がアメリカを訪問した際、ブッシュとオザルの会談にボゼルは参加することができず、これが原因でボゼルは外務大臣を辞任した。一〇月一八日にはイスマイル・サファ・ギライ国防大臣、さらに一二月三日にはネジェップ・トルムタイ統合参謀総長が辞任するなど、外交と軍事の責任者が軒並み変わるという異常事態が発生した。ボゼルは第二次オザル政権で国務大臣を務め、ギライは祖国党発足時からの議員であり、第一次・第二次オザル政権で公共事業・住宅大臣を六年間務めた後に国防大臣に就任していた。

しかし、最も衝撃的だったのがトルムタイの辞任であった。それは、トルムタイはオザルの肝いりで統合参謀総長に就いた人物であり、また、統合参謀総長が辞任するのはトルコ共和国史上初めての出来事であったからである。後年、トルムタイは回顧録のなかで、当時のオザルとの軋轢《あつれき》の要因は、湾岸危機におけるオザルの独断にあったことを綴っている。さらに祖国党は、翌九一年一〇月の総選挙で第一党の座から滑り落ちることになるが、その原因の一つが祖国党政府に対するオザルの過剰な政治介入であった。

九一年一月一七日の大国民議会で、湾岸危機においてオザルが全権を掌握することが正式に許可され、トルコは多国籍軍へ参加することが決定した。ただし、翌一八日の審議の結果、トルコはイラクへの攻撃に直接関与するのではなく、多国籍軍にインジルリック基地の使用を許可、抑止を目的としてイラク国境付近へ軍配備（九万五〇〇〇人）をすることが決定した。そ

表4－1　湾岸危機後のトルコに対する各国の支援（1990，91年）

| 国名 | | 金額（100万ドル） |
|---|---|---|
| 贈与 | クウェート | 1400 |
| | サウジアラビア | 2160* |
| | UAE | 100 |
| | ドイツ | 163 |
| | オランダ | 18 |
| | 米国 | 200 |
| | 小計 | 4041 |
| 借款 | 日本 | 618 |
| | ベルギー | 9 |
| | フランス | 30 |
| | EC | 243 |
| | 小計 | 900 |
| 合計 | | 4941 |

（出所）Aydın, 2002, p.9を基に筆者作成
*原油による現物支給

して、翌日の一九日に、インジルリック基地から米軍機がイラクに向けて飛び立ち、湾岸戦争が始まった。結果的に湾岸戦争はイラクがクウェートから早々に撤退したことで早期に終結した。

湾岸危機に際して、オザルはイラクからの石油輸入停止を決断したため、トルコは大きな経済的損失を受けることとなった。しかし、オザルはこの経済損失は各国、特にアメリカとクウェートからの援助で賄うことができると考えたうえでの決断であった。結果としてこの目論見は外れることになる。トルコは各国から十分な援助を得ることができず、短期的に九〇億ドル、長期的に三五〇億ドルの経済損失を被る結果となった（表4―1）。

## 北イラク・クルド問題

オザルは祖母がクルド系であり、それまでトルコ政治においてタブーとされてきた「クルド問題」を初めて議題として取り上げた政治指導者であった。「クルド問題」とは、端的に言えば、トルコの人口の二〇パーセント弱を占めるクルド人の主張と権利をどのようにトルコの政治と社会に反映させていくかを検討することである。それまでクルド人は「山岳トルコ人」と呼ばれ、大都市で暮らすクルド人も多くがクルド名ではなく、トルコ名を使用しながら生活していた。一九八四年からはアブドゥッラー・オジャランが党首を務めるPKKがトルコに対する武力闘争を開始するなど、クルド問題が顕在化するようになった（クルド問題の詳細に関しては第五章参照)。

前述のように湾岸戦争は短期間で終結したが、トルコは予想外の事態に見舞われることになる。フセイン政権崩壊を確信したイラクのクルド人たちが独立国家建設を目指し、フセイン政権に対して武装蜂起したのである。その背景には、フセイン政権が八八年に国内のクルド人に対してハラブジェ大虐殺と呼ばれるジェノサイドを敢行し、イラクのクルド人の間でフセイン政権への不満が高まっていたことが指摘される。しかし、多国籍軍との戦争から早期に撤退し、余力を残していたフセイン政権は、クルド人の蜂起に反撃して北イラクを襲撃したため、多くのクルド人が難民としてトルコ国境に押し寄せる事態が発生した。

この予想外の事態にオザルは戸惑いを隠せなかった。オザルは当初、イラクからのクルド難民の受け入れを躊躇する。クルド問題の解決に明るいオザルであったが、難民受け入れを躊躇したのには理由があった。この時期、トルコには多くの難民が押し寄せていたからである。トルコは、前述のハラブジェ大虐殺の際に流入した五万人のクルド人、ブルガリアのトドル・ジフコフ政権によるトルコ人排斥運動に追われた現地の三〇万人のトルコ人、さらにソ連のアフガン侵攻に伴うアフガニスタン難民も受け入れており、新たに難民を受け入れるだけの経済的、社会的余裕がなかった。

加えて、北イラクのクルド人が流入し長期滞在することで、トルコ内に住むクルド人、特に武力による分離独立を主張するＰＫＫの活動が活発化することが懸念された。クルド問題を積極的に解決しようとしていたオザルであったが、ＰＫＫの活動はもちろん容認しておらず、クルド人の独立国家建設には反対であった。

しかし、北イラクの惨状が世界各国に伝わると、ニュースの映像が国際的な世論に影響を与える、いわゆるＣＮＮ効果によって、国際世論が沸騰し、トルコ政府への圧力が強まった。トルコ、さらにフランスやイランを中心に国連安保理で北イラクに関する協議が行われ、難民への支援を行う一方で、イラクの領土的一体性は保持することを謳った国連安保理決議六八八が四月五日に採択された。これを受け、トルコ政府は四月七日から難民に対して食料、水、衣類、日用品など総額二億九八〇〇万ドルの緊急援助を実施した。また、暫定的に多国籍軍の保護下でイラクの脅威が及ばない安全保障地帯を北イラクに建設することも協議された。

結果的に多国籍軍の安寧供給作戦（ＯＰＣ）の庇護の下、六月中旬までにほとんどの難民が北イラクに帰還し、七月にはＯＰＣも縮小された。その後、ＯＰＣはフセイン政権を抑止するためのＯＰＣⅡとして再編され、ＯＰＣⅡにはトルコも派兵することになった。

湾岸危機後に起こった北イラク・クルド問題は、その後、ＰＫＫとの関係、二〇〇三年イラク戦争、北イラク・クルド自治政府の発足、北イラクのトルコへの石油輸出、「イスラーム国」の登場などによって、今日に至るまでトルコに影響を与え続けている。

### 中央アジアと南コーカサスへの積極的な関与

冷戦後、ソ連の崩壊とロシアの国力の衰退により、「力の真空」が生じた中央アジアと南コーカサス（アゼルバイジャン、ジョージア、アルメニア）に対し、トルコ、特に大統領であったオザルは積極的に関与する姿勢をみせた。トルコはウズベキスタン、カザフスタン、クルグズスタン（キルギス）、トルクメニスタン、アゼルバイジャンとの外交関係を取り結んだ最初の国家であった。オザルは二国間関係・多国間関係を組み合わせ、これらの国々との協力を模索した。

そこで、オザルは主に四つの政策を展開し始めた。第一に、外務省に中央アジアを扱う新しい部門を加え、大規模な予算をつぎ込んで中央アジア援助機関を設立した。その代表的なものがトルコ開発援助機関（TİKA）であった。第二に、オザル自身が何度も中央アジア諸国を実際に訪問した点があげられる。オザルは各国を訪問すると同時に、幅広い諸協定も取り結んだ。二国間レベルではさまざまな委員会や組織を設立、トルコの大学への奨学金制度の充実、トルコ国営テレビをはじめとしたトルコ語番組の放送、トルコ航空の定期便運行、トルコ輸出入銀行による信用貸付などがある。トルコが主導した奨学金制度でトルコへ留学した中央アジアの学生は総勢一万人以上に上ると言われている。第三に、民間レベルでの交流が活発になった点があげられる。オザルは国内のビジネスマン、宗教グループ、メディアなどに対して積極的に中央アジアへ進出するように促した。その結果、多くのトルコ系企業、宗教グループによる高校などがアゼルバイジャン、トルクメニスタン、カザフスタンなどで設立された。第四に、トルコはコーカサス・中央アジアの各国を国際連合、経済協力機構（ECO）や全欧安全保障協力機構（OSCE）といった自身が所属している国際機関、地域機構に招き入れた。そして、トルコ主導で黒海経済協力機構（BSEC）を九二年六月に設立した。

## BSECの発足

BSECは黒海沿岸に位置するブルガリア、ジョージア、ルーマニア、ロシア、ウクライナ、トルコという六ヵ国とその周辺に位置するアルバニア、アルメニア、アゼルバイジャン、ギリシャ、モルドバ、セルビア・モンテネグロ（分離後はセルビアのみ参加）という計一二ヵ国が参加した機構である。オザルが立ち上げたBSECの構想は、南コーカサスとバルカン半島の新興独立諸国に熱狂的に受け入れられ、準備会議・作業会議を経て、九二年六月にイスタンブルでBSEC協定が調印された。この協定は、民主的価値・基本的自由・個人の権利・社会正義・自由経済・地域内の安全と安定に努めることを謳っている。しかし、この協定に関して、トルコと他国との間には認識のずれが存在していた。トルコ以外の新興独立諸国は、EUのような政治・経済を念頭に置いた地域機構を想定していたが、トルコはBSECが過度に政治機構化することを得策と考えず、純粋な経済組織を目指していた。オザルの認識では、BSECはEUと同等の機構やEUへの対抗策ではなく、トルコがEU加盟の足掛りとするための機構であった。

BSECの目的は、経済的なものと政治的なものに区分することが可能である。経済的な目的としては、長期間にわたり国際経済の周縁に追いやられ、国際経済に対するバランス感覚を失っている黒海地域の経済の再活性化、国家主導で自由主義経済を達成したトルコの経験を各国に伝え、さらに銀行業務と投資に関する知識を各国で交換する、各国が共同で観光事業・漁業・交通の再開発を行うことが提唱された。一方で政治的な目的として、冷戦終結によって創出された新たな東西地域の融合を最大限活用する、政治面での協力を強めるために経済のインフラストラクチャー強化を進める、地域協力を通してヨーロッパにおける新たなアクターとして存在感を強めるといった点が挙げられる。

### 拡大するBSECの活動

BSECの活動範囲はその後、さらに拡大していった。九九年に地域経済機構から立法議会、商業評議会、黒海貿易振興銀行、さらに大学協力をはじめとした学問的な協力を行う包括的な組織へと発展を遂げ、EUとの地域機構間の協力も始まった。

二〇〇七年七月には、イスタンブルでBSEC設立一五周年の式典が行われた。BSECは現在、農業、銀行業務と金融、犯罪対策、文化、関税、非常時における支援、教育、エネルギー、環境保護、統計に基づくデータや情報の交換、健康、通信技術、制度革新とグッドガバナンス、科学技術、中小企業との協力、ツーリズム、貿易と開発、輸送、国家間協力の調整といった分野に関して共通の政策が行われているが、こうした分野での協力を進めていくことが確認された。また、関係国間でBSECは高度な機構を目指すというよりも、現状のプラットフォーム、すなわち協力の場を提供するような状態を継続するということで見解が一致している。

加えて、BSECに関連する組織として、二〇〇一年四月二日、イスタンブルにおいて黒海海軍協力特別グループ（BLACKSEAFOR）の設立に関する調印が行われた。BLACKSEAFORには黒海沿岸諸国であるトルコ、ブルガリア、ジョージア、ルーマニア、ウクライナ、ロシアが参加した。BSECに次いでトルコ主導で設立されたBLACKSEAFORは軍事機構ではなく協定であり、その目的は黒海地域の平和・安定の促進と、沿岸諸国における海軍の活動協力と情報交換であった。具体的な活動として、黒海地域の救難活動、人道援助、地雷除去、環境保護対策と他の黒海諸国への友好訪問が記載された。

## 「共通のトルコ性」の推進と限界

トルコ人を意味する「テュルク」という言葉は、元々モンゴル高原からシルクロードをたどり、アナトリアへと民族移動し、居住するようになった遊牧民族の総称である。こうした民族移動は、数世紀におよび、ユーラシア地域において、テュルクたちの言語を中心とした生活習慣や文化の同化を促進した。オザルやデミレルは、こうした緩やかな「広域ナショナリズム」

に注目し、冷戦後に出現した中央アジア・南コーカサスへ関与しようとした。その際にトルコ政府は、市場経済・世俗主義・援助政策に代表される西欧との協力関係および民主主義という諸点に関して、トルコが新興独立諸国の「モデル」になれるという点を強調した。こうしたトルコの新たな外交政策はアメリカのシンクタンクの研究者たちにも注目され、「アドリア海から中国の新疆《しんきょう》ウイグル自治区に至るまで」トルコは影響力を行使できる立場にあるとさえ言われた。また、オザルはこの時期、「新オスマン主義」というフレーズを好んで使用した。これは、オスマン帝国の末裔として、オスマン帝国の領土であったバルカン半島、トルコ系民族が多い中央アジアとアゼルバイジャンに対するプレゼンスを強める政策であった。

しかし、中央アジア・南コーカサスに対するトルコの理想主義的な外交の限界はすぐに露呈された。最も象徴的なシーンは一九九二年一〇月にアンカラでトルコが主催した「テュルク系諸国会議」で見られた。カザフスタンのヌルスルタン・ナゼルバエフ大統領やウズベキスタンのイスラム・カリモフ大統領がトルコのリーダーシップに懐疑的な姿勢を示したのである。

トルコが中央アジア・南コーカサスに影響力を行使できなかった理由として、以下の三点が指摘できる。第一に、トルコにはユーラシア地域を支配できるほどの資金的な余裕がなかった。独立直後の中央アジア諸国はトルコが思っていた以上に資金が不足していた。すなわち、トルコはこれらの地域に対する公共財を創出できなかったのである。第二に、民主主義・世俗主義・市場経済を目指す「トルコ・モデル」は、個人の影響力が依然として強い、権威主義的な中央アジアや南コーカサスにおいては機能しなかった。第三に、長い間ソ連の支配下にあったこれらの地域においては、冷戦後もロシアの影響力が強く残っていた。

## エネルギー・シルクロード

広域ナショナリズムに基づくトルコの政策は思ったような成果はあげられなかったが、中央アジアおよび南コーカサスとの経済的な結びつきは継続した。

オザルの後に大統領に就任したデミレルは、ユーラシア大陸に新たなシルクロードができつつあるとし、それは大国が注目する石油と天然ガスのパイプラインというシルクロードであると述べた。さらにデミレルはヨーロッパにおける石炭と鉄鋼を例にあげ、石油と天然ガスが中央アジア・コーカサス地域における安定と繁栄のために同じ役割を果たすことができるとも述べた。こうした発言に代表されるように、カスピ海を中心としたエネルギー資源のパイプライン構想にトルコは積極的に対応した。この中でも特に注目されたのが、九〇年代末から提唱されている「東西エネルギー通路計画」である。この計画の目的は、輸送量が多くタンカーが混み合うトルコ海峡（ボスポラス海峡・ダーダネルス海峡）を通らずに中央アジア・コーカサス地方のエネルギー資源をヨーロッパ市場へと輸送することであり、バクー（Baku）、トビリシ（Tbilisi）、ジェイハン（Ceyhan）を通過するＢＴＣライン、バクー、トビリシ、エルズルム（Erzurum）を通る南コーカサス天然ガスパイプライン（ＢＴＥライン）、そしてトルクメニスタンからトルコを経由してヨーロッパに天然ガスを輸送するパイプラインの三つから成り立っている。

BTCラインは一九九四年九月に「世紀の契約」によって成立し、その後トルコが構想を打ち上げた。そして、九五年一月にアメリカがその構想を支持すると発表した。BTCラインは長さが約一〇三八マイル（アゼルバイジャン―二八一マイル、ジョージア―一三五マイル、トルコ―六二二マイル）で二〇〇五年五月二五日からアゼルバイジャンで稼働し、二〇〇六年六月四日に初めてジェイハンから原油が汲み出された。また、同年六月一六日からは正式にカザフスタンがBTCラインに加わり、カザフスタンの原油がカスピ海からBTCラインを経由して積み出されることになった。

BTEラインはカスピ海の天然ガスをアゼルバイジャンからトルコへ運ぶパイプラインで、二〇〇一年の三月一二日にアゼルバイジャンとトルコによって計画され、その後ジョージアも交えて同年九月二九日に協定が結ばれた。この計画は二〇〇三年から参加企業によって開始され、二〇〇七年七月三日から操業されている。

トルクメニスタンからトルコへのパイプライン計画は、一九九九年にトルコ、アゼルバイジャン、ジョージア、トルクメニスタンの間で合意がなされたものの、ロシアとイランがこの計画に反対し、長い間進展が見られなかった。しかし、二〇一〇年代に入り、この計画を現実のものとするべく、トルコ、アゼルバイジャン、トルクメニスタン、そしてEUが話し合いを活性化させている。

### ネオリベラル型ポピュリズムの時代

さて、オザルの活躍した一九八〇年代は世界的に見て、ネオリベラリズムとポピュリズムが開花した時代であった。ネオリベラルな政策を用いたポピュリストとしては、ロナルド・レーガン、マーガレット・サッチャー、中曽根康弘の名が思い浮かぶが、オザルもこのカテゴリーに入って然るべき政治家である。吉田徹は、ポピュリズムを「国民に訴えるレトリックを駆使して変革を追い求めるカリスマ的な政治スタイル」と定義したうえで、一九八〇年代から始まったポピュリズムを「ネオリベラル型ポピュリズム」、二〇〇〇年代のポピュリズムを「現代ポピュリズム」と区分している。そして、ネオリベラリズムの特徴として、政治スタイルにおける革新性、政策として小さな政府、規制緩和、民営化、市場原理主義、保守イデオロギーを追求、主な支持者は都市中間層という点を指摘している。

本章で論じてきたオザルの政策は、ネオリベラリズムの特徴をかなりの程度満たしている。ただし、いくつかの点では留保が必要である。たとえば、オザルは都市部の中間層だけではなく、「アナトリアの虎」に代表されるような地方の中間層にも焦点を当てた。一方で、コチ財閥やサバンジュ財閥のような大企業も重視した。なぜなら、トルコはアメリカ、イギリス、日本といった先進国とは異なり、国内の中小企業がそれほど発展していなかったためである。

なお、ポピュリズムという点でいえば、オザルは「変革」という点を非常に意識していた。たとえば、オザルと妻のセムラは公の場に手を握って現れることが多かったが、これは世俗主義を掲げるトルコでも前例がなく、オザルとセムラは理想の夫婦像として女性層に幅広い人気を集めた。文民大統領となったことも、トルコ政治における軍部有利の状況を払拭する狙いがあった。

トルコの政治家はカリスマ的な政治スタイルを持つタイプが伝統的に多い。一言でカリスマといってもさまざまな要素が考えられるが、トルコでは一般的に卓越した統率力と男らしい容姿が求められる傾向にあった。ムスタファ・ケマルはその典型であり、現大統領のエルドアンも精悍な顔つきで長身で痩せ型である。

それに対してオザルは肥満体で眼鏡をかけたユーモアのある容姿で、統率力もケマルやエルドアンのようにぐいぐい人心に訴えかけ、引っ張っていくタイプではなかった。オザルがリーダーとして優れていたのは演説や遊説を通した、巧みな人心掌握術であった。オザルは「変革」の精神と巧みな人心掌握術で、第三共和政の初期を象徴する政治家であった。

オザルの時代に共和国の原則には大きな変化が生じた。まず、これまで徹底されてきた政教分離の原則が、「トルコ−イスラーム統合論」に基づき、イスラームはトルコ民族主義の上部構造とされることで部分的に許容されることとなった。また、新自由主義を積極的に導入したことで国家資本主義は停滞した。さらにクルド問題の存在に言及したことで、民族主義にも大きな変化のうねりをもたらした。外交政策に関しては、アメリカとＥＣを重視する点は西洋化の伝統を踏襲しているが、冷戦構造が崩壊し、近隣に新興独立諸国が生じたため、そうした地域に積極的に関与する政策を展開した。その意味では、現状維持と現状の打開を図る修正主義を組み合わせた外交であった。

このように内政と外交の理念に大きな変化をもたらしたオザルは、まさに第三共和政時代の開幕を告げる旗手であった。

第五章　迷走する第三共和政

九〇年代は七〇年代を想起させる不安定な時代であった。その不安定の要因はＰＫＫとの闘争と連立政権の乱立であった。一方、内政に比べれば、外交は比較的安定していた。本章ではまず、共和国建国後のクルド問題を概観し、その後、内政と外交についてみていきたい。

## 1　クルド問題の変遷

### 一党独裁時代から複数政党制時代へ

共和国初期から、トルコ国内のクルド人の足並みは揃っていなかった。一九二五年に、ナクシュバンディー教団の指導者でありクルド人のシェイフ・サイードが起こした反乱（シェイフ・サイードの反乱）は、カリフ制の復興をうたった武装運動で、この運動を支持したのは主にスンナ派クルド人であった。それに対し、一九三八年にトゥンジェリ県でクルド民族主義を掲げて反乱を起こしたアレヴィー教徒のクルド人たちは、クルド・ナショナリズムを志向していたが、シェイフ・サイードの反乱を支持したクルド人たちとは距離を置いていた。クルド人と一言でいっても、部族、宗派、拠点とする地域は多様であり、クルド・ナショナリズムを重視する姿勢は共有していても、そのためのアプローチはさまざまであった。いずれの反乱もほどなく鎮圧されたが、共和国初期のクルド人の反乱は部族の結びつきを中心に展開された。

イノニュが複数政党制を導入した一九四〇年代、一九五〇年にメンデレス率いる民主党が共和人民党を破って政権を握った五〇年代、クルド・ナショナリズムの動きはほとんどみられなかった。これはシェイフ・サイードの反乱、一九三八年の反乱によって有力な指導者たちを失ったため、圧倒的な力を誇るトルコ軍に対して、武力による反乱は意味がないことをクルド人は思い知らされたためであった。

クルド・ナショナリズムの動きは一九六〇年代に息を吹き返すことになるが、その中心は、トルコ東部や南東部といった地方の部族たちから、高等教育を受けた都市部の大学生たちへと次第にシフトしていった。この背景には、東部や南東部からイスタンブルやアンカラといった都市部に多くのクルド人が仕事を求めて移住する、さらにはクルド人のエリートが都市部の大学に進学するという社会経済的な変化があった。こうした都市部へのエリートの移動は、相対的にクルド人の間で部族や宗教の結びつきを弱体化させた。

## クルド人の票の行方

一九六〇年クーデタによって政権を掌握した軍部は、ケマルが進めたクルド人の同化政策をさらに推し進めようと目論んでいたが、この方向性は、クルド民族主義運動の中心を担いつつあった都市部のエリートや大学生たちの主張と対立するものであった。一方で、一九六一年憲法は、市民権を拡充し、大学の自治、集会や結社の自由を許可することで、都市に流入したクルド人の若者たちのクルド・ナショナリズムの運動を後押しすることとなった。都市部のクルド人の若者たちは、クルド・ナショナリズムをマルクス主義の階級闘争と結びつけた。彼らにとって、クルド・ナショナリズムを抑圧するトルコ政府だけではなく、東部や南東部のローカル・エリートも排除の対象と考えられた。

次に、クルド人と政党の関係をみてみよう。一党独裁の時代は、クルド人のローカル・エリートと結びついた共和人民党がクルド人から多くの支持を獲得していた。しかし、ケマルのクルド人の同化政策への反発もあり、次第にクルド人の票は共和人民党から離れていくこととなる。地方を重視した民主党や公正党も一定の支持を得たが、一九六〇年代初頭にクルド人の票を吸い上げたのが、ローカル・エリート中心の新トルコ党であった。新トルコ党は徐々に総選挙での得票率を下げていくが、クルド人の多い東部・南東部では有力政党の地位を維持し続けた。それに追随するかたちで左派政党のトルコ労働者党が、前述した都市部のクルド人学生からの支持を受けるとともに、トルコ南東部のクルド人の中心都市であるディヤルバクル県と、一九三八年の反乱を経験したトゥンジェリ県でも高い支持率を獲得した。

トルコ労働者党を支持する都市部の左派系クルド人が掲げたのが「東部主義」である。これは、東部の人々が搾取され、低開発状態に置かれており、そうした状況を改善しなければならないとする主張であった。「東部主義」を掲げる大規模な公共集会が一九六七年に開催されると、東部の低開発状況は国内の人々の注目を集めた。

このように、一九二〇年代と三〇年代のクルド・ナショナリズムの中心が部族や宗教であったのに対し、一九六〇年代からは都市、学生、マルクス主義に代表される左派思想がその中心に位置づけられるようになった。

## 「トルコの東部には、クルド人が生活している」

トルコ労働者党は、一九七〇年の第四回党大会において、クルド問題を取り上げ、トルコの公式な政党としては初めて明確に「トルコの東部においてはクルドの人々が生活している」ことを承認した。しかし、トルコ労働者党はクルド問題を公式に認めたことが問題となり、一九七一年に解党となった。これまで二度抜本的に改訂されているトルコ共和国憲法であるが、トルコ共和国はトルコ人の国家であり、トルコ語が共通の言語である、という原則はこれらの憲法で明記されている。そのため、クルド人の民族性は公式に否定されていた。トルコ労働者党のクルド人の承認は、こうしたトルコ共和国の原則と公式見解に反するものであったため、解党という処分が下されたのであった。また、一九六九年にトルコ労働者党から離党したメンバーによって設立された革命的東部文化クラブ（DDKO）も、一九七一年の書簡クーデタ後、多くのメンバーが捕まり、活動が下火となった。

ただし、トルコ労働者党が解党された後でも、クルド・ナショナリズムと左派思想の結びつきは継続した。むしろ、トルコ労働者党の解党以降、クルド系左派は過激な志向を強めていく。たとえば、釈放されたDDKOのメンバーたちが、革命的文化協会（DDKD）を新たに立ち上げた。さらにDDKDのメンバーたちは路線対立から多くの分派を生み出した。それらは、トルコ・クルディスタン社会主義者党（TKSP）、カワ（KAWA）、ルズガル（RIZGARI）などである。一九七〇年代の時点で、少なくともマルクス主義とクルド・ナショナリズムを結びつけた一二の急進的な左派組織が存在していた。その中で、現在まで続いているのがクルディスタン労働党（PKK）である。

## PKKの発足

PKKはオジャランを中心とした学生らが急進左派とクルド・ナショナリズムを基盤に据え、発足した。PKKを語るうえで欠かせないのが党首となるオジャランである。オジャランは一九四七年にトルコ南東部、シャンルウルファ県のハルフェティ地区の村の貧しい家庭に生まれた。病気がちの父と非常に厳しい母親の下で、幼少時に母から多くの体罰を受けながら育てられた。また、PKKは女性の党員も多く、女性の権利に寛容であるが、オジャランが女性に寛容なのは、姉のハヴァが親の意向で高齢の男性と結婚したことにショックを受けたことが影響しているとオジャラン自身が語っている。オジャランは一九六六年にアンカラに移り、そこで高校に通ったが、この時期に左翼思想に染まった。高校卒業後にはDDKOの活動に参加したりもしていた。その後、働きながら大学進学の準備をし、イスタンブル大学に合格し、すぐにアンカラ大学政治社会学部へと移った。一九七二年、オジャランは非合法の冊子を配布した罪で逮捕されたが、これは第二章で見たチャヤンの死に関連するものであった。オジャランはチャヤンの武力による革命の達成という考えにも共感していた。一〇ヵ月の収監後、オジャランは釈放され、アンカラで大学生活を再開するとともに、本格的にオジャランを中心とする組織の発足を試みるようになる。オジャランは「クルド問題は植民地問題である」という主張を展開し、革命とクルディスタンの独立を結びつけ、まずは個別面談、そしてある程度人数が集まった段階でグループによる話し合いを行い組織の設立の必要性を共感する学生たちに訴えた。そして、一九七四年にアンカラのトゥズルチャイル地区で会合が開かれ、この会合がPKK発足の第一歩となった。この会合に参加していたのは、オジャラン、オジャランが逮捕された一九九九年以降、PKKの現場のリーダーとなるジェミル・バユク、一九七九年に逮捕され、PKKについてすべてを暴露したために一九九〇年に粛清されたシャヒン・ドンメズ、一九七七年に他のクルド系過激派組織に殺害されたハキ・カラエル、そして、いずれも逮捕後の一九八二年にディヤルバクル県の刑務所で焼身自殺した、ケマル・ピル、マフズム・ドンメズ、メフメット・ハイリ・ドゥルムシュである。オジャランは他の左派組織と異なり、メディアを一切使用せずに秘密裏に活動していたため、当局からも目をつけられなかった。

発足当初はアンカラやイスタンブルといった大都市での活動を検討していたが、影響力も限られており、また、影響力の拡大のために他の類似したクルド系過激派組織を駆逐するために、PKKはまずはクルド人が多く住むトルコの東部と南東部で若者を勧誘する活動に注力していた。この時期、学生運動によって大学が休講となっており、多くのクルド人大学生が地元に戻っていた。

一九七七年のディヤルバクル県における集会では、組織のイデオロギーとして「クルド革命への道」という文書が採択された。その骨子は、革命の担い手は農民、賃金労働者、若いインテリであり、まず、独立した非同盟のクルディスタン国家を建国したうえで、マルクス・レーニン主義に基づいた国家を設立する、敵は民族主義者行動党に代表される右翼のファシスト、トルコ革命の進展がクルド人の自由を達成すると考える左翼の愛国主義者、地主、国家の支援を受ける人々、などであった。PKKは、類似した組織を倒し、地主や宗教指導者層など、共和国建国当初のクルド・ナショナリズムの指導層を倒し、そのうえでトルコ政府と対決するという戦略を立てたのであった。「クルド革命への道」は、一九七八年一一月二七日ディヤルバクル県で正式にPKKが発足すると、党の綱領となった。

アブドゥッラー・オジャラン（写真：ロイター/アフロ）

## オジャランの恐怖政治

ＰＫＫはオジャランの強いリーダーシップがその特徴である。オジャランの支持者はオジャランのニックネームが「アポ」であることからオジャランを信奉する人を意味する「アポジュ」と呼ばれた。オジャランは組織内および東部と南東部のクルド人が多く住む地域において恐怖政治を展開した。オジャランの命令は絶対であり、批判は許されず、違反者に対して厳格な罰則を適用した。

一九七八年になると、これまでの勧誘活動から武力を伴う活動にその重心を移した。そして、有力な部族であるスレイマンラル部族のリーダーを殺害したことで、地主に虐げられてきた農民や賃金労働者の若者の支持を得ることになる。一九七九年には同じく有力なブジャク部族のリーダーで、公正党の議員であるメフメット・ジェミル・ブジャクの殺害を試みるも失敗に終わる。この時期、ＰＫＫはまだ武力闘争で絶対的な力を持ち合わせていなかった。加えて、幹部の一人であるドンメズが一九七九年五月に逮捕され、ＰＫＫについて洗いざらい告白したため、ＰＫＫとオジャランは窮地に陥ることになる。ドンメズの逮捕後、オジャランはトルコ国内を転々とし、七九年七月にシリアに渡った。その後、他のメンバーもオジャランを追ってシリアに渡った。結局、このシリアへの渡航がＰＫＫを救うことになる。一九八〇年の九月一二日クーデタで、ほとんどの急進的な左派組織、クルド系組織が壊滅することになったからである。

一九八〇年六月にオジャランたちはイラクのクルディスタン愛国同盟（ＰＵＫ）の党首、ジャラール・タラバーニーの紹介でパレスチナ解放機構（ＰＬＯ）と連絡をとり、シリアからレバノンのベカー高原に移動する。オジャランはベカー高原で戦闘員を育成し、ＰＫＫは本格的なゲリラ集団へと変貌していくこととなる。その象徴が、「クルディスタン解放部隊（ＨＲＫ）」であった。

### コラム　トルコの池上彰―メフメット・アリ・ビランド

二〇一三年に惜しまれつつなくなったメフメット・アリ・ビランドはトルコの主要紙でコラムニストを務めるとともに、政治を扱うテレビの司会者として有名であった。柔和な表情とわかりやすいビランドの語り口はトルコのお茶の間に浸透していた。ビランドの特徴は語りだけでなく、一九八〇年代初頭、レバノンのベカー高原にいたオジャランへのインタビューを実施するなど、体を張った取材もこなすところにもあった。

ビランドの映像はトルコの書店にＤＶＤが並んでおり、また、インターネット動画サイトYou Tubeなどでも数多く閲覧することができる。その中で、筆者がお薦めするのは、ビランドが司会を務めていた、トルコ現代史の重要事件に関するドキュメンタリー・シリーズである。彼が特に力を入れたのが、軍のクーデタに関するドキュメンタリーである。民主党政権の盛衰と一九六〇年五月二七日クーデタを扱った「鉄の馬（Demirkirat）／民主主義の起源」、一九七一年三月一二日の書簡クーデタを扱った「三月一二日（12 Mart）／革命の裏の民主主義」、一九八〇年九月一二日クーデタを扱った「九月一二日（12 Eylül）／トルコの軍諮問機関」、一九九七年二月二八日の書簡クーデタ（ポスト・モダン・クーデタなどとも呼ばれる）を扱った「最後のクーデタ（Son Darbe）／二月二八日」がそれにあたる。これらは当事者のインタビューを踏まえた非常に質の高い作品であり、トルコの現代史に興味を持つ方は必見である。……ただし、残念ながらトルコ語の放送しかないのであるが。これらは書籍化もされており、イスタンブルやアンカラの多くの書店で購入可能である。

---

## クルドを認めたオザルとデミレル

九月一二日クーデタ後、軍部はケマルの方針に基づいて、クルド人のトルコへの同化政策を再度徹底した。たとえば、「トルコにはクルド人が存在する。私もクルド人だ」と発言した議員が、一年の禁固刑を受けるという一件もあった。そして、前述したように一九六一年憲法がクルド民族主義を高めたとの反省から、八二年憲法は、トルコ共和国の独立と一体性について謳った国家の目的と責務について定めた第五条などに代表されるように、トルコ性を強く打ち出した憲法となっていた。

しかし、一九八〇年代後半になると、改めて「クルド人」の存在がクローズアップされるようになる。議員がクルド人の存在を認める発言をしたり、クルドの民族性を扱った書物が多く出回ったりするようになったのである。そして、一九八九年六月、当時、首相から大統領に転身していたオザルが自身にクルドの血が流れていることに言及し、さらに湾岸危機後に北イラクから大量のクルド難民が流入したことで、クルド人の存在は幅広く認知されることとなった。一九九二年三月には、当時のデミレル首相が正式にクルド人の存在を認めた。デミレルにクルド人の存在を公表させたのは、当時正道党と連立を組んでいた社会民主人民党の党首、エルダル・イノニュであった。トルコにおいて人口に占めるクルド人の割合は徐々に増加してきており、一九六五年には人口の約一〇パーセントの三一三万人だったのに対し、一九九〇年には一二・六パーセントで七〇〇万人、二〇一五年には人口の約二〇パーセントで二〇〇〇万人に迫っている。

## ＰＫＫの活動の活発化

九月一二日クーデタ前にシリアやレバノンに逃れ、そこで軍事訓練を受けていたＰＫＫのメンバーは、その後トルコに戻って長期間、ゲリラ活動を展開するようになる。一九八四年八月にトルコ南東部のエルフとシェムディンリ近郊で、ＰＫＫによる軍施設襲撃事件が起こった。それ以降二〇一六年一二月現在まで、トルコ政府とＰＫＫの抗争により、約四万人が死亡したとされる。また、一九九〇年代末までに、三〇〇〇の学校や教育施設が閉鎖され、一五〇万人以上の子供が教育を受けることができず、五〇〇近くの医療施設も閉鎖された。そして三〇〇万人に及ぶ住民が住んでいた村や町を捨て、他の地域に移住することを強いられた。PKKは軍事施設を狙うだけではなく、電話線、石油施設、道路の破壊や、観光客の襲撃、村の焼き討ちなどを行い、あらゆる角度からトルコ政府の治安を揺さぶろうとしていた。また、教育がクルド人の「トルコ人化」を促しているとの考えから、学校の破壊と教師の殺害も行い、一九八四年からの一〇年間で一二八名の教師が殺害された。トルコ政府も対策を講じ、クルド人にPKKを取り締まらせる「村の守護者」を導入するとともに、南東部・東部の八つの県に国家非常事態宣言を出し、対テロ法を制定した。

後述するように、九〇年代のトルコはPKKとの対立が激化し、部分的な内戦と言える状況にあった。共和人民党の重鎮で、駐日大使や国会議長も務めたシュキュル・エレキダーは、九〇年代のトルコの安全保障の状況を概観して、トルコの敵は「2と1／2である」と述べた。2とはギリシャとシリア、1／2は国内外で活動するPKKであった。

### クルド系政党の確立と解党

一方、一九九〇年六月、トルコにおいて初めての合法的クルド系政党である人民労働党（HEP）が設立された。九〇年代はクルド系政党の興廃が相次いだが、その概略（表5―1）を

表5－1　トルコのクルド人政党の設立と解党

| 政党名／主な党首 | 設立 | 解党 |
|---|---|---|
| 人民労働党（Halkın Emek Partisi: HEP）<br>フェフミ・ウシュクラル | 1990年6月 | 1993年7月 |
| 民主主義党（Demokrasi Partisi: DEP）<br>ヤシャル・カヤ<br>レイラ・ザーナ | 1993年5月 | 1994年6月 |
| 人民民主主義党（Halkın Demokrasi Partisi: HADEP）<br>ムラト・ボズラク | 1994年5月 | 2003年3月 |
| 民主人民党（Demokratik Halk Partisi: DEHAP）<br>トゥンジェル・バクルハン | 1997年10月 | 2005年8月<br>（DTPと合併） |
| 民主社会党（Demokratik Toplum Partisi: DTP）<br>アフメット・テュルク<br>アイセル・トゥールク | 2005年11月 | 2009年12月 |
| 平和民主党（Barış ve Demokrasi Partisi: BDP）<br>セラハッティン・デミルタシュ | 2008年5月 | 2014年4月<br>（HDPに合併） |
| 人民民主党（Halkların Demokratik Partisi: HDP）<br>セラハッティン・デミルタシュ<br>フィゲン・ユクセクダー | 2012年10月 | |

（出所）澤江史子「トルコ政党」中東・イスラーム諸国の民主化データベースなどを参照し、筆者作成

見てみよう。

人民労働党の中心となったのは、一九八五年に結党された社会民主人民党に所属していたアフメット・テュルクら七名のクルド系議員であった。彼らは、一九八九年一〇月にパリで開催されたクルド問題の会議に参加したため、社会民主人民党を除名され、それを受け、一九九〇年人民労働党を設立した。とはいえ、党の設立後も、人民労働党と社会民主人民党との協力関係は続いた。一九九一年一〇月の総選挙では両党が選挙協力を行い、人民労働党の議員たちは社会民主人民党から出馬し、約二〇名が当選している。一九八六年の選挙法改正で、少数政党の乱立を防止するために一〇パーセントの得票に満たない政党は大国民議会で議席を確保することができなくなってい

た（いわゆる「一〇パーセント阻止条項」）。そのため、小党の人民労働党は一時的に社会民主人民党に協力を要請したのであった。

人民労働党を巡る事件はこの選挙後に起こった。人民労働党に属するレイラ・ザーナとハティップ・ディジレが議員就任式における大国民議会での宣誓（議員になるためには必ず必要）をトルコ語で行った後、この宣誓に対する不満をクルド語で述べたのであった。加えて、ザーナのヘッドバンド、同じく人民労働党出身のオルハン・ドアンとディジレのハンカチが、クルドの伝統的な色彩である赤、黄色、緑に統一されていた。国会議員の宣誓はもちろん、公共の場ではトルコ語以外の言語の使用が認められていなかったため、議員たちのこの行動は大騒動となった。彼らは国家反逆罪に問われ、例外的に議員不逮捕特権を剝奪され、逮捕・拘留・起訴されることになった。彼らの裁判は長期にわたり、控訴などを経て、最高裁で争われることになったが、最終的に一九九五年一〇月、前記三人にセリム・サーダックを加えた四名が一五年の禁固刑となった（刑罰執行法により、最終的には二〇〇五年六月までの刑期であった）。国家反逆罪となったのは、彼らが祖国（トルコ）を裏切り、分裂させようとしており、ＰＫＫとつながっていると判断されたためである。

ザーナたちの裁判が長期化する間に、人民労働党は一九九三年七月に憲法裁判所から分離主義に加担したとして、政治活動の禁止を言い渡され、解党となった。人民労働党の一部の議員は、解党直前の一九九三年五月に新たに民主主義党（ＤＥＰ）を立ち上げており、解党された人民労働党から多くの議員が移っている。しかし、民主主義党も党首のヤシャル・カヤがドイツとイラクで行った「平和への呼びかけ」がトルコ共和国に敵対するものであると判断され、結党からわずか一年一ヵ月後の一九九四年六月に、人民労働党に続き、解党されたのであった。

## 人民民主主義党の興廃

次いで、民主主義党の後継政党として誕生したのが人民民主主義党（ＨＡＤＥＰ）であった。一九九四年五月に立ち上げられた人民民主主義党は、従来のクルド系政党の轍を踏まないよう、慎重に活動を展開した。たとえば、これまでのクルド系の政党はＰＫＫとつながりが深いと他党から批判されてきたが、人民民主主義党はＰＫＫと距離をとる方針を選んだ。こうした慎重な姿勢が功を奏し、同党は約九年間解党を免れる結果を生んだ。

しかし、一九九六年六月、人民民主主義党大会中にマスクをつけた男たちが乱入し、トルコ国旗を落としてＰＫＫの旗を掲げる事件が起きた。この事件により、人民民主主義党の議員たちは全員逮捕された。この事件から明らかになったのは、人民民主主義党の中にも穏健派と急進派の対立があり、党首のムラト・ボズラクをはじめとした穏健派が、急進派を完全には抑えられていないという点であった。

人民民主主義党は、九五年の総選挙では四・二パーセントの支持率であった。ただしクルド人が多い東部と南東部では善戦し、とりわけハッキャーリ県では五四・二パーセント、ディヤルバクル県では四六・三パーセント、バトマン県では三七・二パーセントの票を得た。しかし、この選挙では後ほど詳述する福祉党が貧困層の支持を広げ、南東部と東部でも躍進した。その一方で、人民民主主義党はインパクトを残せなかった。

次節で確認するように、九〇年代のトルコ政治は次第に不安定化していったが、クルド問題、特にPKKとの抗争の激化はその象徴であった。同時に、クルド系政党の確立にみられるように、政治の世界でもクルド人の存在感が高まった時期でもあった。現在（二〇一六年一二月）に至るまで、PKKのように武力という手段に訴えて自分たちの領土を独立・確保しようと考える人々と、政治的にクルド問題を解決しようと考える人々がいるが、クルド問題の解決は共和国の理念のナショナリズムの根幹に抵触するため、解決にはまだ時間がかかりそうである。トルコのようにさまざまな民族、宗派が生活している国では、「トルコ人」という結びつきが極めて重要な意味を持っているのである。

## 2 連立政権下で不安定化する内政

### デミレルからチルレルへ

大統領を務めていたオザルは、一九九三年四月に急逝する。そして、連立政権ではあったが、与党であった正道党の党首で首相を務めていたデミレルが大国民議会で大統領に選ばれた。デミレルは、正道党の前身である公正党の時代から、約三〇年間にわたり党首を務めてきた。そのデミレルの跡を継ぐ正道党の党首選は注目を集め、新たに党首に選出されたタンス・チルレルが、首相に就任した。

チルレルはトルコ共和国史上初めての女性の主要政党の党首であり、首相であった。チルレルは、アメリカで経済学の博士号を取得した、ボアジチ大学の経済学部の教授であり、モダンで西洋的な外見、流暢な英語を操るインテリとして名を馳せていた。そのため、トルコ内外でチルレルへの期待感は高かった。もともとチルレルは経済官僚として正道党にリクルートされ、九一年一〇月の選挙でイスタンブルから出馬し、正式に大国民議会の議員となった。この九一年選挙で、ユルマズ率いる祖国党が敗れて正道党が第一党となり、前節でザーナらクルド系政党の人民労働党をサポートした社会民主人民党と連立を組んだ。政権運営を担うこととなった正道党で、チルレルは経済担当の国務大臣に選ばれた。

ところで、チルレルを政治の世界に招き入れたデミレルは、チルレルが正道党の党首となることを望んでいなかった。正道党は、公正党の時代から、貧富の格差を助長させる傾向にある新自由主義ではなく、より公正な富の配分を目指して公共事業に力を入れてきた。そうした政策を主導してきたのがデミレルだった。正道党が、都市部よりも地方での支持、また都市住民のなかでも中産階級や貧困層からの支持が高かったのはそのためである。しかし、チルレルは新自由主義の信奉者であり、富の再配分よりも国家財政の拡充を目指していた。したがって、彼女の党首就任は、正道党のアイデンティティを自己否定するにも等しかった。チルレルの首相就任を実現させたのは、TOBBの総裁を務め、チルレルのアドバイザーであったヤルム・エレズである。

アンカラにある有名私立大学であるビルケント大学の政治学部教授のウミト・ジズレが指摘しているように、正道党から出馬したチルレルの経済政策は、むしろ正道党のライバルであったオザル率いる祖国党に近いものであった。チルレルを党首に据えたことによる正道党の「祖国党化」によって、保守的な地方や大都市の中産階級、貧困層は、親イスラーム政党である福祉党へと傾倒していき、九〇年代半ばの福祉党の躍進へとつながるのである。

## チルレルの手腕

さて、華々しくトルコの政界に登場したチルレルであったが、その後の政策は当初期待された経済の立て直し、さらには民主化の進展とは程遠いものであった。チルレルは、当初、クルド問題をスペインで自治州となっているバスク地方のような形で解決したいと考えていたようであるが、首相就任後、PKKに対する取り締まりを強化し、軍部との関係を深めた。PKKとの闘争を終結させるために、チルレルは三万人の兵士を動員し、国家予算も約二〇パーセントをつぎ込んだ。トルコ政府およびチルレルは統合参謀総長のドアン・ギュレシュと良好な関係を築き、ギュレシュは退役後の一九九五年に正道党から出馬し、当選している。チルレルは、首相府の機密費をPKK対策のために誰にも相談せずに六〇〇〇万ドル引き出しており、これはその後、汚職疑惑の一端として問題視された。一方で、トルコ政府とPKKの抗争はより激しさを増した。

正道党とチルレルの政治的影響力が減退した直接的な要因は、一九九六年六月にエルバカン率いる福祉党と連立を組んだことであった。一九九五年の総選挙では、福祉党が第一党（二一・四パーセント）、祖国党が第二党（一九・六パーセント）、正道党が第三党（一九・二パーセント）となった。選挙後、まずは祖国党と正道党による連立内閣が組閣されたが、ユルマズとチルレルの折り合いが悪く、ユルマズはチルレルの汚職疑惑（前述した機密費の使い込みや首相時代に規制緩和で不正を行っていたとされる問題）の徹底した追及を求めていた。そうしたなか、チルレル率いる正道党は、福祉党との連立を選択する。第一党であった福祉党は、他党よりもチルレルの不正疑惑に関して寛容であった。福祉党の躍進については後述するが、この連立政権では、エルバカンが首相、チルレルが副首相を務めた。ところが政教分離の範疇《はんちゅう》でイスラームを重要視する親イスラーム政党である福祉党との連立は、世俗主義の守護者である軍部との良好な関係を傷つけるものであった。

タンス・チルレル（手前）とメスット・ユルマズ（写真：ロイター/アフロ）

さらにチルレルに関連する二つの事件が、政治不信を高めた。一つ目の事件は一九九六年一一月六日に起きたススルルック事件である。この事件は、正道党選出の議員、イスタンブル警察学校の教官、そして国際指名手配中で、一九七〇年代に右翼勢力に加担していたアブドゥッラー・チャトルとその恋人が乗った車がバルクケシル県のススルルックで事故を起こしたことで、政治家、警察、マフィア（右派の過激派勢力）のつながりが暴露された事件であった。チャトルは多くの偽造パスポートを携帯しており、そこには正道党から閣僚に入ったメフメット・アール法相の直筆のサインがあった。警察、マフィア、正道党は、ＰＫＫ対策で協力関係にあったことがこの事件の背景にあった。

二つ目の事件は、二〇〇〇年二月に明らかとなった一件である。ＰＫＫへの対抗手段として、チルレルの許可を得てクルド人からなる「特別統合軍」が形成され、そこにブルガリアや中国から不正に輸入した二八〇〇万ドル分の武器が流れていたというものである。さらに、これらの武器はその後、非合法武装組織であるトルコ・ヒズブッラーに流れたと言われている。

結局、政治家としてのチルレルは当初の高い期待とは裏腹に、非合法なＰＫＫ対策、そして政治腐敗の象徴的人物となり、正道党を衰退させた張本人となった。そのため、チルレルは、次に紹介する祖国党党首のユルマズとともに、「失敗の世代」と見なされた。

### オザルからユルマズへ

正道党でデミレルからチルレルへと党首交代が行われたように、祖国党も九一年六月に若いユルマズへと党首が替わった。

ユルマズは黒海沿岸のリゼ県出身で、一九四七年に生まれた。親戚の中には、メンデレス率いる民主党政権時代の国務大臣や、デミレル率いる公正党で観光・文化大臣を務めた者がいるなど、政治に縁がある家庭で育った。ユルマズ自身も優秀な若者で、イスタンブルの名門イスタンブル男子高校、そしてアンカラ大学政治社会学部を卒業し、ドイツで修士号も取得している。アンカラ大学では政治社会学部学友会のメンバーとなるなど、若い頃から政治に高い関心を寄せていた。しかし、ユルマズはドイツから帰国後、すぐに政治家の道を歩まず、実業家となる。公正党への入党も検討していたようだが、年長の政治家たちが中枢を占めるトップダウン式の組織だったため、魅力を感じなかったようだ。

九月一二日のクーデタから二年が経った一九八三年、祖国党を発足しようとしていたオザルたちの姿が、ユルマズの目にはフレッシュで魅力に溢れたものとして映った。ユルマズはビジネスの世界を離れ、迷うことなく祖国党の立ち上げメンバーとなり、政治家としてキャリアをスタートさせた。

若くて優秀なユルマズはオザルの目にとまり、第一次オザル内閣で国務大臣や政府のスポークスマン、文化・観光大臣を歴任した。第二次オザル内閣のときに外務大臣に就任し、オザルが大統領となり、アクブルトが首相を引き継いだ後までこの要職を務めあげた。

一九九〇年になると、翌年の党首選に備え、ユルマズは外務大臣の職を辞した。そして九一年六月の党大会でユルマズは党首で首相のアクブルトを破り、見事に党首の座を射止める。祖国党の新たな党首となったユルマズは首相に就任した。

### ユルマズのつまずき

祖国党は前章でも論じたように、オザルが立ち上げた政党であり、オザルが大統領に転身した後も、絶大な影響力を党に及ぼし続けた。ユルマズの前任であるアクブルトはオザルのイエスマンであり、彼の政策を忠実に実行してきた。一方、新たな党首となったユルマズは、これまでオザルに寵愛されてきた政治家ではあったが、党首に就任した後は、オザルのイエスマンとなることなく、自身のリーダーシップを確立しようとしたため、オザルとの関係は悪化した。結局オザルが九三年に亡くなるまで、両者の関係は修復することはなかった。

オザルとの関係を悪化させたこと以上に、ユルマズの政治家人生に影を落としたのは、彼が選挙に勝てなかったことである。ユルマズが党首となって初めて挑んだ九一年一〇月の総選挙で、祖国党は正道党の後塵を拝し、八三年の結党後、初めて第一党の座を失った。さらに九五年の総選挙でもエルバカンの福祉党に敗れ、第二党であった。このとき、祖国党は第三党となった正道党と連立を組み、ユルマズは二度目の首相職を経験する。しかし、ユルマズは正道党党首のチルレルとすぐに不仲となり、この連立はわずか三ヵ月で解消される。

その後、福祉党と正道党の連立政権が確立するもエルバカン政権が九七年六月に退陣したため、今度はエジェヴィト率いる民主左派党などとの連立政権を組むことでユルマズは再び首相に就任する。しかし、この連立も一年半続いたに過ぎなかった。九九年の総選挙で祖国党は第四党まで落ち込んだのである。

また、ユルマズの政治家としての個人的資質が祖国党の衰退に拍車をかけた。ユルマズはオザルのような人懐っこさ、デミレルのような親しみやすさ、チルレルのような華やかさは持ち合わせておらず、常に表情を変えず、冷たい印象を国民に与えていた。また、チルレルに不正疑惑が持ち上がった際、彼女に対するネガティブ・キャンペーンを過剰に繰り返したことで、かえって彼自身が政治家としての品格を疑われる結果となり、選挙でもなかなか結果を出すことができなかった。

祖国党と正道党がともに後継者選びで失策を演じるなか、八〇年代後半から存在感を高めてきたのが親イスラーム政党であった。その主役となったのが、エルバカンであり、彼が率いた福祉党である。一九八〇年九月一二日の軍事クーデタ以前のエルバカンと彼が率いた「親イスラーム政党」については、第二章で概観した。クーデタ後の軍事政権下でエルバカンが党首であった国民救済党は解党された。一九八三年の総選挙前に新たに福祉党が結党されるが、総選挙への参加はかなわず、一九八四年の地方選挙が初めての選挙戦となった。しかし、八〇年代に福祉党は有利な選挙戦を展開できなかった。得票率は、八三年地方選挙で四・四パーセント、八七年総選挙で七・一パーセントであった。一九八〇年代は第四章でみたように、軍部もイスラームに寛容な姿勢を見せたが、福祉党はこの恩恵を受けられなかった。大きな要因として、オザルが進めたトルコ・ナショナリズムとイスラームを融合するモデルの方が、あくまでイスラームを基礎に置くエルバカンのアプローチよりも民衆に魅力的に映ったためであった。

## 福祉党の躍進

八〇年代は票の獲得に苦しんだ福祉党であったが、一九九〇年代に行われた選挙では得票率を大幅に伸ばした。この時期の福祉党の特徴は、イスラーム的言動を極力控え、大都市郊外に住む保守的な貧困層の取り込みを図ることで大衆政党を目指す、というものであった。当時、オザルが採用した新自由主義経済の結果、官僚の汚職が広がり、また民衆の間で貧富の差が拡大していたため、福祉党が「公正な秩序」の名の下で幅広い社会政策を打ち出したことが支持拡大につながった。また、福祉党が躍進した背景には、欧州委員会が八九年にトルコのEU加盟を承認しなかったことや、近隣国で起こっていたムスリムに対する虐待、といった国際的な動向も心理的に作用したとみられている。要するに、この時期トルコでは、ヨーロッパはトルコを歓迎していないというアンチ西洋の感情と、同胞のムスリムの苦境によってムスリムとしての意識が強まっていたのである。

福祉党は一九九四年の三月に行われた地方選挙や九五年の総選挙で二割の得票率を獲得した。さらに九四年の地方選挙では、イスタンブルとアンカラを含め、二九の都市で福祉党所属の市長たちが誕生した。この時イスタンブル市長となったのが二〇一六年一二月現在の大統領であるエルドアンである。また、この選挙でアンカラ市長となったメリヒ・ギョクチェクは九四年以来、現在までアンカラ市長の座を維持している。議会で五八議席を獲得した九五年総選挙後、福祉党は、正道党、祖国党とともに連立政権を組み、九六年六月にはエルバカンが首相に就任した。

### 軍部の圧力を受けて

しかし、首相の座に就いたエルバカンは、イランやリビアなど、反米の姿勢をとる国家を含むD８（Developing 8）を立ち上げたり、神秘主義教団のシェイフを断食明けの食事（イフタール）に招待したりするなど、軍部の神経を逆撫でした。軍部はエルバカンが連立政権の首相となる事態を「国家の危機」と捉え、行動に及んだ。まず、一九九七年二月二八日に行われた国家安全保障会議で福祉党を「反動勢力」と断定し、大学当局や検察・司法当局と協力しながら、福祉党や福祉党に近い経済団体や組織の取り締まりを強めた。この年に作成された国家安全保障政策大綱（非公開）では、初めて「政治的イスラーム」という用語とその脅威が明記されている。「政治的イスラーム」とは、暴力に訴えない形でイスラームの影響力を拡大させようとする試み一般を指す用語である。しばしば過激なイスラーム思想や運動と対比され、穏健派イスラームとも評されることがある。軍部は政治的な規制にとどまらず、たとえばイスラーム系

ネジメッティン・エルバカン（中央）。右に座っているのはエルドアン（写真：ロイター/アフロ）

の経済団体であるMÜSİADの活動を縮小させるなど、経済や文化的な側面にも圧力をかけた。

こうした軍部による圧力を受けたエルバカンは、同年六月に首相を辞任し、一九九八年一月に福祉党は解党の決定を受けた。一連の経緯でエルバカンの政策の限界が明らかになると、親イスラーム政党内部でエルバカン中心の古参幹部たちに若手が反発する動きが見られるようになった。福祉党が解党される約一ヵ月前に、後継政党として美徳党が設立され、その後レジェイ・クタンが党首の座に着いた。クタンは古参幹部の一人であり、美徳党は依然としてエルバカンが強い影響力を有していたが、これまでのイスラーム政党とは違い、EU加盟と西洋化の受容に前向きな姿勢を見せるなど、変革の兆しは徐々に見え始めていた。

### エジェヴィトの再登場

エルバカンの辞任後、大統領であるデミレルは、福祉党と正道党以外の政権の連立の組閣を指示した。それが、祖国党と民主左派党を中心とした内閣で、首相にはユルマズ、副首相には民主左派党の党首、エジェヴィトが就任した。また、外相には民主左派党のイスマイル・ジェムが選ばれた。ジェムは四年以上にわたり、外相の職を務めることになる。この内閣は、イスラームの影響力の拡大の排除を前面に押し出し、宗教組織に関連する基金への監査などを実行した。また、PKKの壊滅を目指すべく、後述するようにシリアに圧力をかけ、オジャランをシリア国外に放逐させた。しかし、ユルマズはそれまで（九一年と九六年）と同様に最終的には連立をマネージメントできなくなり、エジェヴィトを首相とした少数連立内閣が九九年一月に成立することとなった。しかし、エジェヴィトが首相となってすぐにオジャランが逮捕され、エジェヴィトおよび民主左派党の評価が高まった。

この勢いのまま、民主左派党は総選挙と地方選挙が同時に行われた一九九九年四月の選挙で第一党となる。第二党にはナショナリスト政党の民族主義者行動党が大躍進した。選挙後に組閣したエジェヴィト連立政権は、結局二〇〇二年の総選挙に至るまで継続することとなった。

## 一九九九年における民族主義者行動党の躍進

一九七〇年代にともに副首相を経験したエルバカンとテュルケシュであったが、一九八〇年クーデタ以降は大きく明暗が分かれた。一九八三年の選挙に際して、一九八〇年クーデタ以前の政党活動が禁止されたため、民族主義者行動党は党名を保守党として再結成されたが、結局選挙には参加できなかった。八五年から民族主義者労働党、そして九二年に元の民族主義者行動党と党名を変更した。エルバカン率いる福祉党の躍進とは裏腹に、テュルケシュ率いる民族主義者行動党は福祉党と選挙協力した九一年総選挙に一六・九パーセントの得票を得た以外は九九年の選挙まで一〇パーセントの壁をなかなか破ることができなかった（八七年総選挙—二・九パーセント、九五年総選挙—八・六パーセント、地方選挙では八九年—四・一パーセント、九四年—八パーセント）。

そうしたなか、民族主義者行動党に転機が訪れる。一九九七年にカリスマ的指導者であったテュルケシュが死去したのである。テュルケシュの死去を受け、民族主義者行動党の新たな党首に元ガーズィ大学の教授で経済学の専門家であるデヴレット・バフチェリが就任した。バフチェリの選出は、民族主義者行動党の中道化、穏健化を意味した。また、党内の有力者の一人であったテュルケシュの息子であるトゥールル・テュルケシュではなく、バフチェリを党首に選出したことで、民族主義者行動党はテュルケシュ一家の所有物ではないということを内外に印象づけた。この路線変更が功を奏し、一九九九年の総選挙では約一八パーセントの得票率を獲得し、第二政党へと躍進した。そして、エジェヴィト率いる民主左派党と連立を組み、約二〇年ぶりに与党となった。

エジェヴィト連立政権は一九九九年から二〇〇二年一一月まで与党の座に就いた。短命に終わる政権がほとんどであった九〇年代の中では長期に及ぶ政権であった。しかし、エジェヴィト政権は多くの危機に直面することとなった。まずは九九年八月にイスタンブル郊外のイズミット（マルマラ大地震）、そして一一月にアンカラの北西部にあるデュズジェ（ボル大地震）で二度の大地震が起きた。両地震による死者は一万八〇〇〇人にも上った。次いで、二〇〇〇年と二〇〇一年には「双子の経済危機」が発生し、トルコの経済はハイパーインフレに陥った。エジェヴィト政権はすでに九九年一二月にIMFのインフレ抑制プログラムを受諾していたが、この経済危機に際して、世界銀行に勤務していたデルヴィシュをトルコに呼び戻し、危機の収束に当たらせた。そして、二〇〇一年九月一一日のアメリカの同時多発テロ以降、アメリカがトルコの隣国であるイラクに介入する可能性が高まり、エジェヴィト政権はその対応に追われた。また、九〇年代を通してトルコ政治を特徴づけた政治家の汚職問題がエジェヴィト政権でも起こるなど、既存の政党はその支持を日増しに衰退させていった。

## 3　九〇年代の外交政策

九〇年代のトルコの外交は前半、第四章で扱ったオザルが牽引し、新興独立諸国との間で外交関係を取り結んだ。一九九一年総選挙で首相となったデミレルも新興独立諸国を重視するオザルの路線を踏襲した。しかし、その後の連立政権下では外交に必ずしもスポットライトは当たらなかった。とはいえ、明らかにそれまでのトルコ外交の路線とは異なる福祉党の時代と、比較的安定した外交が行われたジェムの外相時代は外交上の大きな変化および進展が見られた時期であった。

## 福祉党の外交政策

ここで福祉党の外交政策について確認しておきたい。エルバカンの外交における究極の目標は「世界イスラーム連盟」の創設であった。エルバカンによると、「世界イスラーム連盟」は、NGOも参加する国際イスラーム連合や、イスラーム諸国による安全保障機構（イスラーム諸国版のNATO）のほか、イスラーム諸国による共同市場、関税同盟、文化連盟、という五つの組織から構成される。

また、エルバカンはトルコの外交指針として、①トルコは世界中のムスリムの福祉を考えなければならない、②トルコはパワーではなく、権利に基づく福祉を考えなければならない、③福祉の実現に必要なのは、資本主義でも共産主義でもなく、「公平な経済秩序」である、④ムスリムの権利を獲得・保護するためにトルコは「世界イスラーム連盟」を設立、主導しなければならない、⑤「世界イスラーム連盟」は、（西側の帝国主義者の）不公平な介入を排除し、すべての人々に権利を提供する、⑥トルコの主要な目的は、すべての国々、陣営と良い関係、友人関係を築き、商業関係と連帯を確立することである、という六つの行動指針を示した。

エルバカンは九六年六月に首相に就任すると、西洋諸国ではなく、イラン、インドネシア、リビアを訪問先として選択し、NATOやEUに対抗するため、D8の設立に尽力した。D8は、一〇月にイスタンブルで開催された外交セミナーがきっかけとなって設立した八ヵ国（バングラデシュ、インドネシア、イラン、エジプト、マレーシア、ナイジェリア、パキスタン、トルコ）からなる機構で、「発展途上国の経済的な地位向上」「貿易関係の多様性と新たな機会の創出」「国際レベルにおける政策決定機会の拡大」「国民の生活水準の向上」が目標に定められた。D8は二度の外相会議を経て、最終的に九七年六月一五日に創設されたが、皮肉にも同月エルバカンは首相を辞任している。D8はエルバカンの個人的な考えとイニシアティブによって誕生したものだったので、エルバカンが首相を辞任するとほどなく機能不全に陥った。一九九九年にダッカ、二〇〇一年にカイロでD8のサミットが開催されたが、地域組織としての役割はすでに終わっていた。

## イスラエルとの関係強化

イスラーム志向の強いD8構想は不首尾に終わったが、エルバカン期にはイスラエルとの関係が進展した。これは意外な結果であった。なぜなら、イスラーム的志向が強く、ムスリムを擁護するエルバカンは常々イスラエルの政策を批判していた。

イスラエルとの同盟の強化を率先して進めたのは軍部であった。九〇年代、軍部は老朽化した武器の刷新を推し進める必要に迫られていた。九二年以降、PKKとの戦いが激化し、九七年に政治的イスラームの台頭が問題になり、こうした脅威に対抗せねばならなかったのである。しかし、キプロスをめぐってギリシャとの関係が悪化していたため、欧米諸国の支援で武器を近代化させることは困難であった。こうした状況下で、欧米諸国と同等の技術レベルを持ち、中東地域において利益を共有できるイスラエルは魅力的な存在だった。

一九九三年には正道党で外務大臣を務めたヒクメット・チェティン、一九九四年には、当時首相を務めたチルレル、そして一九九六年三月には大統領のデミレルがイスラエル訪問を実現させている。そこで、老朽化が進んでいた一〇二機のF―4およびF―5戦闘機を近代化させるための軍事協定のほか、テロ対策で協力するための覚書を交わした。それを皮切りに、九六年には、二月、八月、一二月の三度にわたって、軍事訓練に関する情報交換や技術訓練、戦闘機配備の支援などの協定が結ばれている。九八年一月にイスラエル沖の地中海で行われた海軍の合同演習には、トルコとの関係が冷え込んでいたアメリカも参加した。

イスラエルにとってもトルコとの関係強化は、武器市場の拡大だけでなく、軍事訓練やイラク攻撃の際にトルコの空軍基地が使えるようになることが期待でき、また、シリアの北部を押さえることで、ゴラン高原におけるシリアの脅威を低下させるなどの利点があった。

### 民主左派党の外交政策

エジェヴィトの首相時代に外交を牽引したのはジェムであった。ただし、エジェヴィト自身も外交に関する独自の考えを持っていた。それは、近隣諸国と友好関係を構築し、西洋諸国と協力することによって、地域全体の安全保障を確立するという考えであった。エジェヴィトの外交に関する考えは、近隣諸国と西洋諸国の両方を重視した点で、オザルが進めた外交と共通している。

ジェムもエジェヴィトと同様に近隣諸国と西洋諸国との関係を重視したが、トルコが外交で持つ質的な特徴を強調した。ジェムは『新しい世紀におけるトルコ』という著書において、トルコは歴史的にも地理的にもバルカン半島、コーカサス地方、中東、中央アジアの「中心」に位置しており、ヨーロッパの一員であるとともにその他の地域のロールモデルとなり、戦争の可能性を減少させ、各国間の平和の可能性を高めるためには他国との経済協力が不可欠である、と述べている。

こうした考えを持つエジェヴィトとジェムが展開した外交政策として、シリア危機、EU加盟交渉、イスラーム諸国機構（OIC）とEUとの関係について概観していこう。

## シリア危機

シリアは、トルコにとっても脅威であった。一九九八年一〇月にはトルコ・シリア危機が起こったが、これはトルコの中東政策のターニングポイントとなった。

冷戦体制が崩壊し、湾岸危機が勃発して以来、トルコは中東情勢に深く関わらざるをえなくなっていた。九〇年代、シリアは、イラクのフセイン政権と並んで、中東地域におけるトルコの最大の脅威であった。シリアとPKKは協力関係にあり、PKK党首のオジャランはシリアのハーフィズ・アサド大統領と個人的な友好を深めていたと言われている。

一九九六年からトルコはシリアに覚書を送付するなどして、PKKに対する支援を中止するよう申し入れ、一九九八年二月二四日には、外務省の中東局長であるアイクット・チェティルゲがその申し入れのためにシリアを訪問している。同年七月一日には、当時のシリアの外交政策アドバイザーがトルコで外務政務次官と会談し、その際、トルコ側から両国関係修復のための書簡が渡されているが、その後シリアからこの書簡に関する返答はなかった。シリア側はトルコの警告を本気とはとらえていなかったのである。

一九九八年一〇月、業を煮やしたデミレル大統領は、大国民議会の開会の辞でPKKを援助するシリアを激しく批判した。同日、国家安全保障理事会の会合も開催され、出席した軍人たちは「外交と対話による時間は終わった。もし必要となれば、我々は軍事行動も含む、あらゆる手段をとることができる」と発言し、実際、空軍はディヤルバクル県とマラトゥヤ県の基地で出撃準備を整えていた。ユルマズ首相をはじめとした祖国党、民主左派党、民主トルコ党の連立政権、さらに野党もシリアに対する軍事行動を支持した。

トルコの軍事行動も辞さないという姿勢を受け、シリアは態度を軟化させ、トルコ政府との対話による解決を受け入れた。しかし、シリア政府はPKKに武器を援助していることを否定し、「トルコとシリアの関係が悪化しているのは、トルコがイスラエルと親密な関係を築いているためだ」というコメントを出した。このコメントは再びトルコの政策決定者たちの逆鱗に触れ、ユルマズはシリアに対して再度警告を行った。それだけでなく、一〇月一二日に、トルコは五万人の兵をシリア国境沿いに配備し、戦闘の準備を本格的に始めた。

この段階になって、ようやくシリアは、トルコが要請していたオジャランの国外追放を実行し、両国は一〇月二〇日にアダナ合意に調印した。アダナ合意でトルコがシリアから勝ち取った四つの約束は、①オジャランがシリアの領内に入ることを許可しない、②オジャラン以外のPKKのメンバーもシリア領内に入ることを許可しない、③シリア政府はその領内でPKKの訓練を行うことを許可しない、④シリア政府は領内のPKKメンバーを逮捕し出廷させる、というものであった。同時に、シリアは領内のPKKメンバーのリストをトルコに提供することも取り決められ、両国はホットラインの開設と安全保障に関する外交特別代表団を設置することでも合意した。シリアから放逐されたオジャランはロシアへと逃れ、最終的に一九九九年二月一五日にケニアのギリシャ大使館で発見、逮捕された。

トルコとシリアはアダナ合意を契機に関係改善を図り始めた。これに拍車をかけたのはシリアのアサドの死去と彼の次男バッシャール・アサドの大統領就任である。二〇〇〇年代、バッシャールはトルコの政権を握った公正発展党と良好な関係を構築することになる。また、アダナ合意によってトルコは、シリアだけでなく中東地域全体に対して、これまでの安全保障中心のアプローチから、信頼醸成に重きをおいたアプローチへ転換した。

## ＥＵ加盟交渉の進展

ここまで九〇年代後半の近隣の中東地域内での外交を振り返ってきた。次に、対ヨーロッパ外交の根幹、すなわちＥＵ加盟への動きを見てみよう。先に結論をいうと、この時期トルコのＥＵ加盟運動は大きく進展した。

それ以前、つまりオザルの時代のことだが、オザルはＥＵの前身であるＥＣへの加盟に積極的であった。むしろ、彼が八七年四月にＥＣの正式加盟に申請するまで、トルコ政府はＥＣ加盟交渉をほとんど進めなかったといってよい。オザルは、トルコがＥＣに加盟することにより、ヨーロッパとの関係が軍事面で同盟強化が図れるだけではなく、自由主義経済の発展や人権分野での地位向上にもつながると考えた。もちろんこうした考えの背景には、一九八〇年クーデタによってトルコの人権と民主主義が抑圧されていると欧州諸国から批判を受けたことや、キプロス問題で対立していたギリシャの存在があった。ただし、オザルのそうした姿勢にもかかわらず、欧州委員会は八五年に出されたレポートで、「トルコの人権に対する活動はＥＵの基準から大きくかけ離れている」と指摘するなど、その溝はなかなか埋まらなかった。

第四章にすでに書いたように、一九八七年四月、ＥＣ加盟の申請を行ったトルコに対して、ＥＣ加盟委員会は八九年一二月一八日にその申請を棄却した。オザルはＥＣ加盟を実現できなかったが、その後のトルコのＥＵ加盟交渉に道筋をつけたことは間違いなかった。

## オザル以降のEU加盟交渉

八九年の加盟申請棄却後、トルコとECおよびEU関係は一時的に停滞した。しかし、トルコは一九九五年に欧州関税同盟に加盟することに成功する。

これにより、一気に加盟交渉が進むかに思われたが、クルド問題、そしてエーゲ海をめぐるトルコとギリシャの領土争いが起こり、九〇年代後半にEU加盟プロセスは再び停滞した。特にトルコの態度を硬化させたのが、九七年一二月に開かれた欧州委員会のルクセンブルク会議であった。ルクセンブルク会議では、一九八七年にECに加盟申請していたトルコを差し置いて、九〇年代に加盟申請したキプロス共和国と東欧諸国との加盟交渉を始めることが決定された。この決定に激怒したトルコは、EUとの政治的対話を凍結することを決めた。EU側は、「EU加盟交渉からトルコを除外するのではない」という姿勢を見せたが、トルコにとっては到底受け入れられなかった。

トルコの加盟交渉が再び動き出したきっかけは、長年対立してきたギリシャとの関係が一九九九年から改善し始めたことである。まず、PKKの指導者オジャランが一九九九年二月に逮捕された際、ケニアのギリシャ大使館がオジャランを匿っていたことが明らかになり、ギリシャは国際的な批判を受けた。また、この外交的失策により当時のテオドロス・パンガロス外相が更迭され、新たにゲオルギアス・パパンドレウが外相に就任した。このパパンドレウが、当時のトルコの外務大臣ジェムとの間に、これまでにない協力関係を創り出した。さらに同年八

ヘルシンキ会議に出席したエジェヴィト（最前列の左から２人目）1999年12月11日（写真：ロイター/アフロ）

月一七日にイズミル沖で、九月七日にアテネで大地震が起き、両国が相互に援助活動を行ったことも両国の信頼関係を高めた。こうした経緯により、トルコとギリシャの対立は解消されたと評価され、一九九九年一二月に開かれた欧州委員会のヘルシンキ会議において、トルコを加盟交渉国とすることが決定されたのである。

## OIC—EU共同フォーラム

中東地域とＥＵの双方と関係改善を果たしたトルコの晴れ舞台を紹介して、本章を締めたい。二〇〇二年二月一二、一三日、前年のアメリカ同時多発テロによって関係が悪化した西洋世界とイスラーム世界の関係修復を図るために、ＯＩＣ—ＥＵ共同フォーラムが開かれた。ＯＩＣとは一九六九年に設立されたイスラーム諸国会議機構のことで、この共同フォーラムはまさしくイスラーム諸国とＥＵ諸国が参集した会合であった。そして、トルコがホスト国を務めたのである。

共同フォーラムには七六ヵ国の代表（そのうち五一ヵ国は外相を派遣）が集まった。会議の主題は、テロ後の世界で西洋諸国とイスラーム諸国が平和と協調のために協力していくことであった。開式の辞において、ジェムはテロ後の世界の特徴として文化と宗教における差異が強調されるようになったことと、各国が文化的な多様性を尊重して相互理解を深めることで連帯性を強め、そうした差異を克服しようという動きが見られ始めたことを指摘し、「テロリズムが文化や文明とは無関係であることを理解すべきである」と述べた。ジェムは文明という視点で国際政治を考えた時、ヨーロッパと中東を結ぶトルコが大きな役割を果たせるということを強調した。

### 現実との齟齬が顕在化した共和国の理念

九〇年代はクルド問題、そして福祉党という親イスラーム政党の躍進によって彩られた時代であった。オザル、そしてその後大統領となったデミレルはクルド問題の存在を認め、その解決を目指した。一方で、正道党でデミレルの後継者となったチルレルはPKKの壊滅を目指し、PKKとの抗争は激しさを増した。その過程で起きたススルルック事件は、PKK壊滅のためであれば悪魔（マフィアや他の武装組織）とも手を結んだ政府の内実が暴露されることとなった。最終的にオジャランが逮捕され、PKKは精神的支柱を失うも組織は継続した。

福祉党に関しては、オザルが一九八〇年代に進めた新自由主義の煽りを受けた中所得層と低所得層に対して福祉と社会保障を充実させることで躍進し、エルバカンは一九九六年に親イスラーム政党から初めての首相となった。しかし、結果としてイスラームを強調する姿勢を打ち出し、軍部による書簡クーデタで福祉党政権は崩壊した。二〇〇〇年代に安定した長期政権を築いた公正発展党に比して、福祉党の政権運営は注意深さを欠いており、具体的な社会・経済的政策を打ち出せなかった。クルド問題と親イスラーム政党の躍進は、共和国の理念である民族主義と世俗主義を根幹から揺さぶるものであり、もはや修正が不可能なほど、その矛盾が顕在化することとなった。

そして九〇年代は連立政権による政治の停滞、政治家の汚職、経済の混乱の時代でもあった。八〇年代にオザルが進めた政治の弊害が噴き出し、その混乱が拡大した時代とも言えるだろう。この混乱は、二〇〇二年一一月に公正発展党が単独与党となり、その後、安定した政権運営を行うことで解消されていくことになる。

# 第六章　公正発展党の台頭とその政権運営

公正発展党が二〇〇二年一一月の総選挙で勝利し、単独与党となったことは当時、驚きをもって伝えられた。第五章で見たように、親イスラーム政党の福祉党が九〇年代に連立政権で与党となり、エルバカンが首相の座に就いたものの、結局は軍部による「二月二八日プロセス」によってその座を追われ、福祉党も解党の憂き目にあったからである。トルコ共和国の原則である六本の矢の中で、世俗主義は民族主義と並んで最も論争となってきた原則である。これまで本書で見てきたように、軍部はトルコ共和国の安定と世俗主義の危機に際して、行動を起こしてきた。

既存の諸政党―祖国党、正道党、民主左派党、民族主義者行動党など―が二〇〇〇年と二〇〇一年の金融危機に効果的に対処できず、また、政治腐敗に塗《まみ》れていたため、公正発展党が勝利できたのは「棚ぼた」であり、政権運営は長続きしないという見方が当初は一般的であった。

しかし、公正発展党は、その後、約一四年間（一時期を除く）、単独与党として政権運営を行っていくことになる。本章では、公正発展党がいかに安定した政権基盤を作り出すことに成功したのかという点について、エルドアン、アブドゥッラー・ギュルという二人を中心とした公正発展党の政治家、二〇〇二年と二〇〇七年の総選挙、経済・社会政策、そして外交に焦点を当て、概観していきたい。

## 1　公正発展党の誕生

### 公正発展党の設立

公正発展党を語るうえで、エルドアンとギュルという二人の名前を挙げないわけにはいかない。もちろん、公正発展党の重要な人物として、両名と並ぶ「三羽烏」のひとりで国会議長や副首相を務めたビュレント・アルンチや、オザル率いる祖国党で国務大臣を務めた経験が買われ、公正発展党でも常に要職を務めてきたチチェクの名を挙げることはできる。あるいは、アリ・ババジャンやアフメット・ダーヴトオールに代表されるような経済、金融、外交といった分野に関する優秀なテクノクラートも公正発展党には存在する。しかし、リーダーシップ、カリスマ性、政策実現能力といった政治家の資質において、エルドアンとギュルは公正発展党内部で他の追随を許さない存在であった。

二〇〇一年八月一四日、エルドアン、ギュルを中心とした美徳党の若手・革新グループによって公正発展党が設立された。美徳党からはすでに同年七月にイスラームの理念とトルコ・ナショナリズムを結びつけたエルバカンの「国民の視座」路線を継続することで一致した古参・伝統グループが至福党を設立しており、トルコ政治史上初めて親イスラーム政党が二つに分裂することとなった。公正発展党の創立メンバーは、エルドアンを含めて七四名であり、至福党の国会議員数四八名を上回っていた。さらに翌一五日に、五一名の国会議員が公正発展党に合流したことで、民主左派党、民族主義者行動党、祖国党、正道党に次いで五番目の政党となった。創立メンバーや合流した国会議員は、美徳党の若手メンバーに加え、祖国党や正道党などの中道右派政党の出身者が多かった。後述するように、当時政治活動を禁止されていたエルドアンを除く、一二三名の投票による党首選挙が実施され、一二一票を獲得したエルドアンが初代党首となった。エルドアンは国会議員ではないので、代理のための議会代表にはアルンチが選ばれた。

## 二〇〇二年一一月三日総選挙

公正発展党は二〇〇二年一一月三日の総選挙で大勝し、単独与党となった（表6—1）。では公正発展党は二〇〇二年の総選挙でなぜ勝てたのだろうか。

二〇〇二年総選挙における公正発展党勝利の要因は、①トルコの有権者が九〇年代に汚職と怠慢に塗れていた祖国党、正道党、民主左派党に制裁を下した、②有権者が変革を求めたため、既存の政党ではない新たな政党に投票した、③死票が多かった、④公正発展党がグローバリゼーションにうまく適応した、という四点にまとめられよう。

まず第四章で触れたように、トルコは八二年憲法によって、得票率一〇パーセント未満の政党は議席を獲得することができないという一〇パーセント条項が定められていたことを思い出してほしい。①の国民の制裁に関して、トルコの選挙では、有権者が将来の可能性よりも過去の不祥事に基づいて投票することが多いと指摘されている。二〇〇〇年と二〇〇一年に金融危機が起こった直後の二〇〇二年総選挙だったため、連立与党への懲罰は激烈であった。たとえば、一九九九年の選挙で二二・一パーセントの得票率を獲得し、第一党であった民主左派党はたったの一・二二パーセント、民主左派党と連立を組んでいた民族主義者行動党も一七・九パーセントから八・三五パーセント、祖国党も一三・二パーセントから五・一二パーセントと軒並み得票率を減らし、いずれも一〇パーセント条項により、議席を獲得することができなかった。

表6－1　2002年総選挙における得票率と議席数

| 政　党 | 得票率 | 議席数 |
|---|---|---|
| 公正発展党 | 34.29％ | 363 |
| 共和人民党 | 19.38％ | 178 |
| 民族主義者行動党 | 8.35％ | 0 |
| 民主人民党 | 6.23％ | 0 |
| 至福党 | 2.49％ | 0 |
| 民主左派党 | 1.22％ | 0 |
| 新トルコ党 | 1.15％ | 0 |
| 正道党 | 9.56％ | 0 |
| 祖国党 | 5.12％ | 0 |
| 若者党 | 7.26％ | 0 |
| 独立候補 | 1.00％ | 9 |

（出所）高等選挙委員会ウェブサイトを参照し、筆者作成

②の新政党への投票に関しては、公正発展党だけでなく、当時のトルコのメディア王、ジェ

ム・ウザンが新たに設立した若者党が躍進するなど、新設政党の躍進が目立った。ただし、同じく新設政党である新トルコ党は、得票率一・一五パーセントと大敗した。これは、新党を立ち上げたのが、それまで民主左派党に所属していた当時の外務大臣ジェムであり、彼自身も懲罰の対象となったためであった。

③の死票も一〇パーセント条項が大いに関係している。二〇〇二年の選挙で一〇パーセント以上の得票率を獲得できたのは、公正発展党と共和人民党のみであった。そのため、その他の政党に投じられた全体の実に約四五パーセントの票が死票となったのである。一方で、二〇〇二年総選挙の投票者の数は、それまでの過去三〇年間の総選挙で最も少なかった。投票率は七九パーセントであったが、トルコの総選挙で投票率が八〇パーセントを切るのは非常にまれであり、二〇〇七年総選挙は投票率八四・二五パーセント、二〇一一年総選挙は投票率八三・一六パーセントとなっている。

④のグローバリゼーションへの適応に関しては、世俗的な中道右派と中道左派が失敗した新自由主義グローバリゼーションの勝者と敗者の両方の取り込みに公正発展党が成功したことが強調できる。経済の立て直しが大きな争点となる中で、九〇年代に与党（連立政権も含む）であった正道党、祖国党、民主左派党は、直前の金融危機に対して有効な処方箋を提供できなかった。一方、公正発展党はババジャンなど若手の経済エキスパートを有しており、新自由主義とそれを加速させているグローバリゼーションに対して肯定的な評価をしながらも、低所得層

（後述する「ブラック・テュルク」と呼ばれた人々）に対するセーフティーネットを構築することも強調した。つまり、新自由主義による利益を貧困層にも分配しようとしたのである。公正発展党が「保守的なグローバリスト」と評されたのはそのためである。

「保守的なグローバリスト」という青写真を描いた公正発展党は、それまでエルバカンの政党を支持してきた「アナトリアの虎」もひきつけた。加えて、EU加盟に肯定的な態度を示して、民主化の促進を訴えた。エルドアンというカリスマ的指導者が率いる公正発展党は、かくして二〇〇二年の選挙で単独与党の座を獲得することに成功した。

## 2　党の牽引者たち

ここでは二〇〇二年の選挙以降、公正発展党を安定した単独与党政党へと導いた六名について、エルドアンとギュルを中心に論じていきたい。アルンチとチチェクは彼らの有能なサポート役であった。また、ダーヴトオールとババジャンはそれぞれ外交と経済のエキスパートであり、両分野に力を入れた公正発展党では不可欠な人材であった。

### レジェップ・タイイップ・エルドアン

エルドアンは公正発展党の躍進を牽引した最大の立役者であり、イスタンブル市長（一九九九四〜九八年）、首相（二〇〇三〜一四年）、大統領（二〇一四〜一六年一一月現在）を歴任している。公正発展党の支持者の多くはエルドアンのカリスマ性に引かれているといっても過言ではない。彼は一九五四年二月二六日にイスタンブルのカスムパシャで生まれ、幼年期を茶の生産で有名な黒海地方のリゼで過ごし、その後再びカスムパシャに戻っている。エルドアンの性格を形作った要因として、「父親」、「カスムパシャ」、「小学校の担任」、「神秘主義」という四つの点が手がかりとしてしばしば指摘されている。

レジェップ・タイイップ・エルドアン
（写真：読売新聞社）

エルドアンの父親、アフメット・エルドアンはリゼで一九〇三年に生まれ、その後、イスタンブルに移り住んだが、生涯を通して生まれ故郷のリゼをこよなく愛していた。アフメットは最初の妻との間に二人の息子、その後、エルドアンの母であるテンジレとの間に三人の子供を儲けた。エルドアンはアフメットとテンジレとの間の最初の子である。アフメットは海上保安官として四三年間働き、一九五八年にメッカに巡礼の際も船で行くほど船を愛し、同時に非常に敬虔なムスリムであった。エルドアンは、父アフメットから、勤勉、ムスリムとしての敬虔さ、さらに故郷を大切にすることを学んだと言われている。

故郷カスムパシャに関して、エルドアンは、近所の人々がまるで本当の家族のように親しかったと述べている。一九九四年にイスタンブル市長となった後も、エルドアンは幼少の頃からの行きつけの床屋に通っていた。地位が高くなってもそれまでと同じ行動をし、絆を大切にする姿勢がエルドアンの魅力であり、カスムパシャにはそのルーツがある。その一方で、カスムパシャはイスタンブルの華やかさの影とも呼べる地域であり、エリートではなく労働者が多く住んでいた。また、ギャングが蔓延《はびこ》り、犯罪多発地域というイメージがあるため、ニューヨークのハーレムにたとえられる。犯罪から身を守るために人々は団結し、保守的な生活をおくっていた。エルドアンはカスムパシャで育つ中で、男らしさや規則的な行動パターンを身に付けたと言われている。

こうした出自から、エルドアンは自身のことを「ブラック・テュルク（黒いトルコ人）」と呼んでいる。ブラック・テュルクとホワイト・テュルクという区分は九〇年代後半に見られるようになった。ホワイト・テュルクは、「世俗主義に代表されるケマルが進めた政治改革を受け入れた人々（ケマリスト）で国家の繁栄を享受しているエリート」、一方のブラック・テュルクは、「貧困にさいなまれる周縁部に住み、保守的で宗教心の篤い、国家の繁栄から取り残された人々」と定義される。ブラック・テュルクは、クルド人とともに、ホワイト・テュルクに対置される存在とされた。トルコ共和国建国以降、国民の多数を占めるブラック・テュルクとクルド人は、国家の中枢に位置する一部のホワイト・テュルクから戦略的に周縁化されていたが、エルドアンはこうした国家構造に公然と異を唱えた。

エルドアンの小学校の担任は、彼にイマーム・ハティップ校に進むように勧めた人物である。イマーム・ハティップ校とは、日本の中学と高校にあたる専門学校であり、イスラーム教の導師、説教師であるイマームの養成を目的に設立された。その起源は一九二四年にまで遡るが、エルドアンが通っていた一九六〇年代から七〇年代前半はイマーム・ハティップ校から大学への進学が不可能だったので、彼は卒業後、一般の高校に通って大学入学試験を受ける資格を得た。そして、アクサライ経済・商業高等学校（後のマルマラ大学経済行政学部）に進学した。

エルドアンはイマーム・ハティップ校において模範的な生徒であり、優れた詩を朗読し、サッカーやバレーボールでも存在感を示した。卒業後、宗教系の仕事には就かなかったが、その篤い信仰心はイマーム・ハティップ校時代に確実に高められたと見られる。また、青年期にはイスラームの神秘主義教団にも傾倒した。オザルも参加していたナクシュバンディー教団のイスケンデルパシャ支部やイスマイル・アー支部に顔を出していたと言われている。神秘主義教団との関係は、彼の票田に利することになり、公正発展党の党首となった後も続くことになる。

### 政治家としてのエルドアン

次に、政治家エルドアンを形作るうえで大きな影響を与えたのはどのような出来事だったのだろうか。すぐに思い浮かぶのは、エルバカン率いる親イスラーム政党での活動、イスタンブル市長の経験、そして一九九八年の逮捕の経験であろう。

エルドアンはイマーム・ハティップ校時代、神秘主義教団の活動への参加だけでなく、政治活動にも積極的に参加していた。若き日のエルドアンにとって、国家秩序党の創設者で、その後、トルコの親イスラーム政党を率いたエルバカンはアイドルであった。エルドアンは一九六九年、つまり彼が一五歳の時に国家秩序党の関連組織である国民トルコ学生連合（Milli Türk Talebeler Birliği／MTTB）に関わるようになり、一九七六年には二二歳という若さで国民救済党のイスタンブル・ベイオール地区青年部長、そしてイスタンブル県青年部長となった。一九八〇年の九月一二日クーデタによって、国民救済党が解党となり、一九八三年に福祉党が創設された後も、エルドアンはエルバカンに忠誠を誓い続けた。一九八四年には福祉党のベイオール地区部長、翌八五年にはイスタンブル県支部長、そして八六年には福祉党の中央幹部委員会のメンバーに選出され、福祉党の将来を担う人材という評価を確かなものとしていった。

しかし、エルドアンの政治キャリアはここから思ったほど順調には進まなかった。初めて候補者として挑んだ一九八七年の総選挙、八九年の地方選挙、九一年の総選挙と三回続けて落選の憂き目に遭ったのである。特にイスタンブルのベイオール市長候補として挑んだ八九年の地方選挙では、八四年に行われた地方選挙で福祉党の候補者が獲得した票の三倍もの票を得たにもかかわらず落選し、九一年の総選挙も福祉党が躍進を遂げる中での落選となり、大きな失望を味わった。

転機は、イスタンブル市長候補として挑んだ、九四年の地方選挙での勝利であった。九一年の総選挙に次いで、この地方選挙でも福祉党は躍進を見せるが、その象徴がイスタンブル市長となったエルドアンと、アンカラ市長となったギョクチェクであった。カスムパシャ出身のエルドアンは、中産階級、低所得者から「我々のタイイップ」と呼ばれ、熱烈な支持を受けた。彼は市長として、上水道の普及や交通整備といった長年イスタンブルで問題とされてきた分野での改革に着手した。他方で、市が経営するレストランでアルコールを提供しないようにするなど、福祉党出身の市長としての独自色も打ち出し、物議を呼んだ。いずれにせよ、エルドアンは市政を経験することで政治的な手法を学ぶとともに、より国政への関心を強めていった。

しかし、エルドアンは再度苦難を味わうことになる。一九九七年一二月にシイルト県での集会で、ズィヤ・ギョカルプ（オスマン帝国末期に活躍したトルコ・ナショナリストの社会学者。「統一と進歩委員会」で中央委員として活動していた）の詩を引用したことが政教分離に反したとして逮捕された。この詩の内容は、以下のようなものであった（新井編著二一六頁の訳を引用）。

ミナレットは銃剣　ドームは鉄兜《かぶと》
モスクはわが兵舎　信徒たちは兵
この聖なる軍　我が宗教を守る
神は偉大なり　神は偉大なり

彼には一〇ヵ月の刑が言い渡され、一九九九年三月から七月まで服役した。この経験により、エルドアンは、エルバカンの「国民の視座」路線では、軍部を中心とした世俗主義勢力に対抗することができないことを身をもって知らされたのであった。

### アブドゥッラー・ギュル

公正発展党の事実上のナンバー2として、首相、外務大臣、大統領という役職を歴任してきたギュルは、しばしばエルドアンと対照的な人物として描かれる。エルドアンが感情をむき出しに熱弁するのに対し、ギュルは常に穏やかで冷静沈着な姿勢を崩さない。また、エルドアンがエルバカン率いる政党の党組織の中からたたき上げで台頭してきたのに対し、経済学の博士号を持つギュルは、トルコ現代政治の専門家である澤江史子の言葉を借りれば、「パラシュート人事」で党の要職に就いた人物であった。党内の重職を歴任したギュルは、エルドアンの発言や考えとは違う見解を示すことはあっても、表立って批判するような行動はとってこなかった。

ギュルは一九五〇年一〇月二九日にカイセリで生まれた。カイセリはトルコの中でも保守的な県として知られているが、ギュルの一家も御多分に漏れず信仰心の強い保守的な家庭であった。特にギュルの父親のアフメット・ハミディ・ギュルは、最初に就いた仕事がモスクの説教師であった。その後、軍事関係の仕事に就くが退職後の一九七三年、エルバカン率いる国民救済党から出馬している。結果として落選するものの、こうした父親の篤い信仰心と政治への興味は、息子に大きな影響を与えた。

ギュルはイスタンブル大学の経済学部、そして二年間のイギリス留学を経て、同大学で経済学の博士号を取得した。エルドアンと同じく、学生時代にMTTBに参加していた。また、ギュルは高校時代に、ネジップ・ファズル・クサキュレックの著作に傾倒していた。クサキュレックは、トルコ・ナショナリズム、イスラーム、保守主義の統合を試みた「偉大な東運動」のイデオローグであった。クサキュレックは七〇年代の一時期、エルバカンの国民救済党を支持するが、国民救済党が世俗主義政党である共和人民党と連立を組んだことに失望し、その後、民族主義者行動党に近づいたという経歴を持つ。ギュルは、ケマルの改革、特に西洋化と世俗主義を極端に非難するクサキュレックのような急進的な人物ではなかったが、「トルコ・ナショナリズム、イスラーム、保守主義の統合」という考えには深く賛同していた。ただし、その後のイギリス留学で、ギュルは西洋化の重要性もある程度認識したと思われる。

### 政治家としてのギュル

ギュルが初めて政治に関与するのは、後に美徳党の党首となるレジェイ・クタンの選挙キャンペーンに参加した一九七四年である。当時、経済学を専攻する大学院生であったため、研究生活の傍らに政治活動に関与した。ギュルはその後、一九七〇年代末に「トルコとムスリム諸国の間の経済関係の発展」という博士論文で博士号を取得した。この博士論文を実践する形で、一九八一年にイスラーム開発銀行（サウジアラビアのジェッダにあるイスラーム諸国会議機構傘下の国際金融機関）で働き始め、一〇年間勤務した後、一九九一年に生まれ故郷であるカイセリから福祉党の候補者として立候補し、見事に当選した。

そして、当選後、イギリスとサウジアラビアでの経験を買われ、エルバカンによるパラシュート人事で、国際業務副議長に就任した。さらに一九九五年総選挙でも再選されると、福祉党と正道党の連立政権で国務大臣を務めた。ギュルの豊富な国際経験と経済への造詣は、一九九〇年代に経済を重視し、一部の敬虔なムスリムだけではなく、幅広い層からの集票を目指した福祉党の新たな戦略とマッチした。また、一九八〇年代中盤以降、ギュルの出身地、カイセリでは「アナトリアの虎」が台頭しており、イスラーム開発銀行での業務に従事してきたギュルに対する彼らの期待は高かった。このように、ギュルは一九九〇年代の福祉党とその支持者たちから最も必要とされた人材であった。

公正発展党ではしばしば、エルドアンに次ぐ「第二の男」と評されてきたギュルであったが、結党の直接的なきっかけをつくったのはギュルであった。福祉党の後継政党として一九九八年一二月に結党された美徳党の二〇〇〇年五月に行われた党首選に、再選を目指すクタンの対抗馬として出馬した。この党首選は、親イスラーム政党内でエルバカンの路線を支持する古参と、その路線に限界を感じた若手の争いとして注目を集めた。エルバカンが率いてきた親イスラーム政党内部でこれだけ路線対立が明確化するのは、初めてだったからである。結局、六三三票を獲得したクタンが五二一票のギュルに勝利することになるが、古参と若手の溝は埋まらず、最終的に翌二〇〇一年に両者は袂《たもと》を分かち、それぞれ至福党（二〇〇一年七月結党）と公正発展党を設立した。

**ビュレント・アルンチ**

エルドアン、ギュルとともに公正発展党の「三羽烏」として名前が挙がるのがアルンチである。一九四八年生まれのアルンチはマニサ県出身でアンカラ大学の法学部を卒業後、フリーの弁護士として働いていた。アンカラ大学時代にはエルドアンやギュルと同様にMTTBに参加していた。一九九五年総選挙に福祉党から出馬し、当選する。一九九九年選挙も美徳党から出馬し、再選される。公正発展党には結党時から参加し、二〇〇二年から二〇〇七年まで国会議長、二〇〇九年から二〇一五年八月まで副首相を務めた。

**ジェミル・チチェク**

チチェクは元々、オザルが立ち上げた祖国党に結党時から在籍していたが、一九九七年に離党し、その後、美徳党に加わった。美徳党が解党された後、しばらく無所属として活動していたが、二〇〇二年の選挙に際して公正発展党へと加わった。公正発展党が単独与党となった際に危惧されたのは、党員たちの「経験のなさ」であったが、チチェクは祖国党時代に国務大臣を務めており、公正発展党にとってその経験は貴重であった。公正発展党においても二〇〇二年から二〇〇七年まで法務大臣、二〇〇七年から二〇一一年まで国務大臣／大統領補佐官、二〇一一年から二〇一五年まで大国民議会議長と常に要職を務めてきた。

### アフメット・ダーヴトオール

アフメット・ダーヴトオールは、公正発展党の外交を取り仕切ってきた人物である。ダーヴトオールは、公正発展党が二〇〇二年一一月に単独与党となったその月のうちに、当時首相だったギュルの外交アドバイザーに就任し、二〇〇三年一月にはアドバイザーとしては異例の大使に任命され、その後首相がエルドアンに代わった後も二〇〇九年五月まで同職を務めた。二〇〇九年五月からは外務大臣となり、トルコの外交政策を一手に引き受けた。二〇一四年八月には、エルドアンの後を継いで公正発展党党首、そして首相の職に就いた。

ダーヴトオールは、メブラーナ（イスラーム神秘主義教団の一つであるメヴレヴィー教団の開祖、ルーミーによって考案されたセマーと呼ばれる回転しながら踊る宗教行為）で有名なコンヤで、一九五九年に生まれた。実の母はダーヴトオールが四歳の時に亡くなり、父親の再婚に伴い、イスタンブルに引っ越した。ダーヴトオールはその後、マレーシアでの教員生活の時期を除き、公正発展党の外交アドバイザーに就任するまで、一貫してイスタンブルで生活した。

ボアジチ大学に進んだダーヴトオールは、エルドアンやギュルとは異なり、首相のアドバイザーになるまでは政治の世界とは無縁であり、MTTBにも加わらなかった。同大学で修士課程と博士課程を修了しているが、彼の指導教官はトルコのイスラームについて著作が多い、前述した著名な社会学者のシェリフ・マルディンである。イスラームの概念を西洋の実在論と認識論の視点から再検討した博士論文はその後、出版されている。ちなみに、ダーヴトオールは修士課程に入った一九八四年に結婚している。妻のサレは婦人科医であり、結婚時は彼女もイスタンブル大学医学部の修士課程に在籍していた。エルドアンの娘であるエスラ・エルドアンの出産はサレが担当した。

ダーヴトオールは一九九〇年、イスラーム諸国機構がマレーシアに設立した国際イスラーム大学で助教授の職を得て、四年間クアラルンプールで過ごした。その後、トルコに戻り、複数の大学で教鞭を執り、首相の外交アドバイザーになった後もしばらくは教員生活を続けていたが、二〇〇四年に多忙を理由にその職を辞している。

ダーヴトオールの論稿は一九九〇年代中頃から見られるようになるが、彼の名を高めたのは二〇〇一年に出版した『戦略の深層（Stratejik Derinlik）』である。大学での授業の教科書として執筆されたこの本は、二〇一四年までに八二版を重ねる大ベストセラーとなっている。『戦略の深層』は一言でいえば、地政学と歴史の知見からトルコ外交を分析した本である。その後、ダーヴトオールは二〇一三年に外交アドバイザーと外務大臣の時代のインタビューをまとめた『理論から実務へ（Teorider Pratiğe）』という本を出版している。

ダーヴトオールはエルドアンとギュルから、先生を意味する「ホジャ（Hoca）」と親しみを込めて呼ばれていた。公正発展党が単独与党となる二〇〇二年一一月以前からエルドアンとは面識があり、ギュルも福祉党時代の一九九〇年代から外交問題に関してダーヴトオールにアドバイスを求めていた。ダーヴトオールは、大学の教授という職と自身の生徒たちを心から愛しており、また、イスタンブルの自宅で家族と過ごす時間を大切にしていたため、最初にギュルから電話でアドバイザー就任の話があった時は躊躇したという。しかし、アンカラでギュルと面談した際に、ギュルの部屋の机に積まれていたイラク戦争が差し迫っていることを示唆する書類を目にし、戦争の勃発とトルコが戦争に巻き込まれることを危惧し、ギュルの要請を受け入れた。

## アリ・ババジャン

公正発展党の経済政策を取り仕切ってきた人物がアリ・ババジャンである。ババジャンは公正発展党の設立メンバーの一人であるが、当時は三四歳と非常に若かった。しかし、ババジャンの魅力はその若さだけではなかった。ババジャンは高校での成績も学年トップ、さらに進学した中東工科大学では産業エンジニア学科に進んだが、卒業まですべてオールAの秀才であった。一九九〇年にフルブライト奨学金でアメリカに留学し、ノースウエスタン大学でMBAを取得している。MBA取得後も二年間シカゴで金融コンサルタントとして働き、帰国後は家業であった繊維関係の工場を経営する傍ら、一九九四年にアンカラ市長となったギョクチェクのアドバイザーを務めた。

こうした実績が買われ、公正発展党が単独与党になると、経済大臣に抜擢され、五年間金融危機で停滞したトルコ経済の立て直しに成功した。二〇〇七年から二〇〇九年まで外務大臣を務めた後、二〇一五年六月まで経済担当の副首相として再びトルコ経済の発展に尽力した。ババジャンの発言は金融市場にも影響するといわれるほど、トルコの経済と金融政策の要として、国内外から一目置かれる存在である。

## ギュレン運動の後押し

公正発展党の躍進を支えた存在として、しばしば指摘されてきたのがヌルジュ運動の流れを汲む草の根の宗教活動、ギュレン運動である。ここで少しギュレン運動について確認しておきたい。

ギュレン運動は、フェトフッラー・ギュレン師の解釈するイスラームの教えを信奉する者たちの集団であり、一九七〇年代から活動している。政教分離を認めており、トルコ・ナショナリズムの重要性も強調しているのが、ギュレン運動の特徴である。ギュレン師は教育の重要性を説き、コーラン学習塾の開設やサマーキャンプの実施、学生寮の運営、さらには大学を設立するなどの活動をしている。また、新聞、ラジオ、テレビ、そしてインターネットといったメディアを有効に活用している点も特徴と言えよう。特に『ザマン』紙はイスラーム系の質の高い新聞として一時期、多くの読者を獲得した。ギュレン運動は、トルコ国内だけではなく、中央アジア、バルカン半島、さらにはアフリカ諸国など、世界一〇〇ヵ国以上に学校を設立した。こうした学校の卒業生は、その後、トルコの大学に留学したり、トルコとのビジネスで中心的な役割を担ったりするなど、トルコの外交、貿易においても重要な人材を輩出した。ギュレン師は一九九九年に病気療養のため、渡米し、現在もペンシルヴァニアに在住している。

ギュレン師およびその支持者は、選挙戦で常に親イスラーム政党を支持してきたわけではなかった。しかし、公正発展党を設立したエルドアンやギュルと同様に、ギュレン運動は「二月二八日キャンペーン」を重く受け止め、民主化の必要性を強く認識したという点で、利害が一致していた。また、単独与党となった公正発展党も、彼らを支持また下支えしてくれる官僚たちが必要であった。ギュレン運動は八〇年代から官僚や警察に多くの信者を送り込んだと言われており、この点で公正発展党にとって非常に魅力的な協力者であった。

公正発展党とギュレン運動の協力関係は一〇年ほど続いたが、その後、急速に関係を悪化させていくことになる。

**表6－2　トルコのGDP、一人当たりのGDP、トルコへの海外直接投資の流入、トルコの海外直接投資**（単位は10億ドル／一人当たりのGDPのみ単位はドル）

| 項目／年 | 2004 | 2005 | 2006 | 2007 | 2008 | 2009 | 2010 | 2011 | 2012 |
|---|---|---|---|---|---|---|---|---|---|
| GDP | 304 | 393 | 483 | 530 | 647 | 730 | 614 | 735 | 773 |
| 一人当たりのGDP | 8861 | 10237 | 11464 | 12961 | 13946 | 15057 | 14452 | 15616 | 16885 |
| 直接投資の流入 | 2.785 | 10.031 | 20.185 | 22.047 | 19.504 | 8.411 | 9.084 | — | — |
| トルコの投資 | 0.78 | 1.064 | 0.924 | 2.106 | 2.549 | 1.553 | 1.464 | — | — |

（出所）Trading Economics、UNCTADの投資国プロフィール：トルコを参照し、筆者作成

## 3　低所得層に配慮した経済・社会政策

### 「強い経済に向けたプログラム」の実践

公正発展党はなぜ安定した政権基盤を築くことができたのだろうか。そのヒントは、公正発展党の経済・社会政策に隠されている。政権奪取後、ババジャンを中心に、経済の立て直しに力を入れた。具体的には、世界銀行で二〇年以上のキャリアを積んで帰国したデルヴィシュが民主左派党の連立政権下で始めた「強い経済に向けたプログラム」を慎重に踏襲した。「強い経済に向けたプログラム」はＩＭＦの指導の下、公費の削減、国債の削減、金融制度の改革、民営化の促進の達成を目指したプログラムであった。このプログラムの成功により、トルコのＧＤＰと一人当たりのＧＤＰは表6―2のように、リーマンショックの影響を受けるまで確実に増加し、二〇一一年から再び増加に転じている。また、トルコへの海外直接投資の流入は二〇〇八年まで非常に活発であり、トルコの海外直接投資も二〇

表6－3　GDPに対する軍事費・教育費・保険費の割合

| 年／項目 | 軍事費 | 教育費 | 保険費 |
|---|---|---|---|
| 2002 | 3.89 | 3.18 | 3.72 |
| 2003 | 3.39 | 3.18 | 3.8 |
| 2004 | 2.78 | 3.3 | 3.93 |
| 2005 | 2.5 | 3.2 | 3.9 |
| 2006 | 2.18 | 3.1 | 3.87 |
| 2007 | 2.04 | 3.2 | 4.05 |
| 2008 | 2.04 | 3.4 | 4.33 |
| 2009 | 2.3 | 4.9 | 5.02 |
| 2010 | 2.08 | 3.7 | 4.43 |
| 2011 | 2.1 | 4.0 | 4.28 |

（出所）Kamu Harcamalarını İzleme Platformuを参照し、筆者作成

〇八年まで順調に増加していた。

しかし、公正発展党の経済政策の成功は、単にGDPや投資が伸びたためではない。公正発展党が新自由主義に適応しながらも経済の安定のために、教育費や保険費といった中間層や低所得層に対する公共サービスの支出を増やしたこと（表6—3）が広範な支持につながっているのだ。

## 掘っ立て小屋から高層マンションへ

特に公正発展党が力を入れたのが、ゲジェコンドゥと呼ばれる掘っ立て小屋に住むことを余儀なくされてきた、低所得層への対応である。トルコでは、一九八〇年代以降、新自由主義経済を取り入れる中でセーフティーネットの充実を図ってきた。その中の一つが、一九八四年に制定された集合住宅法と、同法に基づいて設立された集合住宅基金（一九九〇年に集合住宅開発局〔TOKİ〕となった）である。その業務は、基本的に国内の集合住宅開発であり、一九九〇年から二〇〇二年にかけて約四万三〇〇〇戸の住宅を手がけている。

これまで論じてきたように、新自由主義の受容は、トルコ経済を二〇〇〇年と二〇〇一年の

ゲジェコンドゥから集合住宅へ

金融危機へと引きずり込んだ。特に課題となったのは経済的弱者に対するセーフティーネットの脆弱さであり、その象徴がゲジェコンドゥであった。二〇〇二年の選挙に際して、公正発展党は三つのY、「貧困（Yoksulluk）」、「汚職（Yolsuzluk）」、「禁止（Yasaklar）」の打倒を掲げた（禁止の打倒とは、これまでの与党や軍部が課してきた一連の禁止事項をなくすことである）。そこで、公正発展党は、TOKİを経済的弱者へのセーフティーネットの中心的な組織として位置づけ、二〇〇三年に首相府傘下の組織とした。それ以降、二〇一〇年までにTOKİは実に約四五万戸の住宅を建設し、これまでゲジェコンドゥだった地域を新興住宅地へと変えるだけでなく、ゲジェコンドゥに住んでいた人々にそうした住宅地を格安で提供した。こうした低所得者への社会政策、インフラ整備が公正発展党の重要な票田になったのである。加えて、集合住宅を含めた建設業の活性化は好景気をもたらした。

## 4　二〇〇七年の大統領選挙と軍部の衰退

### 大統領選挙を巡る公正発展党と世俗派のつばぜり合い

二〇〇七年は大統領選挙と総選挙が同時に行われるという重要な年であった。二〇〇〇年から大統領を務めていたアフメット・ネズデット・セゼルは、公正発展党が可決した多くの法案を大統領権限によって差し戻していた。そのため、セゼル後の大統領を自分たちの陣営から選出すること、少なくとも自分たちの行動に共感する人物を据える必要があると公正発展党の政策決定者たちは考えていた。

一方、最大野党の共和人民党や軍部に代表される世俗主義勢力はエルドアン首相の出馬を最も懸念していた。二〇〇七年初頭からバイカル共和人民党党首やヤシャル・ビュウクアヌト統合参謀総長がエルドアンの出馬を牽制する発言を繰り返した。トルコ共和国憲法第一〇四条で定められているように大統領は軍の最高権力者であり、各種法案の実施に関しても最終決定権を持つ。オザルが大統領に就任する以前は、退役軍人がその職に就くことが慣例となっており、親イスラーム政党出身の政治家が大統領職に就くことはこれまで一度もなかった。

エルドアンも自身の立候補には障害が多いことを十分承知していた。一方で公正発展党の影響力をより一層強めるため、少なくとも自分に近い人物を候補者に推薦したいと考えていた。

結果的に、四月二四日に当時外相であったギュルが選出された。ギュルが大統領になるためには憲法第一〇二条に基づき、議会投票で定員である五五〇議席の三分の二にあたる三六七票の支持を獲得することが必要であった。

ギュルは四月二七日に行われた第一回の議会投票では三五七票しか獲得できなかった。大国民議会での投票をボイコットした共和人民党は、憲法裁判所に対して投票の無効を訴え、五月一日に一回目の投票に関して無効の決定が下された。軍部も投票の当日、ウェブサイトに「トルコ軍部はトルコ共和国の不変の特徴を守るという原則に基づき、軍部としての義務を果たす決定を下す」という文章を掲載し、ギュルの大統領選出を牽制した。この軍部の行動は、ウェブサイト上で警告を行ったため「Eクーデタ」と呼ばれ、EUなどから非難された。エルドアンはこうした動きに対して、五月三日の大国民議会で一一月に予定されていた総選挙を七月二二日に前倒しする案を可決させ、共和人民党・憲法裁判所・軍部を中心とする世俗主義勢力の行動を国民に直接問いかけるという手段を選んだ。

勝負に出た選挙で公正発展党は勝利を収める（表6―4参照）。公正発展党は政権奪取後の四年間で平均七パーセント以上の経済成長、インフレの収束、不透明な財源の健全化を果たし、トルコ経済に安定をもたらした。一方、公正発展党と激しく争う可能性もあると見られていた共和人民党は票が伸び悩み、大きく議席を減らした。

総選挙での勝利を受け、公正発展党は八月一三日にギュルの大統領選再出馬を決定した。こ

表６－４　2007年総選挙における得票率と議席数

| 政党 | 得票率 | 議席数 |
|---|---|---|
| 公正発展党 | 46.50％ | 341 |
| 共和人民党 | 20.90％ | 112 |
| 民族主義者行動党 | 14.20％ | 71 |
| クルド系政党 | 5.20％ | 26 |
| 至福党 | 2.30％ | 0 |
| 民主左派党 | 共和人民党と連立 | 0 |
| 民主党（正道党） | 5.40％ | 0 |
| 祖国党 | 民主党と連立 | 0 |
| 若者党 | 3.00％ | 0 |

（出所）高等選挙委員会ウェブサイトを参照し、筆者作成

の段階では世俗主義勢力もギュルの大統領就任を阻む手立てはなかった。一回目と二回目の投票では過半数を得られなかったが、三回目の投票で、ギュルは過半数を大きく超える三三九票を獲得したことで、四月から四ヵ月間続いた公正発展党と世俗主義勢力との抗争にとうとう終止符が打たれた。

　とはいえ、公正発展党と軍部との関係は好転しなかった。ギュルの大統領就任直後に参謀総長のビュウクアヌトは「軍部は四月の時点から態度を変えていない」と述べ、大統領就任式への参加を拒否した。また軍医学アカデミーの卒業式においても軍関係者はギュルが定位置に着く前に着席している。同年の八五回目の戦勝記念日には大統領夫人は招かれなかった。しかし、軍部と公正発展党の微妙な関係は二〇〇九年初頭、思わぬ形で決着することになる。

### 軍部による一連の政府転覆計画

軍部は、公正発展党の躍進、そしてＥＵ加盟交渉による民主化の進展で影響力が行使しにくい状況に追い込まれていた（ＥＵは軍部の政治介入を認めていない）。こうした状況を打破しよ

うとした一部の軍人や、いまだに軍部がトルコ政治における守護者であると考え、現状を憂えた一部の軍人が画策したと言われているのが、一連の政府転覆計画であった。こうした事件は二〇〇九年から二〇一〇年にかけて突如明るみにでた。

二〇〇九年一月七日に軍人四〇人が政府転覆計画の疑いで拘束され、起訴処分を受けた。エルゲネコンという組織が計画を行っていたことからこの事件は「エルゲネコン事件」と呼ばれた。この組織はクルド人政治家やノーベル文学賞作家のオルハン・パムク（コラム参照）の殺害を計画するとともに、国家を不安定化させて軍部のクーデタを促そうとしていたと報道された。二〇〇九年六月一二日には『タラフ』紙（二〇〇七年に発行が始まったリベラル系の新聞で、軍部やクルド問題などの問題で踏み込んだ議論を展開していた。二〇一六年七月二七日に発行禁止）に「公正発展党とギュレン運動撲滅計画」という記事が掲載された。これはEクーデタに続く軍部の公正発展党と、当時、同党と協力関係にあったギュレン運動を排除しようとした計画であった。さらに同月三〇日に海軍大佐のドゥルスン・チチェキが「公正発展党とギュレン運動撲滅計画」の作成に関与した疑いで逮捕された。そして、一連の事件の責任をとって空軍司令官と海軍司令官が同年八月三〇日に辞任した。

一〇月末になるとエルゲネコン事件はさらに進展を見せた。匿名の現役将校から、軍部が公正発展党とギュレン運動を撲滅するための計画を立てていたという手紙がイスタンブル裁判所やメディアに送られたのである。そこでは、軍部はトルコが穏健イスラーム国家へと向かうことを阻止する準備を整えていると述べられていた。

さらに別の手紙が同年一一月三日にマスコミ宛に送付された。そこでは、軍部が四〇〇以上のウェブサイトを監視し、それらのサイトへの訪問者を政治的信条と宗教観に基づいて振り分けていること、軍部独自に四二もの公正発展党や宗教勢力に反対するサイトを設立していたことが記述されていた。これはその後、「インターネット・メモ事件」と呼ばれるようになる。

二〇一〇年になると今度は、『タラフ』紙が一月二日に掲載した、新たな軍部のクーデタ計画、「バルヨズ計画」が波紋を広げた。これはすでに退役しているチェティン・ドアン将校を中心に二五〇人の軍人によって立てられた計画とされた。その内容は、イスタンブルの複数のモスクに空から爆弾を投下する、エーゲ海上空でギリシャの航空機がトルコの航空機を攻撃したように見せかけ、両国の対立を煽る、クーデタを誘発し、その後に二〇万人もの人々を拘束し、サッカーのスタジアムに収容する、というものであった。軍部は否定したものの、「バルヨズ計画」に関する大規模な捜査が、二〇一〇年二月二二日、二月二六日、そして四月六日に実施されることとなった。

---

コラム　オルハン・パムク

トルコでは、村上春樹の主要な小説がトルコ語訳で刊行されており、書店で簡単に手に入れることができる。しかし、村上春樹が候補に挙げられながらいまだにノーベル文学賞を受賞できないでいるのに対し、トルコからは二〇〇六年にノーベル文学賞受賞者が誕生している。その小説家の名はオルハン・パムク。パムクの作品はここ一〇年ほどで多くの作品の翻訳が出ている。代表的な著作は、『白い城』『私の名は紅《あか》』『雪』などである。パムクは自身の出身地であるイスタンブルをこよなく愛しており、舞台設定の多くはイスタンブルであり、『イスタンブル』という作品も出版している。一九五二年にイスタンブルで生まれたパムクは、裕福な家庭で生まれ育ったと言われており、パムクの兄、シェヴケット・パムクはオスマン帝国経済史の権威であり、ロンドンとイスタンブルで研究を行っている。パムクの文章はスタイリッシュで都会的で、社会を題材とした小説を手掛けることが多い。

トルコは日本と同様に一九世紀に本格的な西洋化の波が訪れ、その際にヨーロッパに端を発する近代文学が入ってきた。パムクが生まれ育った、また彼の作品の舞台となるイスタンブルは、まさにヨーロッパとアジアが交差する場所であり、その点でも彼の作品は西洋と東洋の融合と言える。ただし、パムクは自身の作品を東洋のエキゾチックさで語られることを嫌っているようだ。

パムクは、近年では政治的な発言も増えている。たとえば、第一次世界大戦期にオスマン帝国で起こった「アルメニア虐殺事件」に関して、トルコ政府はその現実を直視すべきとする発言をし、トルコ政府から国家侮辱罪で訴えられた。この件は不起訴となり、事なきを得たが、影響力のある人物なので、その一挙手一投足が注目される。

トルコの文学を紹介している文章を読むと、パムクの作品の説明とともに必ず名前があがっているのがヤシャル・ケマルである。トルコ共和国が誕生した一九二三年に農村で生まれたケマルは、農村と近代化をテーマとした大河小説で知られており、パムクより以前の一九七三年にノーベル文学賞の候補に挙がっていた。残念ながら二〇一五年三月、九二年の生涯を閉じることになったケマルだが、都会的なパムクとは生まれもその作品も対照的である。

もう一つ、トルコの文学的作品としてはナスレッティン・ホジャのとんちばなしがある。トルコの一休さんとも呼ばれる作品で、口承によって伝えられてきた説話である。イスタンブルのバーザール（市場）に行くと、しばしば日本語も含め、さまざまな言語に翻訳されたナスレッティン・ホジャの作品を目にすることができる。

トルコ文学で最も手にしやすいのは、パムクの作品であるので、トルコ文学に興味をもたれた方は、王道ではあるが、まずはパムクの作品を読むことをお薦めする。

### 失墜する軍部の影響力

二〇一〇年九月一二日、八二年憲法の改正の是非をめぐる国民投票が実施され、賛成五七・八八パーセント、反対四二・一二パーセントで改正が決定した。国民投票実施日が九月一二日であったことからも、公正発展党が一九八〇年の九月一二日クーデタを意識していたことは明白であった。二一もの条項が変更されることになったが、とりわけ軍部の特権を制限もしくは廃止する変更が目立った。それらは、第一二五条（高等軍事評議会の決定を控訴することができる）、第一四五条（民間法廷は軍人を裁くことができる。一方で軍事裁判所は戦争期間以外、市民を裁くことはできない）、第一四八条（市民は個人的に憲法裁判所や最高裁判所に申請する権利を持つ。また、権力を乱用した場合は統合参謀総長、司令官、国会議長も裁判の対象となる）、第一五六条（軍事最高控訴裁判所の組織と機能を再編）、第一五七条（軍事最高行政裁判所の機能を法廷の自由に基づいたものにする）、移行条項第一五条（一九八〇年クーデタの実行者たちの控訴を禁止する規則の撤廃）であった。最後の移行条項第一五条の廃止は事実上の九月一二日クーデタの否定であり、二〇一二年からは実際にクーデタ実行者への裁判が開始された。決定的だったのが、インターネット・メモ事件に関与したとして、その後釈放されたものの、イルケル・バシュブー元統合参謀総長が二〇一二年一月に逮捕されたことである。これら一連の政府転覆計画には、ギュレン運動が深く関与しており、文書も捏造されたものが多くあったと言われているが、それまで国民の尊敬を集めてきた軍部に対する信頼が揺らぎ、その影響力が大きく低下したことは否定できない。

公正発展党は二〇〇七年の総選挙後の二〇〇八年一月から二月にかけ、公的な場で女性のスカーフの着用を認める法案を可決することに成功した。これに対して、憲法裁判所が違憲判決を出したが、その後、憲法改正レファレンダムを経て、公的な場でのスカーフ着用が可能となった。ギュル大統領のハイリュンニサ夫人は公用でもスカーフを着用して出席するなど、公的な場でのスカーフ着用のアイコンとなった。

## 5　公正発展党の初期の外交

### イラク戦争への対応

公正発展党政権にとって、最初の外交問題はイラク戦争への対応であった。公正発展党が政権に就く以前の民主左派党を中心とした連立政権時から、すでにアメリカはトルコのイラク戦争参加を強く要求していたが、エジェヴィトはイラクへの軍事介入に強く反対していた。エジェヴィトは二〇〇二年一月一六日にアメリカを訪問し、ジョージ・ブッシュ大統領、ディック・チェイニー副大統領、ロナルド・ラムズフェルド国防長官など政府高官と会談した。エジェヴィトは、イラクの国家としての一体性が保持されることを希望し、イラクへの軍事介入については極めて慎重な姿勢を示した。同時にフセイン政権を支持せず、北イラクのクルド人の独立も承認できないことを強く訴えた。

しかし、二〇〇二年の夏以降、アメリカを中心とする国際社会はイラクに対する武力制裁に傾いていった。同年七月と一二月には、ポール・ウォルフォヴィッツ国防副長官とマーク・グロスマン国務副長官がトルコを訪問し、イラク戦争における「十分かつ完全な協力」を求めた。二〇〇二年一二月といえば、公正発展党が単独与党となった選挙の翌月のことである。この二度目の訪問時には、イラク戦争へのトルコ参戦の必要性を詳細に記したリストが提示されている。リストには、インジルリック基地をはじめとしたトルコ国内にある複数の空軍基地と港の使用許可や基地への米軍駐留、トルコの軍人と文民の対米協力のほか、トルコの南東部に部隊を派遣することなどが記されていた。

　その後、国家や企業などの機密情報を匿名で公開するウェブサイト「ウィキリークス」で、アメリカ政府が行ったトルコに対する要求が明らかにされている。それらは、トルコ軍とアメリカ軍の間で（軍事）計画に関する話し合いを実施する、北イラク地域に展開する軍にトルコも参加するよう促す、トルコ領空の侵犯の許可、などであった。さらにブッシュ政権は、金融危機の回復途上にあるトルコに対して、イラクとの戦争に参加した場合、より多くの援助をトルコに提供するよう議会に働きかけると、トルコ側に通達している。

### トルコ軍派兵に前向きなエルドアン

　公正発展党は、この問題で意見が分かれていた。エルドアンはイラクに対する武力制裁を支持し、戦争が生じた際のトルコ軍派兵に前向きだったのに対し、ギュルはイラクに対する武力制裁とトルコ軍の派兵に反対していた。なお、ギュルが首相職に就いていた二〇〇二年一一月から二〇〇三年三月までは、外交に関して、エルドアンが大国との関係、ギュルが中東諸国を中心に周辺諸国との関係を担当していた。エルドアンと当時の彼のアドバイザーであったジュネイド・ザプス、エゲメン・バーシュ、オメル・チェリクらは、アメリカを中心とする有志連合への参加がトルコの国益になると主張していた。すなわち、この議題に関して、トルコはアメリカと協力して戦争に参加する以外に道はなく、ブッシュ政権と歩調を合わせて勝ち馬に乗ることでトルコの中東における影響力を高めたいと考えていた。

一二月一〇日にエルドアンはアメリカを訪問し、ブッシュとイラク戦争について協議した。その後、一二月二七日に国家安全保障会議でアメリカとイラクの戦争に関して、正式に交渉を行うことが決定され、同時にイラクに対する「レッドライン」も設定された。「レッドライン」の内容は、イラクの領土的一体性を維持、北イラクにおけるクルド人の独立国家設立の不承認、イラクに住むトルコ系住民（トルクメン人）の安全確保、北イラクのキルクークとモースルはイラク政府が管理、石油に関するイラクの支配は継続すること、であった。

### 戦争の回避を目指したギュル

エルドアンの考えとは異なり、ギュルとその外交アドバイザーであったダーヴトオールは、イラク戦争の回避を目指した。彼らが追求したのは、トルコと他の近隣諸国とが、提携して戦争を防ぐという案であった。ギュルの首相期、外相期、大統領期に側近として常に行動をともにしていたアフメット・セヴェルが二〇一五年に著した『アブドゥッラー・ギュルとの一二年』の中では、イラク戦争についても多くの紙面が割かれている。ギュルとダーヴトオールは、イラク戦争回避のために、周辺国と協力する、そしてフセインに欧米に譲歩するよう促す、という二方面の外交を展開した。

ギュルは二〇〇三年一月にシリア、エジプト、サウジアラビア、イラン、ヨルダンとともにイラク戦争を防止するためのイラク周辺国会議を立ち上げた。そして各国首脳とイラク戦争について協議するため、ギュルはシリア、エジプト、サウジアラビアを歴訪した。一月二三日に開かれた第一回イラク周辺国会議で、出席した国々はイラク戦争の勃発を回避することで意見の一致を見た。また、ギュルはフセインに欧米に譲歩するように勧める手紙をしたため、当時国務大臣の一人であったキュルシャト・トゥズメンをバグダッドに派遣した（ただし、セヴェルによると、ギュルの手紙がフセインに届けられたかは定かではない）。さらに二月四日には、国家情報局によってフセインの右腕であるタハ・ヤシィーン・ラマダーンをアンカラに秘密裏に招き、ギュルは「戦争はすぐそばまで迫っている」と説得を試みた。

ギュルとダーヴトオールの外交上のゴールは、新しい国連決議なしには戦争に参加しないこと、明確な参加表明をできるだけ遅らせ、戦争が起こった場合は、最大限トルコの安全保障が確保されるよう努めること、であった。大国民議会において、中道右派の政治家たちはエルドアンの親アメリカ路線を支持したのに対し、公正発展党の中の元福祉党出身者や、クルド系の議員は、ギュルの戦争に反対する路線を支持した。

## 見送られたイラクへの派兵

三月一日に議会で、トルコが正式にアメリカを中心とする有志連合に参加するか否かの投票が実施された。参加とは具体的に、トルコ軍をイラクに派遣すること、国内の軍事施設を他国が使用するのを六ヵ月間認めること、そしてトルコに駆逐艦を寄港させることを意味した。出席者五三三議員のうち、二六七人を確保すれば賛成多数であったが、結果は賛成二六四人（反対二五〇、棄権一九）であった。これにより、イラク戦争への参加は見送られることになった。

この決定は、有志連合にとってイラクとの戦争に際するトルコからの攻撃というオプションが消滅したことを意味し、アメリカとトルコの関係を悪化させた。一方で、この決定は、中東諸国の人々には肯定的な印象を与えた。ちなみにエルドアンは、三月三日にCNNトルコの番組に出演し、トルコ軍の派兵が否決されたことは間違いであると述べている。このように、エルドアンとギュルおよびダーヴトオールのイラク戦争に関する見解の違いは明らかであったが、この問題については双方で禍根を残さないように努めたと言われている。実際に、エルドアンが首相に就任した後もダーヴトオールは首相の外交アドバイザーを引き続き務めた。

さて、なぜ大国民議会でイラク戦争への参加が見送られたのだろうか。さまざまな要因の中で、特に指摘しておきたいのは、国内世論への配慮と湾岸危機のトラウマである。一九九〇年の湾岸危機のときと同様に、イラク戦争に関しても同胞のムスリムに対する武力攻撃には国内世論の強い反対があった。湾岸危機の際、オザルが野党議員の反対や国内世論を無視して独断で政策決定を行ったため、翌九一年の選挙では、オザルの出身政党である祖国党が大きく得票を減らし、与党の座から滑り落ちたことは第四章で触れた。

ましてや、公正発展党は敬虔なムスリムや中流階級のムスリム実業家を支持基盤としており、世論への配慮は必要不可欠であった。ピュー・リサーチ・センターが二〇〇二年一二月四日に刊行した「二〇〇二年において世界は何を考えたか」というレポートの世論調査の結果でも、イラクへの武力行使に関して、トルコ国民は賛成が一三パーセント、反対が八三パーセント、どちらとも言えないが四パーセントという結果が出ていた。また、親イスラーム政党に好意的なテレビ局や新聞はイラク戦争反対のキャンペーンを張った。

公正発展党の議員たちはこうした世論、マスメディアの動きを重く受け止めていた。また、湾岸危機に際しては、トルコ・イラク間のパイプライン封鎖とイラクに対する経済制裁でトルコは経済的に大きなダメージを被った。その後の国際社会からの援助額も、トルコ政府が想定していた額とはかけ離れた額にとどまったことを多くの政治家は忘れていなかった。加えて湾岸危機後、トルコ政府は北イラクのクルド問題にも巻き込まれることとなった。こうした歴史的教訓も、議員たちにイラク戦争への介入を躊躇させ、公正発展党の議員も五〇名が反対票を投じた。もちろん、イラクを攻撃する正当性が希薄であったことも考慮すべき点である。

## 拡大中東・北アフリカ・イニシアティブへの協力

戦争参加を見送ったことで一時的に悪化した対米関係は、イラクの戦後復興にトルコが協力することで次第に緩和された。ブッシュ政権は、第二次世界大戦後、早い段階で複数政党制を取り入れ、世俗主義を国是としながらも国民の九九パーセントがイスラーム教徒であるトルコが、イラクの復興に協力することは、中東の民主化にとってプラスに働くと考えていた。ブッシュ大統領は二〇〇四年六月二九日にNATO首脳会議でイスタンブルを訪れた際、ガラタサライ大学における講演で「国民の九九パーセントがイスラーム教徒であるが世俗主義と民主主義を標榜し、自由主義諸国と密接な同盟関係を構築しているトルコが中東の民主化において重要な役割を果たす」と述べている。

実際に、トルコは中東地域の民主化に向けて動き出した。たとえば、二〇〇四年六月のシーアイランド・サミットで、中東地域の政治的発展と改革、自由主義経済への移行を目的としたアメリカを中心とする多国間の枠組みである拡大中東・北アフリカ（BMENA）・イニシアティブが立ち上げられた。トルコは同年一二月のBMENAの第一回会議で設立された民主主義支援対話における主導国となり、女性の地位向上と、政党と選挙プロセスの強化に努めた。この民主主義支援対話で中心的な役割を果たしたのが、トルコ経済社会研究所（TESEV）であった。TESEVは民主化促進のために、中東地域における民主主義の監視と評価、中東の民主化促進のために国内NGOの参加と官僚間の意見交換の促進、市民レベルで中東地域の諸国家とトルコのネットワークを構築し、これサポートするための基金を設立、をトルコ政府に対して提唱した。

しかし、BMENAとその下部組織である民主主義支援対話は、アメリカのイラク政策が行き詰まりを見せ、中東地域でアメリカへの反発が高まると機能不全に陥った。結果的にトルコも、中東地域の民主化に十分な貢献を果たせなかった。BMENAの失敗を契機に、トルコはダーヴトオールが提唱する独自の「中心国」外交へと舵を切ることになる（中心国外交については第七章で詳述）。

## EU加盟交渉

最後に公正発展党のEU加盟交渉について記しておきたい。そもそも公正発展党がEU加盟を積極的に推し進めた理由は、前述した軍部の影響力を規制し、二〇〇〇年と二〇〇一年の金融危機により悪化していた経済を立て直し、自身の正当性を国内外に証明するためであった。エルバカンが国家秩序党を設立してから美徳党に至るまで、トルコの親イスラーム政党は解党の憂き目にあってきた。トルコ共和国の理念の一つである世俗主義の立場をとれば、親イスラーム政党はやはりその原理に反しているという解釈も成り立つ。オザルは民族主義を基盤とし、そのうえにイスラームを置くというロジックで世俗主義との両立を達成したが、二月二八日プロセス以降は、そのロジックも軍部には通用しなくなった。よって、二月二八日プロセスはエルバカン路線の限界を若年層に知らしめた事件であった。親イスラーム政党にとって、最後の手段は、トルコの民主化を促し、軍部の影響力を削ぐ方法であった。

トルコの親イスラーム政党とEU加盟の進展は、ヨーロッパ懐疑主義の時代、EU加盟交渉熱狂の時代、そして加盟交渉疲れの時代に大別できる。ヨーロッパ懐疑主義の時代はエルバカンが一貫してリーダーシップをとった福祉党までの時代で、ECとEUへの加盟交渉に関して、「トルコは帝国主義者とシオニストの占領によって自立が脅かされている」と激しく反対した。

EU加盟が軍部による解党を防ぐ手段になるとエルドアンやギュルといった若手政治家が検討し始めた美徳党の時代から、公正発展党がEU加盟交渉を開始するまでの時代が熱狂の時代である。九〇年代末、美徳党の若手たちは当時のジェム外相が先頭に立って進めたEU加盟に向けた外交を支持した。トルコは一九九九年一二月のヘルシンキ会議で加盟候補国となった後、「加盟のためのパートナーシップ（Accession Partnership）」を受け、憲法・法改正に着手した。その結果、二度の憲法改正（二〇〇一年と二〇〇四年）と八回にわたるEU調和法パッケージによる法改正が実施された。こうした改革は、まさに軍部の力を制限したい親イスラーム政党の若手たちが望んだものであった。政権を奪取した後、公正発展党はEU加盟交渉を前進させ、二〇〇四年一〇月にEUがトルコの加盟交渉に合意、二〇〇五年一〇月から加盟交渉を開始することとなった。この時期、公正発展党のEU加盟に対する熱狂は頂点に達したと言えよう。

## 行き詰まる加盟交渉

ところが、EU加盟に対する公正発展党の熱狂は長く続かず、次第に交渉疲れの色が濃くなってくる。公正発展党はEU加盟交渉に積極的に取り組んだものの、なかなか加盟交渉が進展しなかった。トルコは二〇一六年一二月現在、コペンハーゲン基準に適応するための三五の加盟交渉項目のうち、いまだに一六項目で交渉を行っているにすぎず、交渉が完了した項目はたった一つである（交渉実施項目は、科学・研究、資本の自由移動、会社法、知的財産法、情報社会とメディア、食品安全・動植物衛生、税制、統計、企業・産業政策、汎欧州ネットワーク、地域政策、環境と気候変動、消費者・健康保護、財政コントロール、財政・予算規定であり、そのうち、科学・研究の項目のみ交渉が完了している。詳しくは表6―5参照）。ちなみに、同じく二〇〇五年から加盟交渉を開始したクロアチアは二〇一三年七月に三五項目での交渉を完了し、EU加盟を果たしている。

なぜ交渉が進まないのか。その理由は、EU側が求める改革をトルコ側が実施できていない点である。しかし、それだけではない。EU内部でトルコの加盟を望まない国々が存在していることもその要因である。特にキプロス問題をめぐるトルコとキプロス共和国の対立は、トルコの加盟交渉を困難なものとしている。

第三章で確認したように、キプロスをめぐって、トルコはトルコ系住民からなる北キプロス共和国を支持しており、キプロス共和国を正式に承認していない。しかし、トルコにとって誤

表6－5　トルコの加盟交渉の現状（2016年12月現在）

| |
|---|
| ◎交渉中または暫定的に交渉凍結中の諸項目<br>25. 科学と研究（2006年6月12日開始、現在凍結中）<br>20. 企業と産業（2007年3月29日開始）<br>18. 統計（2007年6月26日開始）<br>32. 財政コントロール（2007年6月26日開始）<br>21. 欧州間のトランスネットワーク（2007年12月19日開始）<br>28. 消費者保障・医療保障（2007年12月19日開始）<br>6. 会社法（2008年6月17日開始）<br>7. 知的財産法（2008年6月17日開始）<br>4. 資本の自由な移動（2008年12月19日開始）<br>10. 情報社会とメディア（2008年12月19日開始）<br>16. 税収（2009年6月30日開始）<br>27. 環境（2009年12月21日開始）<br>12. 食の安全・獣医・植物衛生に関する諸政策（2010年6月30日開始）<br>22. 地域政策と構造的手段の調整（2013年6月25日開始）<br>17. 経済と金融政策（2015年12月14日開始）<br>33. 財政・予算規定（2016年6月30日開始） |
| ◎交渉が行われていない諸項目の現在の状況<br>• トルコが欧州委員会に交渉意見書を提出している諸項目<br>26. 教育と文化（2006年5月25日に意見書提出） |
| • EU評議会の基準において承認された審査報告<br>1. 物の自由な移動　3. 居住権とサービス提供の自由<br>5. 公的調達　8. 競争政策<br>9. 金融サービス　11. 農業・農村開発<br>19. 社会・雇用政策（フランスによりブロック）<br>29. 関税同盟 |
| • EU評議会において承認された審査報告草案<br>2. 労働者の自由移動（ドイツ、オーストリアによりブロック）<br>13. 漁業　14. 運輸政策　15. エネルギー<br>23. 司法権と基本権　24. 正義・自由・安全<br>30. 対外政策<br>31. 共通外交安全保障（委員会が報告書を策定せず） |

（出所）トルコ共和国EU省のデータなどを参照し、筆者作成
アミカケした項目は、キプロス共和国によりブロックされている

算だったのは、キプロス共和国が二〇〇四年五月にEUに加盟したことであった。この時期、コラムでも触れたが、アナン国連事務総長（当時）のイニシアティブの下、キプロス統合の機運が高まっていた。そして、統合の是非を問う国民投票が二〇〇四年四月に南北キプロス同時に実施されるまでに至った。しかし、北キプロス共和国が賛成多数で統合を支持したのに対し、キプロス共和国では統合が否決された。EUはその一ヵ月後にキプロス共和国の加盟を認めたのであった。トルコにとってはこうした一連の展開は受け入れられない事態であった。

トルコはキプロス共和国からの船舶および航空機の自国への乗り入れを認めていないので、欧州理事会は二〇〇六年一二月にトルコのEU加盟交渉を八項目で凍結（ブロック）した。また、キプロス共和国も二〇〇九年一二月に六項目でトルコの加盟交渉を凍結した。

一方、フランスはニコラ・サルコジが大統領を務めた二〇〇七年から二〇一二年にかけて、トルコのEU加盟に批判的な立場を強めた。たとえば、ドイツとともに、トルコを正式なEUの一員ではなく「特権的パートナーシップ」とする案を提唱したり、二〇〇七年六月に四項目で加盟交渉を凍結させたりした。フランソワ・オランドが大統領となって以降、フランスのトルコの加盟に対する姿勢は次第に軟化してきている。

このように改革が思ったように進まないものの、公正発展党がEU加盟交渉を放棄することは決してなかった。なぜなら、EU加盟交渉は自身の正当性と影響力を国内外で高める有効な手段となったためである。前述した軍部との関係がまさに典型であった。交渉疲れの時期においても、公正発展党は自己の利益を確保するために、より選択的に民主化改革を実行したのである。

第一章で確認したように、西洋化は一九二三年の建国以来、トルコ外交の柱の一つであった。冷戦期以降、西洋化は対米重視とECおよびEUへの加盟、つまりヨーロッパの一ヵ国となるための「ヨーロッパ化」に分化した。九〇年代末からEU加盟を支持するようになった親イスラーム政党の若手たちであるが、彼らは必ずしも「ヨーロッパ化」を目指したわけではなかった。彼らは、あくまでトルコの政治と法のシステムをコペンハーゲン基準に則して変容させること、つまり「EU化」を推し進めたのである。「ヨーロッパ化」が文化や国民のアイデンティティの変容まで想定されるのに対し、「EU化」はあくまで技術的な改革にとどまるものであった。

## 理念とその牽引者の変容

公正発展党の台頭は、内政と外交の理念にどのような変化をもたらしたのだろうか。内政に関しては、オザルの時代に変化が見られたものの、九〇年代の二月二八日プロセスで揺り戻しが見られた世俗主義が再び変化の方向に揺れた。親イスラーム政党である公正発展党が単独与党となったことはその象徴であった。ただし、公正発展党も政教分離は貫いている。また、これまでトルコ共和国の理念の旗振り役であった軍部の影響力が衰退し、公正発展党がそれに代わった。その他の理念を見ると、国家資本主義の理念が部分的に復活した点があげられる。一九八〇年代と九〇年代に新自由主義が浸透し、国家の市場経済への介入は減少したが、公正発展党は新自由主義を推進しながらも時に国家が介入するかたちで「強い経済プログラム」を進めた。加えて、公正発展党は民族主義の重要な争点であるクルド問題にも本格的に取り組むことになるが、この点に関しては次章で詳しく論じていきたい。外交に関しては、公正発展党は西洋化の延長線上に位置づけられるEU化を内政との関係で重視した。また、イラク戦争に不参加の決定を下したことで一時的にその関係は悪化したが、基本的にアメリカとの関係も良好であった。この時期、公正発展党の外交での目標は現状維持であった。いずれにせよ、オザルの時代に着手された内政の理念の改革が、公正発展党の時代に本格的に施行されることになったのである。

# 第七章　安定を模索する公正発展党

本章では、主に公正発展党政権第二期（二〇〇七～一一年）から第三期（一一～一五年）にかけての外交・内政の諸政策について検討する。第一期に比べ、第二期以降、公正発展党は政策に自分たちの独自性を色濃く反映させていった。

## 1　公正発展党の外交ドクトリン

### 五つの原則

二〇〇二年一一月から現在（二〇一六年一二月）に至るまでほとんどの時期で単独与党の座を維持する公正発展党の外交の理念を提示し、それを実行に移してきたのは、ダーヴトオールであった。

ダーヴトオールが主導してきた公正発展党の外交は、多角的な平和外交を軸とする「ゼロ・

プロブレム外交」とよく表現されるが、これは一面的な見方にすぎない。ダーヴトオールは「中心国」と「秩序」を鍵概念として、複合的な外交アプローチを採っている。

二〇一〇年一二月に起きたチュニジアの民主化運動に端を発し、その後、エジプト、バハレーン、イエメン、リビア、シリアなどに波及した「アラブの春」以前、ダーヴトオールの外交の核となっていたのは、二〇〇四年二月に『ラディカル』紙に掲載された論説で発表された五つの原則であった。「トルコは中心国となるべきだ」と主張するその論説では、周辺地域の秩序を安定化させる五つの原則として「自由と安全保障のバランス」、「近隣諸国とのゼロ・プロブレム」、「多様な側面かつ多様なトラック（経路）による外交」、「隣接地域との関係発展」「リズム外交」を挙げた。以下ではその内容について少し詳しく見ていこう。

一九九〇年代、冷戦終結により国際情勢が急変するなかで、トルコは冷戦期と変わらず、安全保障のみを重視し、外交ルートも政府間交渉のみに頼る外交を展開してきた。ダーヴトオールは、そうした一面的で限られた外交ルートによる静的な外交を反省し、積極的に新たな状況に適応する動的な外交、すなわち「リズム外交」へと舵をきった。具体的には、政府間交渉だけでなく、官僚機構や経済組織、NGOといった多様なトラックを駆使し、さらに経済や文化などの多様なイシューを扱う。これが「多様な側面かつ多様なトラックによる外交」である。外交の基本姿勢は、近隣諸国との関係を良好に保つことであり、前出の「ゼロ・プロブレム外交」がそれにあたる。

しかし、良好な関係を保つだけでなく、トルコは地域大国として、さまざまな地域機構に所属しながら重要な役割を担い、近隣諸国だけでなく、トルコとは直接国境を接しない隣接地域への間接的な影響力を高め、「関係を発展」させることを目指してもいる。公正発展党は、これまでのトルコ外交ではあまり重視されてこなかった東アジア、東南アジア、アフリカといった地域との関係構築にも積極的である。残る一つの「自由と安全保障のバランス」は、国内にも目配りした方針である。二〇〇一年九月一一日のアメリカ同時多発テロ以降、多くの国がテロ対策など安全保障政策を追求するなかで、市民の自由が制限されるケースが増加しているが、ダーヴトオールの主張は、「安全保障政策」と「市民の自由」の二つは両立されなければならないというものであった。また、トルコは対外的にも自国の安全保障だけでなく、自由化と民主化に貢献することが求められているという考えがこの「自由と安全保障のバランス」からは読み取れる。

## コラム　アフリカで存在感を高めるトルコ

中国がアフリカ諸国に対する輸出入を増やし、援助も積極的に行っているというニュースを聞いたことがある人は多いだろう。中国の援助や開発の方法には賛否両論あるものの、中国のアフリカ進出が最近の国際的な議題の一つになっていることは間違いない。

しかし、アフリカに目を向けている新興国は中国だけではない。トルコも近年、積極的にアフリカに進出し、その存在感を高めている。アフリカにあるトルコ領事館は二〇〇九年時点では一二にすぎなかったのに対し、二〇一五年には三倍以上の三九に増加している。貿易額も二〇〇五年はアフリカ全体との貿易額が約七〇億ドルだったのに対し、二〇一四年では約二三四億ドルとなっている。トルコがアフリカに対する外交を積極的に行うようになったきっかけが、二〇〇八年八月にイスタンブルで開催された第一回トルコ・アフリカ・サミットであった。アフリカの四九ヵ国が参加したこのサミットで、トルコとアフリカ諸国の間で、貿易投資・安全保障・保健衛生・インフラ整備といった分野での協力の枠組みが構築され、二〇一四年一一月に赤道ギニアの首都、マラボで第二回のサミットが開催された。

援助の面でもトルコは積極的である。トルコには、第四章でも触れた日本の国際協力機構（JICA）をモデルとした、援助組織、TiKAがある。トルコがアフリカの中で特に援助に力を入れている国がソマリアである。たとえば二〇一〇年ソマリアは深刻な旱魃《かんばつ》に見舞われたが、翌一一年八月にはエルドアン首相（当時）がソマリアを急遽訪問するとともに、援助キャンペーンをトルコで展開し、最終的な援助金額は約三億ドルに達した。なお、ソマリアを訪問した首脳は、一九九三年以降では、ウガンダのエウリ・ムセベニ大統領に次いでエルドアンが二人目であった。エルドアンは大統領に就任した後の二〇一五年一月にも再びソマリアを訪問している。TiKAはソマリアで、農業学校の建設、湾岸警備のためのボートの提供、教育支援、病院訓練プロジェクト、専門的な薬学訓練などを行っている。

また、アフリカにはトルコ資本の学校や文化センターも多く建設されており、筆者がトルコに留学していたときも、かなり多くのアフリカ人がトルコに留学生としてやってきていた。彼らの多くはエンジニアを目指しており、将来は母国の発展に貢献したいと話していた。このように、近年、トルコはアフリカでの存在感を高めている。日本はアフリカの援助に関しては一日の長があるので、この分野でもっとトルコと協力できるのではないだろうか。

## 地域秩序安定のための「現状維持」

これら五つの原則に見られるように、「アラブの春」以前の公正発展党の外交ドクトリンの基軸は地域の「中心国」になることであり、地域秩序の安定であった。シリアとの関係改善に象徴的なように、権威主義国家であっても友好関係を取り結ぶ「現状維持」がトルコ外交の特徴であった。また、地域秩序の安定化と同時に、ダーヴトオールはグローバル秩序への貢献という点も考慮に入れていた。トルコが地域秩序の安定に寄与することで、国際社会での存在感をも高めることを目指したのである。

地域秩序の安定化を目指した外交手法についてもう一歩踏み込んで記述しておきたい。第一に、公正発展党は、自由貿易協定（FTA）やビザ・フリー協定を多くの国と締結した。これにより、各国との経済的相互依存が深化することを目指したのである。第二に、近隣諸国が関連する紛争もしくは対立の仲介を積極的に行った。それらは、たとえば、シリアとイスラエル、パレスチナ内部のファタハとハマース、イランの核開発問題などに対する仲介の実践である。

一方、グローバル秩序での影響力行使の手法として採られたのは、国連での外交であった。

たとえば、トルコは安全保障理事会の非常任理事国（二〇〇九～一〇年）を務めたり、サミュエル・ハンチントンが提示し、九・一一アメリカ同時多発テロなどの勃発により、現実のものとなりつつあった西洋世界とイスラーム世界の間の「文明の衝突」を回避するために二〇〇五年に国連に立ち上げられた「文明間の同盟（Alliance of Civilization）」の共同議長に就任したりした。

## 現状維持から現状打破へ

「アラブの春」後、トルコの外交は中心国と秩序という鍵概念は継続したが、その対象が、それまでの周辺地域ではなく、国際社会となった。ただし、これはトルコの外交が、地域に浸透したうえでさらに上位の国際社会にまで及んだというものではなく、シリア内戦に代表される周辺地域の混乱で、周辺地域に対して影響力を行使することが難しくなり、仕方なく国際社会で影響力を高めることを目指したというものである。

このトルコの外交の対象の変化は、ダーヴトオールが二〇一二年四月に提示した諸原則に見て取れた。まず、ダーヴトオールが強調したのは、「価値を基盤とした外交」であった。これは、トルコが国際社会の責任を果たす国家であることを宣言するものであった。つまり、トルコは自国の国益を追求するだけではなく、グローバル・アクターとして、予防外交、紛争の仲介、紛争解決、開発援助といった責務を果たし、国際社会に貢献すると主張したのである。特に周辺地域においては自由と民主主義を追求するとも付言されている。

ダーヴトオールは「価値を基盤とした外交」を展開するために、トルコが「賢い国家」となるべきであると述べている。「賢い国家」とは、「グローバルな問題に耳を傾け、前もって準備し対策を立て、代替案を提示することができる国家であり、世界の周辺地域においてより多くの危機が起こる前にその危機を察知でき、仲介外交によって常に地域においてその問題の解決をもたらすことができる国家」である。前もって危機を察知し、そのうえで外交を展開するという点に関しては、「先を見越した外交」として別の原則でも触れられている。「先を見越した外交」とは、地域の危機管理政策で積極的な役割を果たし、長期的には民主主義と経済的相互依存をもたらし、ひいてはグローバルなレベルで秩序に貢献することを目指す外交とされる。これは明らかにシリア内戦におけるトルコの関与を意識した原則であった。二〇一四年初頭に外務省から出された「義務とビジョン　二〇一四年に際してのトルコ外交」というレポートでも、トルコが「中心国家」として国際的な貢献と地域的な貢献をすることが確認された。

ここで整理してみよう。「アラブの春」以前は、地域秩序の安定を保つため、権威主義諸国とも友好関係を取り結ぶ、「現状維持」を前提とした政策だった。しかし、「アラブの春」以降は、権威主義国家との関係を許容しない「現状打破」を前提とし、地域秩序を安定化する政策に転換した。この政策により、ダーヴトオールはトルコが中東・北アフリカ地域において「秩序を制定する役割」を果たせると主張する。

そして、「アラブの春」以降、グローバル秩序への働きかけが顕著となった。たとえば、人道外交である。トルコは内戦が始まった二〇一一年三月から隣国シリアの難民を受け入れており、二〇一六年七月の段階で約二七〇万人を受け入れている。それだけでなく、二〇一一年五月には第四回後発開発途上国（LDC）会議で西洋以外の国家としては初めてホスト国を務めたり、ソマリアに対して大規模な人道援助を実施したり、二〇一六年五月に初めて開催された世界人道サミットのホスト国を務めたりしている。こうした政策からも国際社会の秩序（グローバル秩序）に貢献しようとするトルコの外交姿勢がうかがえるだろう。

## トルコの「中心国」外交

これまで見てきたように、ダーヴトオールが主導した外交は、「アラブの春」以前は地域秩序の安定化を目指す地域の「中心国」、「アラブの春」以降は地域秩序だけでなく、グローバル秩序を安定させる「中心国」として行動することが目指された。しかし、「中心国」としての貢献を目指すダーヴトオールの外交ドクトリンはしばしば批判にさらされてきた。なぜダーヴトオールの外交ドクトリンは批判を受けてきたのだろうか。

まず、地域秩序の安定を積極的な外交で目指す公正発展党の「中心国」外交は、周辺各国から「新オスマン主義」として警戒された。アラブ諸国やバルカン半島の諸国家の政策決定者たちは、トルコがオスマン帝国時代のように自国の支配を目論んでいるのではないかと疑ったのである。ダーヴトオールは、決してトルコがオスマン帝国の再来を目指しているのではないと強調する一方で、オスマン帝国の版図に対して、トルコは歴史的な責任を負っており、地域の安定化を目指すことは当然の行為と論じている。このように、地域秩序安定化政策に対して、トルコと周辺諸国の間で認識のずれが見られた。特に「アラブの春」以降、トルコが現状打破を前提に地域秩序の再編を目指したために、このずれはさらに広がっていくことになった。

また、批判の要因として、トルコ自体のイメージの悪化も挙げられる。「アラブの春」が起こった際に、トルコは革命を主導した勢力から民主化の成功例と見なされた。たとえば、エジプトのムスリム同胞団や、チュニジアのナフダ党の政治家たちは公正発展党が自分たちのモデルとなると発言していた。しかし、近年、その民主主義の実態に疑問が呈されている。たとえば、国際NGO団体「フリーダムハウス」の調査では、トルコはいまだに「部分的に自由」な国家に位置づけられ、近年、出版の自由とインターネットの自由の指標が低下している。

公正発展党は、二〇一〇年には首相府傘下に広報外交調整局を設置するなど、トルコのイメージとそれに基づく影響力、つまり「ソフトパワー」を重視してきた。しかし、シリア内戦やISの台頭に際して、トルコは秩序安定の「中心国」としての有効な「イメージ」を提示できていない。「アラブの春」以前はある程度一致していたトルコと国際社会の利益に、不一致が見られつつあるようだ。

## 2 クルド人との和解に向けた試み

### 二〇一三年以前の公正発展党とクルド問題

公正発展党は外交に注力するのと並行して、解決すべき身近な課題としてクルド問題への対応にも迫られていた。公正発展党政権は第二期以降、クルド問題の解決に注力していくことになる。

PKKとの武力闘争とそれに付随するクルド人に対する取り締まりは、内政だけではなく、EU加盟交渉など外交に大きな影響を与えてきた。公正発展党はクルド問題を解決するために特に二〇〇九年以降、いくつかの改革を行いつつ、PKKとの和解を探ってきた。本節では、クルド人和解に向けた公正発展党の平和的な試みを見ていこう。

公正発展党のPKKに対する政策は二〇〇九年に大きな転機を迎えた。まず、一月一日にTRTが「TRT6」というテレビ番組でクルド語の放送の放映を決定し、次いで四月一日に「ラジオ6」でクルド語の二四時間放送を始めた。

第五章でみたように、九九年に逮捕され、イスタンブルのイムラル島で服役中のPKK党首のオジャランは二〇〇九年七月になると、獄中からトルコ政府との和解に向けた「行程表」を発表するという噂が流れた。トルコ政府とPKKの間で和解に向けたムードが高まりつつある一方で、どちらが和解に向けた動きを主導するかで両者の間で駆け引きがあった。オジャランの「行程表」発表の報道に対して、公正発展党政権は当時内務大臣であったベシュル・アタライを中心に先行して、クルド問題の解決プランである「民主的イニシアティブ」を発表した。そして、一一月一〇日と一三日にトルコ大国民議会で民主的イニシアティブに関する議論が行われ、一三日にアタライ内相が短期的・中期的・長期的な計画を提示した。

## 計画の内容

それによると、短期的な計画は、大学にクルド語学科を設立する、東部・南東部アナトリア地域の交通警備を軽減する、社会生活における母語の使用を認める、という三点であった。一点目に関して、クルド語について大学で専門的に学ぶことは、トルコ人のクルド人理解を広げる試みでもあった。二点目に関して、PKKは基本的にゲリラ戦を展開しており、トルコ軍はPKKの兵士の村や町への侵入を遮断する必要があり、交通警備を行っていた。これは対PKK対策では有効であるものの、その村や町に住む人々からすれば、生活の障害となっていた。三点目に関して、クルド人はクルド語を母語としながらも常に「国語」であるトルコ語の使用を余儀なくされてきた。特にイスタンブルやアンカラなどの大都市に出てきたクルド人たちは自分がクルド人であることを隠し、クルド語の使用も避けてきた。

次に、中期的な計画として「民主的イニシアティブ」は、独立した人権に関する機構を設立する、（民族間の）差別をなくすための委員会を立ち上げる、国連の拷問禁止条約の批准と国内での普及を国会で承認する、軍隊による拷問または虐待に対する非難に応じたり調査を実施したりする独立機構を設立する、地域の要求に従った居住地の改名を実施する、政党においてトルコ語以外の言語での自由なコミュニケーションを許可する、という六点を挙げている。中期的な目標は短期的な目標に比して抽象的なものとなっている。その一方で、より根本的な解決を目指した内容とも言える。地名に関しては、クルド人の古くからの呼称ではなく、あくまでトルコ人によるクルド人居住地の命名となっている場合が多い。そして、政党におけるクルド語の使用は、クルド系政党が常に要求してきた権利である。繰り返しになるが、中期的目標は短期的目標に比べ、より本質的な改革を迫るものであった。

長期的な計画は、トルコ共和国憲法（一九八〇年憲法）の第一条から三条を改訂することであった。憲法の第一条は「トルコ国家は共和国である」、第二条は「トルコ共和国は社会の安寧、国民の連帯、正義の希求のなかで人権を尊重し、アタテュルクの民族主義と前文に規定された基本原則に依拠し、民主的で世俗的、社会的な法治国家である」、第三条は「トルコ国家は不可分の国土と国民からなる全体を構成する。公用語はトルコ語とする。……」となっている（憲法の翻訳は澤江、二〇〇五年、二七三頁を参照し、一部改変）。この中で、改訂が予想されるのは、第二条の「アタテュルクの民族主義……に依拠し」と第三条の「……公用語はトルコ語である」という部分であろう。

このように、公正発展党とPKKの間でクルド問題解決の主導権争いは見られたものの、確実に解決に向けた歩みが進められることになった。

## 「民主的イニシアティブ」の蹉跌

しかし、クルド問題の解決は順調に進まなかった。まず、二〇〇九年一〇月一九日にはハブル事件が起こった。発端は、「民主的イニシアティブ」の一環として、トルコ政府とPKKの秘密交渉により、ヨーロッパに亡命しているPKK党員と北イラクで活動するPKK党員の一部が武装解除し、トルコに帰国するという決定であった。その第一陣として、一〇月一九日に北イラクで活動していたPKK党員三四名がイラクとトルコの国境のハブル検問所に到着した。しかし、この帰還に対してトルコにおいて世論の反発が強まり、結局帰還したPKK党員三四名は収監されることとなり、武装解除計画は頓挫した。

また、同年一二月一一日に、クルド系政党である民主社会党に対して憲法裁判所からその活動がPKKと関係しているとして、解党命令が出された。民主社会党が持っていた大国民議会での一九議席は、同じクルド系政党である平和民主党が受け継ぐこととなった。

このように、二〇〇九年後半にトルコ政府とPKKは歩み寄るかに見えたが、和解に関して大きな進展が見られなかった。

進展が見られないまま二〇一〇年が終わり、二〇一一年の総選挙が六月一二日に実施された。

この選挙で公正発展党は二〇〇二年、二〇〇七年に続いて単独与党の座を維持することに成功する。そして、総選挙後、トルコ政府はPKKに対する取り締まりを強めることになる。PKKも応戦し、両者の歩み寄りの姿勢は見られなくなり、二〇一一年の総選挙後から二〇一二年八月に至るまで、トルコ軍兵士・警察・「村の守護者」と呼ばれるクルド人の村落警備員合わせて二二二名、PKKテロリスト四〇五名、一般市民八四名が犠牲になった。また、PKKの都市部での社会・政治運動を担うクルディスタン共同体同盟（KCK）の関係者の拘束が相次いだ。

さらに、二〇〇五年から国家情報局（MİT）とPKKの間で行われてきた秘密交渉の内容が、『タラフ』紙によってリークされた。リークされたのは、「オスロ過程」と呼ばれる秘密交渉で、二〇〇五年から秘密裏に行われてきたものであった。二〇〇八年までは間接的な交渉であったが、二〇〇九年からはMİTとPKKの幹部が直接会って交渉していた。リークされたのは二〇一一年九月一四日に行われた第五回目の会談であった。

トルコ政府とPKKの幹部が直接交渉していたことは国民を驚かせた。リークにより、両者の信頼関係は損なわれたが、オスロ過程は、トルコ政府の高官とPKKの幹部およびオジャランが直接交渉したことで、お互いの思惑、計画、要求を確認し合えたと言われている。この経験が、その後の停戦交渉につながった。この段階で明らかになったのは、服役しているオジャランと北イラクで活動を続けるPKKの幹部の和平交渉に関する思惑や計画が異なっているという点であった。

オスロ過程のリークに加えて、二〇一一年一二月二八日にイラクとトルコの国境近くのシュルナク県のウルデレ地域で、トルコ軍の誤爆により、クルドの一般市民三五名が死亡した（通称ウルデレ事件）。ウルデレ事件はクルド民衆のトルコ政府に対する不信感をさらに高めた。

### 停戦に至るまでの過程

二〇一一年六月の総選挙後から続いたトルコ政府とPKKの抗争は、二〇一二年末から停戦に向けた動きが現実味を増す。二〇一二年一二月二八日にエルドアン首相が、「MİTのハカン・フィダン長官が服役中のオジャランとPKKの武装放棄に関して協議している」ことを明らかにしたのである。二〇一三年一月三日にはクルド系政党の平和民主党の議員が服役中のオジャランを訪問し、四時間にわたり会談した。イムラル島に収監された一九九九年以来、オジャランがクルド系の議員と面会するのは初めてであった。平和民主党の議員たちは、オジャランの考えを支持しており、オジャランの考えをトルコ政府、およびPKK幹部に発信する役割を担った。

ヤルチン・アクドアン首相補佐官は、「その場しのぎではなく、根本的にPKKによるテロリズムを解決する必要がある」とし、「オジャランとの交渉はそのための重要なファクターである」と述べた。また、当時PKKの代表であったムラト・カラウランは、政府がオジャランと交渉を始めたことを肯定的に評価する一方、政府はオジャランのイムラル島での待遇を改善するよう要求した。オジャランはトルコ政府との停戦合意に関して、PKKとの関係が疑われて拘留されている数千人の人々の解放、クルド語での教育を可能にするための憲法改正、各県の地方自治の強化、すべての民族に中立な市民権、という四つの条件を要求した。新たなトルコ政府とオジャランとの間の交渉が「オスロ過程」と異なっていた点は、完全な秘密交渉ではなく、交渉していることを公にし、野党や世論を巻き込もうとした点、オジャランをPKKとの交渉の要とした点、であった。

### 停戦宣言

二月二三日にオジャランと平和民主党議員の二回目の面会が行われ、ここでオジャランは「PKKはトルコ軍に停戦を宣言すべき」というメッセージを平和民主党の議員たちに託した。そして、三月一日に党首のセラハッティン・デミルタシュをはじめとした平和民主党の議員団が、オジャランのメッセージを伝えるために北イラクを訪問した。北イラクで平和民主党の議員たちはまず、長年PKKをサポートしてきたクルディスタン愛国同盟（PUK）の議員たちと会談し、オジャランが進める和平交渉に理解を求めた。次いで三月三日にPKKの拠点である北イラクのカンディル山でカラウランをはじめとしたPKK幹部と七時間にわたり会談した。カラウランはオジャランの計画に理解を示し、正式な対応を一〇日間以内に決定することを約束した。さらにそれから五日後、カラウランは人質として拘束しているトルコ軍兵士を一週間以内に解放すると発表した。そして、三月一三日にPKKの部隊が人質として拘束している八名のトルコ軍兵士を解放した。

オジャランの考えに対し、PKKの同意を得ることに成功した平和民主党議員は、三月二一日から始まったネヴルズ（クルド人の新年祭）で民衆にオジャランからのメッセージを公表した。その内容は、①PKKは武力による闘争の時期から転じ政治に重点を置く、②PKKはトルコ国境から撤退する、③クルド人はトルコからの独立を目指すのではなく、トルコ国民の一員である、という三点であった。

カラウランはオジャランの意向に従い、停戦に応じると発表した。公正発展党政権も、停戦と対話を求めるオジャランのメッセージを好意的に評価した。また、クルド問題解決のために、第一段階としてPKK兵士のトルコ領土からの撤退と武装解除をうながし、第二段階で憲法改正を中心とする法的整備と心のケアを政治運営によって行い、最後にPKK兵士を社会に再統合する、という三つの段階が確認された。

### 実らなかった停戦交渉

さて、クルド問題解決の第一段階である、PKK党員のトルコ領土からの撤退または武装解除に関して、問題となったのは「いつからどのようにPKK党員がトルコから撤退するか」という点であった。四月一〇日に『ヒュリエット』紙のインタビューに答えたエルドアン首相は、「トルコ領内から撤退するPKK党員の数は一五〇〇名から二〇〇〇名くらいになり、現状では特に撤退の期限は決めていない」と答えた。結果的に四月二五日にカラウランとその他のPKK幹部が正式に「五月八日から撤退を始める」と宣言し、撤退先は「北イラクである」と明言した。しかし、もし「PKKの党員が撤退期間中にトルコ軍から攻撃を受けた場合、撤退を止め、自衛の権利を正当化する」こと、「オジャランを含むPKK党員全員が解放された場合のみ武装解除を行う」ことも併せて発表された。つまり、PKKは、武装解除を兵士の撤退と同じ第一段階ととらえず、対立が解消したあと、いうなれば第三段階であると主張したのだ。

このカラウランの宣言に対してエルドアン首相やギュル大統領は、「撤退と武装解除の両方がなされるべき」という考えを強調した。デミルタシュは五月八日に「PKKの戦闘員が移動を始めた」ことを明らかにし、具体的にハッキャーリ県やシュルナク県を起点に北イラクに向かう予定だと述べた。

デミルタシュは、六月一九日に開かれたアタライ首相補佐官とサドゥッラー・エルギン法相との会談で、「PKKとの紛争解決は、PKK兵士のトルコからの撤退が順調に進んでおり、もはや正式に第二段階に移行した」と述べた。平和民主党は、テロとの戦いに関する法案、出版に関する法案、デモに関する法案、トルコ軍に関する規定の変更などを提案したものの、トルコ政府は「PKKの撤退はまだ二〇パーセントほどしか完了していない」と一蹴した。

## 交戦の再開

和平交渉に関して、トルコ政府、平和民主党、PKKとの足並みが揃っていないことに加えて、五月八日に始まったPKKの撤退過程でも軍事的な衝突や威嚇が見られた。たとえば、シュルナク県のジズレ地区やディヤルバクル県のスル地区でPKKに関係していると見られる愛国革命家青年運動（YDG—H）が堂々と活動している事実が明らかになった。

PKKは、トルコ政府が紛争解決の第二段階である法的整備に移行しないことに苛立ちを見せ始めており、七月上旬にカラウランに代わり代表となったジェミル・バユクが「九月一日が交渉過程の期限だ」と発言した。オジャランも、PKKの撤退が完了していないこと、法的整備でトルコ政府の成果がいまだに見られないことを憂慮しており、「PKKの兵士たちは武装解除後の二〇一三年一〇月一五日にトルコに戻り、政治活動を行う予定である」と発言するなど、両者に心理的な圧力をかけ、紛争解決過程を促進した。

停戦交渉は、その後進展が見られなかった。二〇一五年二月二八日にはトルコ政府と平和民主党を吸収合併した人民民主党の間で新たに和平を模索する「ドルマバフチェ合意」が取り交わされたが、大統領となっていたエルドアンがこの合意を認めないなど、トルコ政府の足並みも乱れた。結局、同年七月中旬にPKKが、「一三年三月からの停戦合意以降もトルコ政府は軍事拠点を強化している」と非難声明を出し、トルコ政府との停戦を一方的に破棄した。七月一四日にテレビ番組に出演した人民民主党のデミルタシュ党首は、PKKの戦闘員はトルコに対する武装闘争をやめるべき、と呼びかけオジャランの計画を守るようにPKKに訴えたものの、その声は届かず、その後、トルコとPKKは再び交戦することになった。

世界の紛争や対立をモニタリングしているインターナショナル・クライシス・グループの調べによると、二〇一五年七月から二〇一六年七月までの一年間に三〇七名の市民、五八二名のトルコ治安関係者、六三三名のPKK兵士、所属が不明の二一九名の若者が命を落としている。犠牲者は二〇一一年六月から二〇一三年三月までの時期を上回っており、再びトルコ政府とPKKが交渉の席に着くことが極めて難しい状況となっている。とはいえ、トルコの人口の二〇パーセント弱を占めているクルド人の処遇は、トルコ共和国の発展に不可欠な要因である。

また、PKKの党首でありながら、現場のPKK党員よりも政治的解決を強く主張しているオジャランも二〇一六年の時点で六八歳と高齢であり、健康に不安を抱えていると言われている。二〇一三年から一五年にかけての交渉をみると、オジャランが果たした役割は大きかった。オジャランが健康なうちに、トルコ政府とPKKが歩み寄るきっかけを探る必要があるだろう。残された時間は決して多くはない。

## 3　ゲズィ抗議の発生とその政治的意味

## 公正発展党に対する抗議運動

公正発展党は二〇〇二年一一月以来、後述する二〇一五年六月から一〇月の時期を除き、二〇一六年八月まで約一五年間、単独与党として君臨している。公正発展党はその支持者から厚い支持を受けているが、当然ながら公正発展党を支持しない人々もいる。特に二〇一一年六月の総選挙で四九・九二パーセントの得票率で単独与党の座を維持して以降、その民主化政策がそれまでよりも停滞気味になったことで野党支持者や無党派層の不満は次第に積もっていった。とはいえ、共和人民党をはじめとした野党も、公正発展党には支持率で全くかなわなかった。よって、民衆は、自分たちの要求をデモという形で表現した。トルコはもともと学生や労働組合加盟者が頻繁にデモを行う国である。加えて、二〇一〇年一二月からの「アラブの春」による民主化要求運動を目の当たりにしたこともデモや「下からの」抗議活動が活発化した背景にあった。

公正発展党に対する抗議運動として最も有名なのはここで詳述する「ゲズィ抗議」であるが、もちろん公正発展党に対する抗議運動はこれだけではなかった。たとえば、二〇〇九年末から二〇一〇年初頭にかけてのテケル労働者の抗議運動が起きた。テケルとは独占の意味であり、テケル労働者とは、トルコで国家の保護の下、長年独占的に商品を販売してきた品目—主にタバコと酒—の小売業に従事する労働者のことを指す。これらの小売業者は二〇〇八年の民営化に伴い、二〇〇九年一二月に政府が一二のテケルの工場を閉鎖し、一万人の労働者に四〇パーセントの給料カットを一時的に受け入れれば他の職を斡旋するという決定に反発し二〇〇九年一二月一五日から抗議運動を始めた。二〇一〇年一月八日には、四二人の労働者が公正発展党本部前で抗議行動を行ったために拘束される事態となった。また、一部の大学でも公正発展党に対する抗議運動は散発的に起こっていた。

### ゲズィ抗議の発端

ゲズィ抗議の発端は、イスタンブルのタクシム広場にほど近いゲズィ公園の再開発計画に反対する一部の市民活動家が、二〇一三年五月二七日に始めた抗議運動であった。翌二八日に、ゲズィ公園の森林伐採を防ごうとした抗議者たちに対して、警察が催涙ガスと放水によって、強制的に立ち退きを迫った。抗議者に対する警察の強引な取り締まりと、エルドアン首相の「再開発計画を変更するつもりはない」という発言が導火線となり、ゲズィ公園の再開発と森林伐採に反対する運動は、次第に反政府運動へと発展した。同月三〇日までにはゲズィ公園に一万人以上が集まり、トルコの四〇以上の都市に反政府運動が飛び火した。

抗議運動の盛り上がりを受け、公正発展党幹部は対応に追われた。エルドアンが北アフリカ訪問により不在だったため、ギュル大統領と、エルドアン不在時に代理を務めるアルンチ副首相の対応に注目が集まった。ギュルは六月三日に「国民全員がトルコにおいて最も寛容な形で自由を感じる必要がある。この枠内で民主主義と呼ぶものは民主的な選挙によって国民の意志を通して現出される。しかし、民主主義は単に選挙だけによるものではない」と述べ、反政府活動家たちの考えを尊重していく考えを示した。アルンチも四日にゲズィ公園での警察の反政府運動家たちへの措置が「過剰であり、誤りであった」ことを認め、謝罪した。

ギュルとアルンチの対応により、反政府運動は収束するかに思われたが、六月七日に帰国したエルドアンが抗議者に対する対決姿勢を強めたため、反政府運動はより一層激化した。もはや、反政府運動というよりも、反エルドアン運動という要素が強まり、抗議運動参加者はエルドアンからの謝罪を求めるようになった。それでもエルドアンはデモに妥協しなかった。その結果、若者だけでなく、弁護士、医者、学校教員なども抗議運動に参加するようになった。一方、エルドアンは反政府運動に対抗するために、「国民の意志を尊重する会合」という大規模集会をアンカラ、イスタンブル、カイセリ、サムスン、エルズルムで催した。六月後半も抗議運動は続いたが、最終的に七月三日にイスタンブル第一検察裁判所においてゲズィ公園の再開発計画を中止する決定がなされ、抗議運動はひとまず沈静化した。

アンカラでの抗議の一幕（筆者撮影）

### ゲズィ抗議の評価

トルコの大手世論調査会社であるコンダ（KONDA）社はゲズィ抗議に関する調査結果を発表している。コンダ社がデモ参加者四四一一人に対して実施した調査によると、以下のような結果がでている。まず、参加者の平均年齢は二八歳であった。次いで、参加した理由は、四九・一パーセントが警察の強権的な対応への抗議、一九パーセントがゲズィ公園の森林伐採への抗議、一〇・二パーセントが再開発への抗議となっている。ゲズィ公園の開発に対する抗議というよりも、警察と警察を動員させた政府に対する抗議という色彩が強かったことがわかる。参加したきっかけに関しては、六九パーセントがソーシャル・ネットワーク・サービス（SNS）、一五・四パーセントが友人の誘い、八・六パーセントがインターネット、七パーセントがテレビとなっている。SNSが実に七〇パーセントを占めており、「アラブの春」同様、新たな科学技術が動員を促した。さらに、デモへの参加者が一一年の総選挙で支持した政党は、三一パーセントが共和人民党、二九パーセントが投票先未定、一八パーセントが不参加、八パーセントがクルド系政党、〇・三パーセントが公正発展党であった。このように、ゲズィ抗議の参加者はほとんどが野党支持者、もしくは無党派層であり、公正発展党の支持者はほとんどいなかった。そのため、次第に反公正発展党および反エルドアンという側面が強くなったと見られている。

ゲズィ抗議によって明らかになったのは、第一に、歴史的に世俗主義を信奉する民衆が頼ってきた共和人民党、軍部、憲法裁判所が、行動を起こす正当性と力を失ったため、民衆が自ら行動を起こした点である。第二に、選挙に基づく手続き的民主主義により権力を獲得している公正発展党であるが、国家全体の民意を十分に反映しているとはいえない。ゲズィ抗議は国内で分極化が激しくなっていることを印象づけた。第三に、ゲズィ抗議は、これまで公正発展党と共通の利害を見出していたリベラル派の知識人や無党派の人々の離反を助長させた。

## 4　公正発展党の「長い二〇一四年」

### 二〇一四年地方選挙

公正発展党に近いといわれるシンクタンク、政治・経済・社会研究基金（SETA）の前所長（現公正発展党議員）、タハ・オズハンは二〇一四年を「長い二〇一四年」と呼んだ。これは、一七八九年から一九一四年を「革命の時代」「資本の時代」「帝国の時代」に分けて「長い一九世紀」と命名した歴史家エリック・ホブズボームにちなんでのことで、二〇一四年三月の地方選挙、同年八月の大統領選挙、二〇一五年六月の総選挙の期間を指している。この「長い二〇一四年」は、トルコ共和国一〇〇周年となる二〇二三年までの期間も引き続き政権与党の座を維持することを目指す公正発展党にとって極めて重要であった。

「長い二〇一四年」の最初の選挙となった二〇一四年三月三〇日の地方選挙に際して、公正発展党はかつてない逆風に立たされていた。ゲズィ抗議事件が国内外から批判され、二〇一三年一二月に発覚した汚職・贈収賄疑惑がクリーンな党のイメージを傷つけた可能性があったためである。しかし、苦戦が予想されるなか、公正発展党は四五・六六パーセントの支持率を獲得し、安定した強さを見せつけたのであった。逆風の中での「長い二〇一四年」最初の選挙での勝利は、トルコ国民に公正発展党の単独与党体制はトルコ共和国建国一〇〇周年にあたる二〇二三年まで続くのではないかという思いを抱かせた。

## 二〇一四年大統領選挙

地方選挙で大勝した公正発展党の次なる目標は、トルコ共和国史上、初めての国民の直接投票による二〇一五年八月一〇日の大統領選での勝利であった。地方選挙から大統領選までの期間は約四ヵ月と短かったため、知名度の高い候補が有利になると見られていた。大統領選に出馬したのは、公正発展党が支持するエルドアン首相、元イスラーム諸国機構（ＯＩＣ）の事務総長で、野党第一党の共和人民党と野党第二党の民族主義者行動党が支持するエクメレディン・イフサンオール、デミルタシュ人民民主党党首、の三名であった。当初から公正発展党政権で一〇年以上首相を務めたエルドアンの当選はほぼ確定的と見られており、争点はエルドアンが第一回投票で過半数を得られるかどうかに移った。投票結果は大方の予想通り、エルドアンが五一・八五パーセントの得票率によって第一回目の投票で第一二代大統領に選出された。イフサンオールとデミルタシュの得票率は、それぞれ三八・四パーセント、九・七二パーセントであった。エルドアンは八月一〇日の午後一一時に「トルコの新しい時代に入った」と勝利宣言した。

大統領の任期は変更され、一期五年で二期まで務めることが可能となった。これにより、エルドアンは二〇二四年まで大統領として手腕を振るうことが有力視されている。地方選挙から約四ヵ月半後という短期決戦の選挙においては、エルドアンの強烈なリーダーシップと経験がものをいったと言えるだろう。

## 二〇一五年総選挙

エルドアンが大統領に転身したことで空席となった公正発展党の代表と首相のポストには、外務大臣を務めていたダーヴトオールが就任した。公正発展党は「長い二〇一四年」の最後の選挙である二〇一五年六月の総選挙を、ダーヴトオールを中心として戦うことになった。公正発展党は党の内規で三選を禁じており、二〇〇二年の総選挙から党の中心となってきた大物政治家、たとえば副首相のアルンチやトルコ経済立て直しの立役者であるババジャンは出馬できなかった。その意味では、二〇一五年の総選挙は過去と決別し、新たな公正発展党の船出の第一歩であった。二〇一五年総選挙の争点となったのは、大統領の権限強化の是非とクルド系政党である人民民主党が議席を獲得できるかどうかであった。トルコの大統領は、立法、行政、司法に一定の影響力を有しているが、あくまでその権利は議院内閣制の中での限定されたものであった。エルドアンは、メキシコのように、国家元首である大統領が行政府の長も兼ねるような大統領制を志向した。エルドアンが「強い大統領制」を目指した背景には、国民の直接投票による大統領選挙で五〇パーセント以上の票を獲得したという自負があった。しかし、選挙分析に定評のあるコチュ大学のアリ・チャルコール教授が中心となり、選挙前に実施した世論調査の結果では、国民の四六パーセントが大統領制に反対したのに対して、賛成は二七パーセントにとどまっていた。

一方、人民民主党は二〇一四年一二月の段階で、翌年の総選挙に政党として参加することを表明した。前述のように、トルコでは得票率が一〇パーセントに満たない政党は議席を獲得することができない。一〇パーセント以上の得票率が望めないクルド系の政党は、これまで選挙に独立候補として出馬する形で議席を確保してきた。しかし、エルドアンが自信を深めたように、大統領選挙で九・七パーセントと一〇パーセントに迫ったデミルタシュも人民民主党が一〇パーセントの壁を越えられると判断した。人民民主党は、クルド人の票に加え、公正発展党とエルドアンの大統領制に反対する知識人、若者、マイノリティ、LGBTといった人々の票の取り込みを図った。

六月七日の総選挙は、二〇〇二年から単独与党の座に君臨してきた公正発展党が単独で与党となるために必要な過半数（トルコの大国民議会は総議席数が五五〇）である二七六議席に届かない二五八議席の獲得に留まったため、単独与党の座から滑り落ちるという結果となった。大統領制への改正には、国民投票を実施するために最低でも三三〇議席が必要であったが、当然のことながらこの議席にも満たなかった。これに対して、人民民主党は一三・一パーセントの得票率で八〇議席を獲得し、大躍進を遂げた。

　大手世論調査会社のメトロポール（Metropoll）社が六月の選挙後に実施した世論調査における「公正発展党が総選挙で単独与党となれなかった要因は何だと思うか」という質問では、「エルドアン大統領の発言」が最も高い一六・三パーセント、次いで「汚職」が一四・二パーセント、「人民民主党への投票」が六・九パーセントという結果となった。また、「公正発展党が単独与党の座から滑り落ちた責任は誰にあるのか」という質問でも、「エルドアン大統領」という回答が五〇・六パーセントにも上り、「ダーヴトオール首相」の一一・二パーセントを大幅に上回った。この世論調査の結果を見ると、エルドアンの選挙への過剰な関与が公正発展党の票を減らしたと言えた。

### 再選挙による揺り戻し

　公正発展党が過半数を確保できなかったため、六月七日の総選挙後の焦点は各党の連立協議へと移った。連立交渉に関しては、エルドアン大統領が第一党である公正発展党に組閣命令を出してから四五日間が期限であった。公正発展党は議席を獲得した各党と連立について協議するも、結果的に期限最終日の八月二三日までに連立交渉はまとまらず、一一月一日に再選挙が実施されることとなった。

　わずか五ヵ月後の選挙では、その結果が変わらないのが普通であるが、この再選挙ではそうした定説が破られた。その主たる要因は、安全保障対策、特にISとPKKに対する政策が喫緊の課題となったことである。七月二〇日にトルコ南東部のシリア国境にほど近いスルチで起こったトルコ・ISによるテロで三二名が死亡した事件を契機に、トルコ政府はアダナ県にあるインジルリック空軍基地のアメリカの使用を許可し、これまで二の足を踏んでいた有志連合の対IS作戦に参加する意志を明確にした。また、七月一二日にPKKがトルコ政府との停戦を破棄し、七月二二日にはトルコの警察官二人がシャンルウルファ県のジェイハンプナルでPKKに殺害される事件が発生した。これを機に、トルコは七月後半にPKKの拠点がある北イラクへの空爆を開始した。また、南東部の都市ではPKKが市街戦を展開するなど、治安が急速に悪化した。極めつきは、一〇月一〇日にアンカラで発生した、トルコ・ISによる自爆テロであった。このテロでは一〇二名が犠牲となり、トルコ共和国史上最悪のテロ事件となった。

メトロポール社が一〇月に実施した世論調査における「トルコの最も重要な問題は何か」という質問では、四七・二パーセントの人がテロ、特にPKKのテロと回答している。こうした国内の不安定化を得票につなげたのが公正発展党であった。公正発展党中心の暫定政府は、PKKとISに対して拠点の空爆や都市部での取り締まりを強化するなど、妥協のない対応を見せた。この対応が多くの有権者に受け入れられた。また、治安の悪化は、有権者に変化よりも安定や安心感を優先させることとなった。もちろん、トルコにおいて、二〇一五年六月まで約一二年半、単独与党の座を維持してきた公正発展党以上に安定と安心感を提供できる政党は他に存在しなかった。
逆に、治安の悪化により得票を大きく減らしたのが、民族主義者行動党と人民民主党であった。公正発展党は六月の選挙から五九議席を積み上げたが、その内訳は民族主義者行動党から三七議席、人民民主党から一八議席、共和人民党から四議席であった。公正発展党のPKKとISに対する断固たる姿勢は、ナショナリスト政党である民族主義者行動党の一部の支持者から共感を得て、票が公正発展党に流れた。また、PKKの活動の活発化は、人民民主党への投票を躊躇させる結果を招いた。トルコ人が多い地域では、PKKと人民民主党が同一視され、六月の選挙で公正発展党の対抗勢力になると期待して投じられた票を減らした。また、クルド人が多く住む東部や南東部においても、治安の悪化を食い止められない人民民主党に失望し、安定化を達成できる唯一の政党として公正発展党への支持に切り替える人々が目立った（表7―1）。

表7－1　2015年におけるトルコ総選挙の結果（550議席）

| 政党／投票日 | 6月7日総選挙（投票率：83.9％） | 11月1日総選挙（投票率：85.2％） |
|---|---|---|
| 公正発展党 | 40.9％（258） | 49.5％（317） |
| 共和人民党 | 25.0％（132） | 25.3％（134） |
| 民族主義者行動党 | 16.3％（80） | 11.9％（40） |
| 人民民主党 | 13.1％（80） | 10.8％（59） |

（出所）高等選挙委員会ウェブサイトを参照し、筆者作成

加えて、再選挙で公正発展党に投票した有権者のうち、六月の選挙で棄権していた有権者が一二パーセントもいた。公正発展党は六月の選挙での敗北を受け、改めて有権者に動員をかけ、投票に参加していなかった人々を投票に向かわせることにも成功したのである。エルドアン大統領も六月の選挙の反省を生かし、選挙戦に必要以上に介入しなかったこ

表7－2　2015年6月以降にトルコで発生した主なテロ

| 日付 | 場所 | 実行犯 | 死者数 |
| --- | --- | --- | --- |
| 2015年6月5日 | ディヤルバクル | IS | 4 |
| 7月20日 | スルチ | IS | 32 |
| 10月10日 | アンカラ | IS | 103 |
| 2016年1月12日 | イスタンブル | IS | 10 |
| 2月17日 | アンカラ | TAK | 28 |
| 3月13日 | アンカラ | TAK | 37 |
| 3月18日 | イスタンブル | IS | 5 |
| 6月28日 | イスタンブル | IS | 47 |
| 8月21日 | ガズィアンテプ | IS | 54 |
| 11月4日 | ディヤルバクル | IS | 11 |
| 12月10日 | イスタンブル | TAK | 44 |

（出所）新聞などを参照し、筆者作成

とも公正発展党の支持を拡大させた。

### トルコで活動を活発化させるIS

二〇一五年六月から二〇一六年六月までにアンカラ、イスタンブルを中心に八回もの大規模テロが発生した（表7—2参照）。犯行声明が出ていないものもあるが、実行犯はクルディスタン自由の鷹（TAK）とISに大別される。

TAKは都市部でのテロ活動を特徴とし、二〇〇五年に観光地であるクシャダシュ、二〇〇六年にマラトゥヤ、二〇一〇年にイスタンブル、そして二〇一五年一二月にイスタンブルのサビハギョクチェン空港でテロを実行している。TAKがPKK傘下の組織かどうかに関しては諸説あるが、その活動を活発にさせた理由は二〇一五年七月のトルコ政府とPKKの停戦破棄と考えられる。

一方、ISに関して、二〇一五年以前、トルコはシリアに向かう外国人戦闘員の交通路となっていた（二〇一五年初頭から欧米諸国と連携し、トルコに潜入する外国人戦闘員の規制は厳しくなった）が、トルコ国内におけるＩＳのテロは起きていなかった。それが、二〇一五年以降、ＩＳはトルコで八回のテロを実行し、二〇一五年六月からはトルコ語による機関紙「コンスタンティニエ」を発刊するなど、明確にトルコを敵視し始めた（ただし、トルコにおけるＩＳのテロは、ＩＳ側から声明が出されることはほとんどない）。

トルコのＩＳの活動の拠点となったのが、アドゥヤマン県である。トルコにおけるＩＳのリクルーター、ムスタファ・ドクマジュはアドゥヤマン県の若者を多く勧誘し、自爆テロ要員に仕立てあげた。彼らは「ドクマジュラル・グループ」と呼ばれている。二〇一五年にディヤルバクル、スルチ、アンカラで起きたテロはいずれもアドゥヤマン県出身の若者による犯行であった。スルチとアンカラのテロは自爆テロで、ドクマジュによって勧誘された兄弟による犯行であった。

トルコにおけるＩＳの幹部は、リクルーターのドクマジュ、リーダーのイルハミ・バル、そしてテロを計画するユヌス・ドゥルマズの三名である。バルは、ＩＳがトルコを攻撃したほとんどの作戦を指示した人物である。ディヤルバクル、スルチ、アンカラのテロ、警察とＭİＴが未然に防いだと言われる三三の自爆テロ、二〇一五年三月に三人のイギリス人女子がトルコからＩＳへと渡った事件など、すべての背後にバルがいると報じられている。ハタイ県出身で一九八二年生まれのバルは「ドクマジュラル・グループ」の若者たちと異なり、過激派としての経験が長い。二〇〇二年にアル＝カーイダの一員として逮捕され、その後、三年間の獄中生活を経験するとともに監視対象となった。それでも二〇一二年にシリアに渡り、まず、ヌスラ戦線に入った後、ISに渡ったとみられている。

もう一人、二〇一六年三月一八日にイスタンブルの目抜き通りであるイスティックラル通りで起きたテロの首謀者とみられているのが、ガズィアンテプ県出身のドゥルマズである。ドゥルマズはそれ以外にも、一〇月のアンカラでのテロ、そして二〇一六年一月一二日にイスタンブルの観光名所のブルーモスクの近くで発生し、ドイツ人を中心に一〇名の外国人観光客が死亡した爆破テロの計画を練った人物とされる。ドゥルマズは、二〇一六年五月一八日にガズィアンテプ県に潜伏していたところを警察が家宅捜査に入り、自爆して死亡している。

二〇一六年前半までのトルコにおけるISのテロは、基本的にトルコのISメンバーが実施、もしくはその計画を練っていた。しかし、二〇一六年六月二八日に起きたイスタンブルのアタテュルク国際空港でのテロは、外国人戦闘員が主導したという点でこれまでのISのテロとは異なっていた。外国人戦闘員が主導する形のテロが今後も起こる可能性があり、トルコ政府は対テロ対策には細心の注意を払っている。

### 強い政府はいかに安定を担保できるのか

本章では、主に公正発展党政権第二期（二〇〇七〜一一年）から第三期（一一〜一五年）にかけての国内外の諸政策について検討してきた。二〇一五年六月七日の総選挙で単独与党の座を一時的に失った公正発展党であったが、同年一一月一日の総選挙でその座を奪還し、安定した政権基盤を築いている。しかし、本章で見てきたように、公正発展党は国内外で多くの課題に直面している。まず、国内に目を向けると、公正発展党が二〇〇九年から本腰を入れていたクルド問題の解決が非常に困難な状況となっている。前述したように、二〇一五年七月から一年間の死者は約一八〇〇人となっており、新たな停戦交渉の兆しは見えない。いまだに、トルコにおけるナショナリズムの問題は未解決のまま残っている。

また、ＩＳとＴＡＫによるテロも二〇一五年から急増しており、トルコ社会に脅威を与えている。トルコは観光業が主要な収入源の一つであるが、テロにより大きな打撃を被っている。公正発展党は、テロ対策の徹底を掲げて一一月の総選挙で勝利したが、テロの根絶には苦戦している。

外交に関しては、シリア内戦が大きな足かせとなっている。ダーヴトオールが進めてきた秩序維持の政策は、周辺地域では機能不全に陥っている。ＩＳのテロの問題も含め、シリア内戦が続く限り、トルコの周辺国外交は今後も苦しい状況が続くだろう。

# 第八章　トルコと日本の関係

## 1　はじまりはエルトゥールル号事件

二〇一五年一二月五日、日本とトルコの初の合作映画『海難一八九〇』（トルコ名はErtuğrul 1890）が封切られた。この映画は、日本とトルコの友好の象徴としてたびたび指摘される二つの事件に物語性を加味した作品であった。映画の公開時、主要紙に一面を使った広告が出るなど、日本でも大々的に取り上げられた。

トルコと日本の友好関係のイメージは、後述するように一八九〇年のエルトゥールル号事件に端を発するが、実際には、両国は地理的に約九〇〇〇キロ離れた国家であり、必ずしも具体的な外交成果を挙げてきたわけではない。国家レベルの友好関係が築かれるのは、一九八〇年代にオザルが首相に就任して以降のことであり、二〇〇〇年代になるとその動きにさらに拍車がかかる。本章では、トルコと日本の友好関係と、活発になりつつある経済協力の両側面を、史的に概観していきたい。

### エルトゥールル号事件の概要

トルコ人に日本の印象を聞くと、必ず、「日本と日本人は大好きだ」という答えが返ってくる。その理由を尋ねると、日本製品は質が高いから、イスタンブルに観光客がたくさんお金を落としてくれるから、同じアジアの同胞だから、などと答える人も中にはいる。現に筆者があるトルコ人の友人の家に招待された時、彼の父親が一九八〇年代末の日本出張の際に購入したCDコンポを見せてくれたことがあった。購入から二〇年近く経つ年代物であったが、いまだに音が良いので現役で使っていると彼は言い、日本製品はやはり品質が素晴らしいと絶賛していた。

しかし、大半のトルコ人は、明確な理由がなく日本もしくは日本人に好感を抱いている。その好感のルーツとなっているのが、エルトゥールル号事件なのである。エルトゥールル号事件は義理堅いトルコ人の琴線に大いに触れる事件であり、国際政治に翻弄され、隣接する諸国家と多くの問題を抱えてきたトルコ人にとって、日本は戦略的な関係を模索する相手ではなく、助け合いから生まれた真の友人と理解されてきた。

エルトゥールル号事件とは、一八九〇年、当時のスルタン、アブデュルハミト二世によって派遣された軍艦エルトゥールル号が、帰途にあった九月一六日に現在の和歌山県東牟婁《むろ》郡串本《くしもと》町にある紀伊大島の東端の樫野崎《かしのざき》付近で難破し、船員五八一名が亡くなった事件である。何名かの船員は自力で陸に這い上がり、そこで串本町の人々と遭遇した。串本町の住民は、すぐに結集して船員たちの救助と介抱に懸命に当たり、その結果、六九名が一命をとりとめた。この救助活動は、現地の人々の自発的な活動であり、彼らは自分たちの食料や衣類などを惜しげもなく提供したと言われる。エルトゥールル号事件は、現在ではむしろ海難事故自体よりも、串本町の人々の救出劇にスポットライトが当てられることが多い。

そもそもエルトゥールル号が日本に派遣されたのは、一八八七年の小松宮《こまつのみや》親王・同妃両殿下のイスタンブルご訪問に対する答礼のためであった。当時の日本にとって、オスマン帝国はまぎれもなく大国の一つであったため、オスマン帝国との外交関係樹立は有益と考えられた。日本からはそれまでにもたびたび使節などが派遣され、アブデュルハミト二世への謁見も重ねてきていた。オスマン帝国も一八八七年の小松宮両殿下のご訪問に応えるとともに、日本との関係を促進するために、一八五三年にオスマン帝国の海軍が建造したエルトゥールル号を派遣することを決めたのであった。

イスタンブルを出発したエルトゥールル号は、約一一ヵ月の航海の末に目的地である横浜港に到着した。日本まで一年近くかかったのは、アブデュルハミト二世が推し進めていた「汎イスラーム主義」を各国に宣伝するために、道中、多くの港に寄港していたためである。

一八九〇年六月七日、ついにエルトゥールル号は横浜に到着した。特使のオスマン・パシャらは六月一二日に明治天皇に謁見し、アブデュルハミト二世の親書や贈呈品を手渡した。ここでエルトゥールル号の船員は最初の困難に見舞われる。この年に日本で流行っていたコレラに感染する船員が続出したのである。コレラにより二五名が入院、そのうち七名が死亡し、さらにこれにより帰国の予定が大きく遅れた。このことがエルトゥールル号のさらなる悲劇の遠因となった。九月一五日、横浜から帰国の途に就くため、神戸を目指す道中でエルトゥールル号は難波したのである。

よく知られるようになったエピソードであるが、エルトゥールル号事件の直後、当時は書生に過ぎなかったが、茶道宗偏流《そうへん》の跡取りで、新聞社などとのつながりを持っていた山田寅次郎《やまだとらじろう》は、義捐《ぎえん》金集めに奔走し、集めた義捐金をオスマン帝国に届けている。特筆すべき点は、山田は一八九二年に義捐金を届けた後、オスマン帝国側の依頼もあり、その後約二〇年間イスタンブルに滞在し、イスタンブルを訪れた政治家や民間人の手助けを積極的に行ったことであった。

エルトゥールル号事件だけでなく、一九〇四年に起こった日露戦争もトルコの親日感情を高める結果になった。それは、オスマン帝国が一九世紀に一三回も戦争し、辛酸を嘗《な》めさせられてきた大国ロシアに、極東の小国であり、「アジアの同胞」たる日本が勝利したことにトルコ人が感銘を受けたためである。トルコにはTOGOという大手の靴ブランドがあるが、TOGOの名前の由来は東郷平八郎と言われている。

## 非公式外交から公式外交へ

さて、エルトゥールル号の一件によって、オスマン帝国と日本の心理的距離は近づいたものの、エルトゥールル号の主要な目的である日本との外交関係樹立は、トルコ共和国成立後まで待たねばならなかった。それは日本がオスマン帝国から最恵国待遇を受けることに固執したためで、両国の交渉が平行線を辿るなかで第一次世界大戦が勃発した。結局日本はオスマン帝国との間で正式な外交関係は樹立できなかったのである。

一九二三年一〇月二九日にトルコ共和国が建国されると、日本は翌年の八月六日にトルコ共和国を承認した。一九二一年から二三年まで、日本政府の外交の責任者として内田定槌《うちださだつち》がイスタンブルに滞在した。実質的に両国関係が大きく進展したのは一九二五年であった。まず、同年三月にイスタンブルに日本国大使館が開設された。トルコ側は共和国の首都であるアンカラではなく、オスマン帝国の首都であったイスタンブルに大使館が開設されたことを不満に思ったものの、その点には目をつぶったと言われている(日本大使館は一九三七年一〇月にアンカラへと移転した)。一九二五年一一月には小幡酉吉《おばたゆうきち》が初めて特命全権大使に任命されイスタンブルに派遣された。同時期に、戦後首相を務めることになる芦田均《あしだひとし》が一等書記官として着任し、小幡が帰国した後に一時期、臨時代理大使を務めた。さらにこの時期、一等通訳官として歴史学者の内藤智秀《ないとうちしゅう》もイスタンブルに勤務していた。内藤はその後、一九三一年に『日土交渉史』というトルコと日本の関係の最初の著書を執筆し、その他に、『トルコ語教本』『日土・土日大辞典』といったトルコ語の教科書と辞書も著すなど、日本のトルコ研究の先駆けとなった。

日土関係の交流を振り返ると、日本の皇族の存在感が大きいことに気づかされる。一九二六年六月にはトルコとの関係強化を目指して日土協会（現在の日本・トルコ協会）が設立され、協会の初代総裁には高松宮《たかまつのみや》親王殿下が就任された。同協会の二〇一六年一一月現在の総裁は彬子《あきこ》女王殿下である。昭和天皇の弟であり、古代オリエント史の研究者という側面を持つ三笠宮《みかさのみや》殿下はトルコへの思い入れがお強く、両国の関係が発展しつつあった一九六三年四月には、妃である百合子《ゆりこ》殿下とともにトルコをご訪問され、当時のギュルセル大統領、イノニュ首相らと会談されている。また、三笠宮殿下が設立を発意され、一九七九年に完成した中近東文化センターは、一九九八年にその付属機関としてアナトリア考古学研究所を当地に設立した。アナトリア考古学研究所は考古学者の大村幸弘《おおむらさちひろ》所長を中心に、主にカマン・カレホユック遺跡の発掘調査を行っている。この発掘調査により、トルコの中心であるアナトリア地域の五〇〇〇年前の歴史が徐々に明らかになってきている。

## 2 実質的な協力の模索

### 第二次世界大戦による国交断絶

一九二四年に国交を樹立した日本とトルコであったが、第二次世界大戦終結前後にしばらく国交を断絶した時期があった。第一章で概観したように、トルコ政府は第一次世界大戦で国家消滅の危機に瀕した苦い経験があったため、第二次世界大戦では、連合国と枢軸国の趨勢《すうせい》を慎重に見定める中立外交を展開した。そのため、トルコは日本との外交関係を一九四五年初頭まで継続させた。最終的にトルコが日本に宣戦布告したのは、大戦末期の一九四五年二月二三日であった。

戦争により断絶した国交は、六年の空隙《くうげき》を経て、一九五一年九月八日にトルコがサンフランシスコ平和条約を批准したことで回復した。その後、トルコは朝鮮戦争にアメリカに次ぐ大規模な兵力を動員したが、トルコ軍の最初の駐屯地は日本の「キャンプ・ドレイク」（埼玉県の陸上自衛隊朝霞駐屯地周辺）と「ワシントン・ハイツ」（代々木公園周辺）であり、トルコの負傷兵の治療には多くの日本人が当たった。ちなみに一九八〇年九月一二日クーデタの中心人物で、その後大統領を務めたエヴレンも中佐として朝鮮戦争を経験した一人であった。

日本が軍国主義に突入していくなかでも、戦略とはいえ、トルコは日本との関係を大戦末期まで継続し、サンフランシスコ平和条約批准後すぐに国交回復を行うなど、他国に比してその結びつきは強かったことがこの時代の関係からも読みとれよう。

## 経済を基盤とした関係

一九六二年には、いまも存続しているトルコ日本友好議員連盟が大国民議会で結成され（日本にも同様に、日本トルコ友好議員連盟がある）、翌年の第一次キプロス紛争でアメリカとトルコの関係が悪化したなかでも、日本はトルコとの友好関係を継続した。一九六八年一〇月に、岸《きし》信介《のぶすけ》元首相を代表とする議員連盟がトルコを訪問した際には、後に実現することとなる第二ボスポラス海峡大橋建設に日本が参加する話が両国の議員の間でなされた。ちなみにトルコを訪問した議員の中には、岸の娘婿である安倍晋太郎《あべしんたろう》も含まれていた。安倍はその後外相として一九八三年八月に再度トルコを訪問しているが、その際息子の安倍晋三首相（二〇一六年一二月現在）も秘書官として同行している。安倍首相がトルコとの関係を重要視している背景には、こうした事情も関係しているかもしれない。一九六八年の議員連盟のトルコ訪問によって両国間の関係強化の熱が高まり、翌年一月には当時のイフサン・サブリ・チャーラヤンギル外相が日本を訪問し、天皇皇后両陛下に謁見するとともに、佐藤栄作《さとうえいさく》首相、愛知揆一《あいちきいち》外相と会談を行った。

かくして六〇年代から七〇年代にかけて両国関係は安定したが、さらに実質的な進展を見せ始めるのは、一九八〇年代のオザルの時代である。その象徴的な出来事が首相であるオザルの訪日（一九八五年五月一九日〜二二日）であった。オザルの訪日の目的は、日本の経済発展とその新自由主義政策について視察することであった。それまでにもオザルは、一九七〇、七一年には国家計画庁長官として、八一年には副首相として訪日しており、そのいずれも経済協力についての協議を行っている。第四章で見たように、オザルは新自由主義を志向しており、一九八五年当時日本の総理大臣であった中曽根康弘も新自由主義を進めていた。この中曽根の新自由主義への共感もオザル訪日の追い風となった。オザル以前には、一九五八年四月にメンデレス首相が訪日した例もあるが、政権末期のメンデレスが影響力を失いかけていたのに対し、経済に明るく、一九八三年の総選挙と八四年の地方選挙で勝利を収めていたオザルは、日本との経済協力を積極的に推し進めた。

オザルは訪日後、まず中曽根首相と会談、そして天皇陛下に謁見した後は多くの時間を両国間の経済関係進展に割いている。オザルの日程を見ると、竹下登《たけしたのぼる》大蔵大臣、村田敬次郎《むらたけいじろう》通産大臣、木部佳昭《きべよしあき》建設大臣と会談するとともに、財界人との懇談、日本経済団体連合会（経団連）や全国銀行協会連合会の会合に出席している。このことがきっかけとなり、一九八七年に日本では経団連を中心に「日本トルコ経済委員会」、トルコでは対外経済関係理事会（DEİK）を中心に「トルコ日本経済委員会」が発足した。両委員会による合同経済委員会は現在に至るまで継続的に実施されている。

### 第二ボスポラス海峡大橋とマルマライ・プロジェクト

オザル期の経済協力の中で最も有名なものが、第二ボスポラス海峡大橋（ファーティフ・スルタン・メフメット大橋）の建設である。一九八五年四月に入札が行われ、結果的に石川島播磨重工（現IHI）、三菱重工業、日本鋼管、イタリアの大手ゼネコンであるサリーニ・インプレジーロ社、やはりトルコの大手ゼネコンであるSTFA社が共同して建設することが決定した。そして三年後の一九八八年七月に完成したこの橋は、現在イスタンブルの交通の大動脈の一つとなっている。

イスタンブルの交通の改善に日本が貢献した例は第二ボスポラス海峡大橋だけではない。一八六〇年に構想が作られたというイスタンブルの海峡横断地下鉄道（通称マルマライ・プロジェクト）の受注を大成建設が獲得した（トルコのガマ社、ヌロル社との共同施工だが、大成建設が七五パーセントのシェア）。しかし、二〇〇九年の完成を目指して二〇〇四年に着工したこの工事は、予想外の遅れが生じることになる。その原因は、着工後、地層からローマ時代、ビザンツ時代の多くの遺跡が発掘され、その調査実施のためにたびたび工事が中断されたためである。最終的に二〇一三年一〇月二九日、トルコ共和国九〇周年建国記念日にマルマライは完成し、安倍首相とエルドアン首相が式典に出席した。

### イラン在留邦人の救助

日本とトルコを結ぶ出来事は他にもある。一九八五年、トルコの隣では、一九八〇年に始まったイラン・イラク戦争が続いていた。八五年三月一七日、イランへの爆撃を行っていたイラクのフセイン大統領が、「三月一九日以降、民間機であってもイラン領空を飛ぶ飛行機は撃ち落とす」と無差別攻撃を宣言した。

この宣言の直後から、当時イランに滞在していた外国人が出国のために空港に殺到し、パニック状態になった。そんななか、日本はイランとの直行便がなかったため、首都テヘランの在留邦人は飛行機に乗ることができず、かといって日本からテヘランに飛行機を送るのでは一八日中の脱出には間に合わないという袋小路に陥っていた。当然他国の航空会社は自国民救出を優先したが、この時、自国民より先に在留邦人の国外脱出を実現させたのがトルコ航空だったのである。

この在留邦人の保護の背景には、一八九〇年のエルトゥールル号事件に端を発する両国の良好な関係に加えて、オザルの決断があったと言われている。オザルが決断したのは、当時イスタンブルに駐在していた伊藤忠商事の森永堯《もりながたかし》氏がオザルと個人的に親しく、在留邦人救助について頼み込んだとも言われているが、その決定的な要因はよくわかっていない。いずれにせよ、トルコは典型的なトップダウン型社会なので、行政のトップであるオザルの号令によりすみやかにトルコ航空機を送り、イランの在留邦人を脱出させることができたのであった。

## オザル以降の関係強化

一九八五年のオザルの訪日以降、トルコの政府要人が訪日する機会が徐々に増え始めた。そのなかでも、一九九二年のデミレル首相の来日の意義は大きかったと、当時の駐トルコ大使の山口洋一《やまぐちよういち》は回想している。第二章および第四章で見たように、デミレルはイスタンブル工科大でオザルの先輩であっただけでなく、政界に入ったのもオザルより先であった。しかし、デミレルが政界から遠ざかっている間に、後輩であるオザルが首相、さらには大統領まで上り詰めており、デミレルの胸中は穏やかではなかったらしい。そのためか、デミレルはオザルに対抗して、「親日家」として知られていたオザル以上に対日本政策に注力することになる。一九九二年一二月、デミレルは日本を訪れた際に、後述する土日基金文化センターの設立を決定するなどし、日本側にとっても実り多い訪日となったのであった。

## 3 公正発展党政権期の日本とトルコの関係

### 「日本におけるトルコ年」と「トルコにおける日本年」

二〇〇三年が「日本におけるトルコ年」、そして二〇一〇年が「トルコにおける日本年」とされ、さまざまなイベントが両国間で行われた。二〇〇三年の「日本におけるトルコ年」は、二〇〇〇年四月に来日したジェム外相が来日前に提案し、日本政府が正式に承認したプロジェクトであった。日本側の名誉総裁は三笠宮殿下が務められ、トルコ側の名誉総裁はギュル外相（ただしプロジェクト開始当時は首相）であった。名誉総裁を務めたギュル外相は二〇〇三年一二月に、さらにエルドアン首相（当時）が二〇〇四年四月に相次いで来日している。二〇〇三年二月から二〇〇四年五月までの間に、文化・観光・投資を柱としたさまざまな行事が行われたが、その中でも、特に多くの人々を魅了したのが「トルコ三大文明展」であった。当時大学四年生でトルコに興味を持ち始めていた筆者も東京で開かれた展覧会に足を運んだが、陳列された装飾品の美しさに目を奪われた。東京、大阪、福岡で開催された「トルコ三大文明展」の総入場者数は約五九万人にのぼり、改めて日本人のトルコに対する関心の高さを示す結果となった。

両国の友好が芽生えることになった一八九〇年のエルトゥールル号事件から一二〇年が経つのを記念して二〇一〇年が「トルコにおける日本年」とされた。「トルコにおける日本年」では、「トルコと日本はもっと近くなれる」というキャッチフレーズを掲げ、数多くの協賛企業の協力を得て、一八六もの行事が開催された。日本側は三笠宮寬仁《ともひと》親王殿下、トルコ側はギュル大統領（当時）が名誉総裁であった。「クール・ジャパン」を知ってもらうために、日本の伝統芸能だけでなく、ポップカルチャーやアニメなど、より若者向けのイベントも多く開催された。数々のイベントは、イスタンブル、アンカラ、イズミルといった中心都市だけではなく、地方都市でも積極的に開催された。

2010 Türkiye'de Japonya Yılı

2010年　トルコにおける日本年

## 日本とトルコの経済関係

現在の日本とトルコの経済関係は、公正発展党が単独与党となった二〇〇二年以降、リーマンショック期を除いて好調で、貿易額も増加傾向にある。ただし、トルコの輸入額は常に輸出額の約七倍から一〇倍ほど多く、なかなかトルコから日本への輸出が伸びていないのが課題となっている。二〇一四年の日本貿易振興機構（JETRO）のデータを参照すると、日本からの輸出品目は一般機械（四三・二パーセント）、輸送機器（一七・五パーセント）、鉄鋼（七・五パーセント）と機械類が大半を占めている。一方、トルコから日本への輸出は食料品（三六・二パーセント）、衣服（一八・七パーセント）、輸送機器（一〇・三パーセント）となっている。食料品では、最近日本のスーパーマーケットでもトルコ産のオリーブオイル、オリーブ、パスタなどを目にする機会が多くなった。また、ヘーゼルナッツはトルコが世界の総生産量の七五パーセントを占めている。衣類ではトルコの革製品や綿製品も世界的に評価が高い。たとえば、スペイン発のZARAやスウェーデン発のH&Mといったいわゆるファストブランドの革製品や綿製品にはトルコ製のものが多い。トルコにはマーヴィ・ジーンズ（Mavi Jeans）というジーンズ・ブランドがあり、ヨーロッパで有名だが、近年、日本の一部のデパートでも見られるようになった。

二〇一四年一月には、安倍首相とエルドアン首相が首脳会談を行い、トルコと日本が経済連携協定（EPA）の交渉を開始することが決定した。二〇一六年二月までに両国間で四回の交渉が行われている。EPAとは、財務省の定義を参照すると、「二つ以上の国（又は地域）の間で、FTAの要素（物品及びサービス貿易の自由化）に加え、貿易以外の分野、たとえば人の移動や投資、政府調達、二国間協力等を含めて締結される包括的な協定」ということになる。要するに、FTAに比べ、経済分野を軸としたより包括的な二国間協定である。トルコは、F

TAとEPAを各国と活発に提携しており、二〇一六年三月までに二三ヵ国と一機構の間でFTAを締結し、その多くが実効的に機能している。またさらに、一〇を超える国や組織とFTA交渉を継続中である。

## 発電所建設における協力

トルコと日本の経済協力を語るうえで、重要な分野の一つとなっているのが発電所である。発電所を軸としたトルコと日本の関係の発端はJICAの事業であった。JICAとトルコの関係は一九五九年から始まっている。この年、最初のトルコの研修生が来日を果たしている。一九七〇年代以降は、円借款によるトルコへの融資が活発化した。最初の円借款は一九七一年のハサン・ウールダムと水力発電所の建設であった。この発電事業を皮切りに、一九九五年にはアンカラにJICA事務所が立ち上げられた。現在では主に政府開発援助（ODA）ローン、技術協力、シニア・ボランティアという三つの分野で協力が行われている。また、JICAはトルコのTİKAとも協力して援助活動を展開したり、トルコ以外の諸国家への援助である第三国事業をトルコで行ったりしている。第三国事業としては、トルコにおけるアフガニスタン警察の訓練、中央アジアやイラクからの研究員の研修などを手掛けている。

石油、天然ガスといった天然資源に乏しいトルコにとって、近年、原子力発電所はそうしたエネルギー不足を補うための魅力的な選択肢の一つとなっている。二〇一〇年前後からトルコ政府は原発の国内建設に本格的に乗り出した。まず、メルスィン県のアクッユにロシアの国有企業ロサトム社と共同で原子力発電所の建設を進めており、二〇一五年四月に着工された。次いで、三菱重工とフランスのアレバ社の合弁企業がスィノプ県での原子力発電所のFS契約を結び、そこでの人材を養成する日本トルコ科学技術大学の建設に向けた協議が行われている。日本にとっては、東日本大震災後、海外での初めての原子力発電所計画の実施となる。一方でトルコでの原発建設には日本国内、トルコ国内でも根強い反対意見も見られる。

## 4　串本町訪問

### 悲劇の記憶から友好の象徴へ

二〇一五年一一月一日、筆者は和歌山県東牟婁郡串本町に赴き、エルトゥールル号事件の語り部の一人である堀口徳弘氏や、町役場でトルコを中心とした国際交流の業務を担当している総務課の西野真氏らと話をする機会を得た。

堀口氏の曽祖父である高野友吉は、エルトゥールル号事件当日、助けを求めるトルコ人と最初に遭遇した日本人の一人だったようだ。しかし、堀口氏が子供の頃、家族にかぎらず、学校や大人たちの口からエルトゥールル号事件の話を聞くことはあまりなかったようで、慰霊碑の掃除や、五年ごとに行われていた慰霊の式典、あるいはトルコ大使館から寄贈された物品などを通してトルコやこの事件について意識するようになったという。串本町でも当時の状況を知る資料が多く残されていないのが実情である。串本の海に浮かぶ紀伊大島（当時は大島村。東端に、船員が漂着した樫野崎がある）の村長だった沖周《おきあまね》の日記が残っていて、これが当時の状況を知る貴重な資料として、同町のトルコ記念館に展示されている。

串本町でエルトゥールル号事件が脚光を浴びるようになったのは、一九八五年のトルコ航空によるテヘラン在住邦人救出事件がきっかけであったと堀口氏は回想する。それから、エルトゥールル号の悲劇を通じたトルコと日本の友好の歴史がクローズアップされるようになる。

なお、串本町とトルコの関係が一九八五年まで希薄であったわけではない。前述のように慰霊式典は五年ごとに行われており、エルトゥールル号の追悼歌も作成されている。また、串本町は一九六四年に黒海に面したサムスン県ヤカケント町と同じ漁村であり、その風景が非常に似ているということで姉妹都市関係を決議した（公式調印は一九九七年）。同様に串本町は一九七五年にトルコ南部のメルスィン県にあるメルスィン市と姉妹都市関係を決議している（公式調印は一九九四年）。メルスィンと姉妹都市関係を結んだのは、一九七一年に追悼記念式典のために串本町を訪れた当時の海軍総司令官ジェラル・エイジオールがトルコにエルトゥールル号の追悼碑がないことを遺憾とし

串本町の慰霊碑（筆者撮影）

て、翌一九七二年に追悼碑をメルスィン市に建造したことがきっかけとのことである。最近では、特に串本町とメルスィン市の交流が盛んになっており、隔年で中学生の交換ホームステイが行われている。

堀口氏によると、最近では修学旅行で訪れる高校生たちにエルトゥールル号の話をする機会などもあり、地元でエルトゥールル号事件語り部の会が立ち上げられているということである。

### 串本町の取り組み

串本町役場の西野氏に、テヘランでの一件があるまでエルトゥールル号の事件を積極的にPRしてこなかった理由を聞いた。すると、エルトゥールル号事件は多くの方が亡くなった災害であり、トルコとの友好のきっかけとして積極的に取り上げるのは不適切と考えたためという回答を得た。しかし、串本町の存在が、両国の友好の象徴の一つとしてトルコ人からも認識されるようになると、エルトゥールル号事件を通じたトルコとの友好関係を次第にPRするようになっていったという。たとえば、町役場の職員が事件のことを学校の教科書で取り上げてもらうように教科書出版社を回るなどし、今では中学校や高校の歴史の教科書、また高校の英語の教科書でも取り上げられるようになった。また、トルコ事業をさらに拡大させるために、西野氏は事業専属の人員をトルコから募集することを発案した。そして、串本町役場の初代トルコ人職員となったのがアイシェギュル・アルカンさんである。アイシェギュルさんはアンカラ大学言語・歴史学部の日本語学科出身で日本語が非常に堪能であり、町役場で働きながら町民向けのトルコ語講座の講師を務めたり、町内の学校を回って生徒たちと交流したりしている。アイシェギュルさんが来て以来、串本町の人たちはこれまで以上にトルコを身近に感じるようになっていると、西野氏は教えてくれた。

ちなみに、二〇一五年は、エルトゥールル号事件から一二五年という節目の年であった。本章の冒頭で紹介した『海難一八九〇』も二〇一五年に公開され、串本町のPRに一役買っている。『海難一八九〇』の製作に欠かせなかったのが串本町長の田嶋勝正氏と言われている。田嶋氏は、エルトゥールル号の乗組員の治療に当たった医師が明治政府から町役場を通して施術料を支払う通知を受け取ったものの、それを義捐金として遭難者に寄付してほしいと記した手紙に感銘を受け、大学の友人であった田中光敏監督にこの事件の映画化を提案した。これが『海難一八九〇』誕生のきっかけとなった。

串本町とトルコはますます関係を深めており、現在では、トルコ政府や企業から毎月のようにさまざまな案件が舞い込み、また町内のトルコ記念館を訪れるトルコ人観光客も増えているという。

## コラム　トルコのテレビ・ドラマと映画

近年、トルコのテレビ・ドラマが海外で人気である。近隣の中東や中央アジアにとどまらず、遠く南米でも人気を博している。筆者の主観であるが、トルコのテレビ・ドラマは、ギャング・スターものとメロドラマに大きく分かれる。ギャング・スターものとして、Ezel（『エゼル』二〇〇九）はイランやルーマニア、チリなど九つの国で放送された。また、二〇〇三年に放送された Kurtlar Vadisi（『狼たちの谷』）は、トルコ国内で人気に火がついたテレビ・ドラマだが、二〇一〇年に放送された続編では、作中でのイスラエル兵の行動をめぐって、トルコとイスラエルの間で外交問題に発展した。

メロドラマも、トルコでは特に女性を中心に人気が高い。数多く作られているメロドラマの中でも、二〇〇五〜〇七年にかけて放送された Gümüs（『銀』、海外では『ヌール』と呼ばれる）が世界的な人気を呼んだのを皮切りに、二〇〇八年の Aşk-i Memnu（『禁断の愛』）、二〇一〇年の Fatmagül'ün Suçu Ne?（『ファトマギュルの過ちは何？』）、さらに、オスマン帝国のスルタンの恋愛を描いた歴史恋愛ドラマ、Muhteşem Yüzyil（『壮大な１００年』）も全世界でヒットした。日本では韓流ドラマがはやりを見せたが、次にヒットするのはもしかすると、「トルコ流」ドラマかもしれない。

また、日本人にとってトルコ映画はなじみ深いものではないかもしれないが、私は『ムスタファ』や『少女ヘジャル』などをお薦めしたい。『ムスタファ』は、筆者が留学中に上映されていた映画で、建国の父ケマルの人間的な苦悩を描く作品である。また、クルド問題を題材とした『少女ヘジャル』は、残虐なシーンがあるために一度は上映禁止となったが、クルド人の少女とトルコ人の老人が、言葉が通じないながらも心を通わせようとする様を描いた作品である。加えて、トルコ人が見ると涙せずにはいられないと言われる『父と息子』も名作である。これらの作品は、トルコ人のアイデンティティを理解する一助となるだろう。

そのほか、ドイツ生まれのトルコ人監督、ファティフ・アクン（海外ではファティ・アキン）はまだ四〇代前半だが、『愛より強く』や『そして、私たちは愛に帰る』などの名作を生んでおり、すでに世界的な名声を得ている。

## トルコにおける日本語・日本教育

親日国とはいえ、トルコでは、日本語はマイナー言語である。しかし、「キャプテン翼」「ポケットモンスター」「NARUTO」といった日本のアニメに触れて、日本に興味を持ち、日本語や日本を学習しようとする若者たちも一定数存在する。トルコの大学で日本語を学ぶ場合、彼らにはアンカラ大学の言語・歴史学部や、チャナッカレ・オンセキズ・マルト大学の教育学部などの選択肢がある。また、デミレルが訪日したあとに音頭をとり、翌年の九三年三月に発足したトルコの公益法人「土日基金文化センター」にも、日本人の日本語教育の専門家が常駐しており、大学生を中心に多くのトルコ人が日本語を学んでいる。

トルコで、日本の政治、経済、外交、歴史、文化に関する研究の中心的な役割を果たしてきたのが、ボアジチ大学名誉教授のセルチューク・エセンベルと、アンカラの中東工科大学で教鞭をとり、オンセキズ・マルト大学では学長を長く務めたメテ・トゥンジュクであった。エセンベル教授は、短期間だが一九七四年一一月から一九七五年三月まで外務大臣を務めたメリヒ・エセンベルの娘で、日本の国際基督教大学（ICU）で学んだあとアメリカに渡り、コロンビア大学で博士号を取得している。エセンベル教授は近代日本の歴史、トルコと日本の関係史を専門としている。なお、彼女の父メリヒ・エセンベルは、駐米大使、駐日大使の両方を務めた経歴を持つ。

トゥンジュク教授は京都大学で博士号を取得しているが、指導教官は高名な国際政治学者であった高坂正堯《こうさかまさたか》である。トゥンジュク教授の博士論文は『トルコと日本の近代化―外国人の役割』という題名で日本で出版された（現在は絶版）。トルコの日本研究者の多くは、エセンベル教授かトゥンジュク教授の教えや影響を強く受けている。

# 終章　建国一〇〇周年を見据えて

## 1　揺らぎ続ける建国の理念

### 六本の矢との対話

本書では、ケマルが提示した六本の矢と建国期に確立した外交指針を一つの軸として、トルコ共和国の政治と外交について俯瞰してきた。六本の矢は、明確な指針というほどのものではなく、それを強調すること自体があまり意味を持たないという批判があることも事実である。しかし、本書を俯瞰してわかるように、トルコ共和国の歩みは、新たな国家建設の指針であった六本の矢との対話であった。六本の矢は、時代を経るにつれトルコの現実に適応するように改変されるとともに、国際政治および国際経済の影響も受けてきた。建国一〇〇周年にあたる二〇二三年までまだ七年ほどの期間が残されているが、エルドアン大統領や公正発展党はすでに二〇二三年を意識した発言を繰り返している。二〇一五年の再選挙で圧勝した公正発展党、そしてエルドアン大統領が二〇二三年も権力の中枢に位置している可能性は高いだろう。こうした状況の中で、一〇〇周年に向けて六本の矢が最終的にどのような変化を見せるかに注目が集まる。終章では、二〇二三年に向けて、六本の矢および伝統的な外交指針がどのような変化を見せるかを考える際に問題となるいくつかの点について、二〇一五年再選挙前後の状況を考慮したうえで検討していこう。

## 増えるシリア難民

本書ではトルコの民族主義について、クルド問題に光を当てて検討してきた。しかし、当然のことながらケマルが提唱したトルコ民族主義、つまり「トルコ人となること」については、建国当初からマイノリティであったギリシャ人（特にルムと呼ばれるイスタンブル生まれのギリシャ人。第三章のコラム参照）やアルメニア人もその対象であった。

最近、このトルコの民族主義を新たに検討しなければならない事態が発生している。それは、隣国シリアで発生した内戦に端を発するシリア難民のトルコへの流入である。二〇一一年三月にシリアで反政府デモが起きたが、アサド政権は力でデモに対抗したため、翌月から早くもトルコに難民が流入し始めた。その流れは内戦が激化するにつれ増加し、国連難民高等弁務官事務所（ＵＮＨＣＲ）の調べでは二〇一六年一二月の時点で、約二七九万人がトルコに流入している（図９―１参照）。シリア難民はレバノン（約一〇一万人）、ヨルダン（約六五万人）、イラク

図９－１　トルコにおけるシリア難民の数

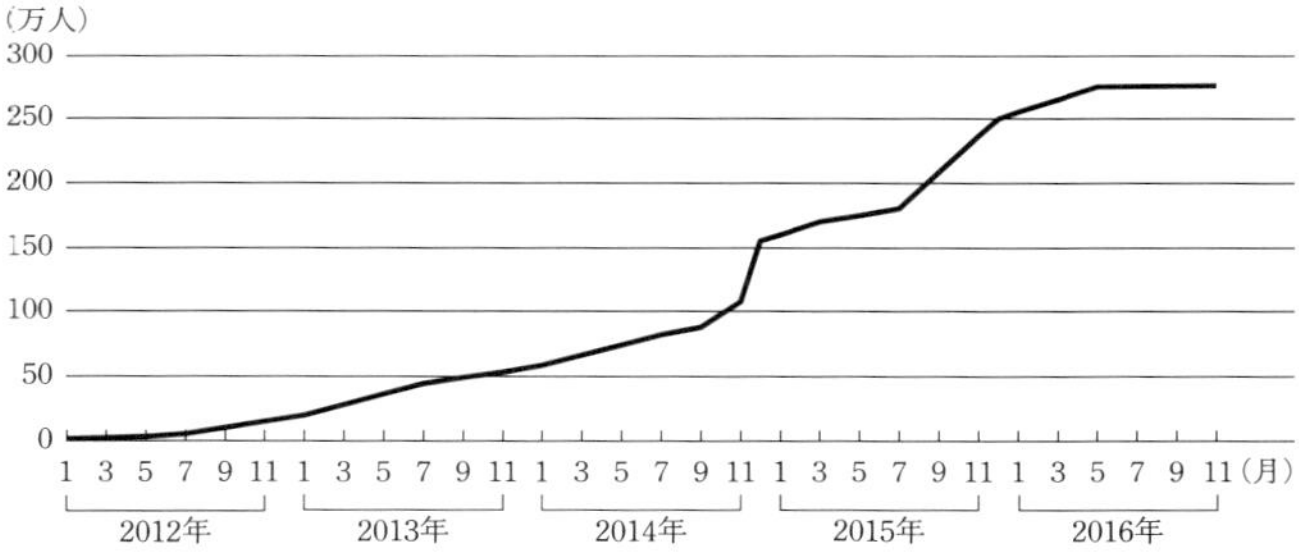


（出所）"Registered Syrian refugees by date" in "Syria Regional Refugee Response", UNHCRを基に筆者作成

（約二二万人）にも渡っているが、トルコは最大の受入国である。また、ヨーロッパに渡った人たちも多く、二〇一一年から二〇一六年にかけてヨーロッパの国で難民申請をしたシリア人は約一一二万人となっている。加えて、シリアから脱出できない国内避難民は国連人道問題調整事務所（OCHA）の調べでは約六一〇万人となっている。内戦前のシリアの人口が約二二〇〇万人と言われていたので、約半数のシリア人が難民となったことになる。

話を元に戻そう。国境沿いのハタイ県、キリス県、ガズィアンテプ県、シャンルウルファ県、そしてイスタンブルに多くの難民が渡った。トルコは災害・緊急時対応庁（AFAD）を中心に流入する難民に対応してきた。AFADの活動の中心は難民キャンプの運営であり、一〇県で二五ヵ所の難民キャンプを設置した。ただし、難民キャンプで暮らす難民は三〇万人前後と、シリア難民全体の一〇パーセントほどである。トルコは当初、シリア難民を「一時的な保護」を名目に「客人」として扱い、「門戸開放」政策をとっていた。しかし、難民の流入に歯止めがかからないため、二〇一四年から内務省の移民管理総局（GDMM）が中心となり、シリア難民の法的位置づけを整備するとともに難民登録を義務づけた。二〇一六年一月には限定的ではあるが、難民に対する労働許可を出すなど、次第に「永住」を意識した政策に変化しつつある。エルドアン大統領は二〇一六年七月二日にシリア難民に市民権を付与する可能性に言及した。しかし、この発言に多くのトルコ人が反発し、トルコ人とシリア人の衝突が起こった。シリア難民は出生率も高く、シリア内戦が泥沼化している現状では帰国することも考えにくい。シリア人をどのようにトルコに定住、同化させていくかはトルコの民族主義にとって、新たな挑戦となっている。

### ダーヴトオールの退場

二〇一六年五月四日、本書でもたびたび言及し、二〇一四年八月以降、エルドアンの後任として首相および公正発展党党首を務めていたダーヴトオールが、辞任を発表した。ダーヴトオール辞任の理由は、エルドアンとの確執だったと噂されている。エルドアンとダーヴトオールの関係悪化は二〇一五年九月の公正発展党党大会において、エルドアンに近い議員が党執行委員会を占めた時点ですでに顕在化していたが、両者の確執を白日の下に晒したのは、二〇一六年五月一日にインターネット上に匿名で掲載された「ペリカン文書」と呼ばれる文書であった。そこでは、エルドアンが、ダーヴトオールが大統領制に反対し、外交、特に難民問題に関する

EUとの関係で主導権を握ったことに不信感を持ったことなどが書かれていた。「ペリカン文書」を掲載したのは、エルドアンに近いジャーナリストと見られている。「ペリカン文書」掲載の三日後、ダーヴトオールは辞任した。

ダーヴトオールの後任にはエルドアンの「右腕」で、二〇〇二年一一月から二〇一三年一二月まで運輸大臣を務め、二〇一五年一一月から再度同職に就いていたビナリ・ユルドゥルムが選ばれた。元々運輸会社に勤務していたユルドゥルムは、エルドアンのイスタンブル市長時代からの友人で、エルドアンからの信頼が厚い人物である。ユルドゥルムの首相就任で、公正発展党のエルドアン色はより強まり、大統領制の実現に向けた陣営が整ったと言える。

## 暴走した元守護者

二〇一六年七月一五日夜、エルドアン大統領および公正発展党に不満を抱く軍部の一部のグループが三六年ぶりとなる武力によるクーデタを決行した。「反乱」グループは九時頃にTRTを占拠し、女性キャスターに声明文を読ませた。一時はイスタンブルとアンカラの一部の重要施設を占拠し、フルス・アカル統合参謀総長をはじめとする軍部のトップを拘束した。

この事態を受け、休暇でマルマリスのホテルに滞在していたエルドアン大統領はSNSのWhat's upでCNNトルコの記者と連絡をとり、国民にクーデタを支持しないこと、そのために街頭に出て反乱軍に抵抗するよう呼びかけた。この呼びかけに応じ、公正発展党の支持者を中心とした一般市民の男性たちが街頭に出て、「反乱」グループに対して抵抗を試みた。エルドアンはその後、マルマリスからイスタンブルに移動するが、移動後にマルマリスのホテルが空爆されるなど、間一髪の状況であった。また、国会議事堂も空爆され、大きく損傷した。結果的にクーデタは失敗、翌日には多くの将校が拘束された。本書でも論じてきたように、トルコでは一九六〇年と八〇年に軍部によるクーデタ、そして一九六二年と六三年にはアイデミルによるクーデタ未遂が起きているが、いずれもクーデタによる死傷者は多くなかった。それに対し、二〇一六年のクーデタ未遂では軍人と市民合わせて三〇〇人前後が死傷する、非常に暴力的なものとなった。

この未遂に終わったクーデタ事件の首謀者として、エルドアン大統領およびユルドゥルム首相が名指しで批判しているのが、ギュレン師である。本書の第六章でみたように、公正発展党とギュレン運動の関係は、当初、良好であった。しかし、二〇一〇年代に入り、両者の関係はこじれていく。関係悪化の発端と言われているのが、公正発展党が強い影響力を持つ、MİTのフィダン長官が二〇一二年二月七日にPKKとの秘密裏の交渉を理由に警察に拘束された事件である。警察にはギュレン運動の関係者が多いとうわさされていた。政府がすぐに対応し、フィダンはすぐに釈放されたものの、この事件は公正発展党とギュレン運動の対立を浮き彫りにさせた。そして、二〇一三年秋に公正発展党はギュレン運動の主な活動領域の一つである学生寮の規制を強化し始めた。それに対して、同年末には公正発展党幹部に関する汚職疑惑が持ち上がり、事件の責任をとって三人の閣僚が辞任する事態となった。この汚職疑惑を流したのがギュレン運動といわれており、ここに至り、ギュレン運動と公正発展党の対立は決定的となった。二〇一五年には、公正発展党はギュレン運動をテロ組織と断定していた。

クーデタ未遂事件後、公正発展党は、ギュレン運動の関係者を政府機関や官僚機構から徹底的に排除するとともに、アメリカに滞在しているギュレン師の引渡しをアメリカ政府に要請した。二〇一六年一二月現在、ギュレン師の引渡しは行われていない。アメリカがギュレン師がクーデタの首謀者であるという明確な証拠を求めていること、そして亡命者の引渡しにはさまざまな手続きが必要なこともあり、引渡しが行われるかどうかは不透明な状況である。

また、軍主導の士官学校を廃止し、文民主導の国防大学を設置する決定や、国内治安維持軍が内務省傘下に組み入れられる案が出されるなど、軍に対する文民統制が強まった。本書でみてきたように、トルコ政治においては、多くの時代、軍部が文民政府に対して優位な立場を確立していた。しかし、軍部の政府転覆計画が発覚して以降、次第に軍部は影響力を弱め、ここに至り、政軍関係で文民政府が優位な立場を確固たるものにしたと断言できるだろう。

## 2　山積みの外交課題

### 泥沼のシリア内戦

二〇一一年八月九日のダーヴトオール外相とアサド大統領との六時間半にわたる会談が決裂し、同年一一月三〇日にアサド政権との関係を断って以降、シリアにおけるトルコの最大の目標はアサド政権の退陣であった。そのために反体制派を支持するようになったトルコ政府であったが、次第にシリア内戦の泥沼にはまっていく。前述した多くの難民の流入、そして、シリア国境沿いのキリス県では政権軍の砲撃によって死者も出た。トルコは二〇一三年夏、化学兵器の使用を根拠にアサド政権転覆のためにアメリカがシリアに介入することを希求した。しかし、ロシアの説得によって、アメリカはアサド政権打倒のために参戦することはなくなった。さらに二〇一四年にISが台頭したことで事態はより複雑となり、トルコにとっては懸念材料が増えることとなる。なぜなら、ISがトルコの安全保障上の脅威となっただけでなく、PKKとの関係が指摘されるクルド系の民主統一党（PYD）とその軍事部門である人民防衛隊（YPG）がISに対する対抗勢力として、シリアにおいて欧米からの支援を受けるようになったためである。トルコにとって、ISが伸張することと同様にPYDとYPGの勢力拡大、ひいては自治や国家を目指すような行動は許容し難いものであった。

二〇一六年夏以降、トルコはより一層シリア内戦への関与を強めている。トルコ軍は八月二四日からシリアに越境し、ユーフラテス川西岸のジャラーブルスとマンビジュをISおよびクルド勢力から奪還する「ユーフラテスの盾作戦（トルコ語ではFırat kalkanı Operasyonu）」を展開している。トルコは改めて、ISおよびPYD／YPGのシリア領内での伸張に明確に反対する意志を示した。

## シリア難民問題の新たな局面

二〇一五年夏からトルコ・ギリシャ間のエーゲ海を渡り、EU圏内に入る移民が急増した。それまで年間五万人前後だったEUへの移民の数が、二〇一五年は八八万人を超えたのである。この移民はシリア難民が多いが、トルコに滞在していた他の不法移民、たとえば、イランやアフガニスタンからの移民もこの機会にヨーロッパに渡った。難民にしても、シリアから直接ヨーロッパを目指す人は少なく、トルコをはじめとした第三国を経由し、より良い生活を求めて、さらなる移動を決断した人たちであるため、移民と評された。

シリアからトルコに避難する人々は二〇一一年四月からすでにみられていた。なぜ二〇一五年の夏に多くの難民がヨーロッパへの渡航を試みるようになったのだろうか。UNHCRによると、その理由は、①内戦の泥沼化によってシリアでもう一度生活するという希望が喪失、②トルコ、レバノン、ヨルダンといった近隣諸国で生活するうえでの高い生活費、③近隣諸国での限定的な労働機会、④近隣諸国での新たな難民登録の必要性、⑤近隣諸国での乏しい教育の機会、⑥海外からの援助の枯渇、⑦シリアからイラクに逃れた難民がISの台頭により再度の避難を迫られた、という七つに区分される。加えて、SNSの発達も大きく影響していた。移民にとって、スマートフォンは必須アイテムであり、ルートや国境の越え方のノウハウなどもすべてSNSによって拡散した。

ヨーロッパに渡る移民の主要なルートとなったのは、エーゲ海のトルコ・ギリシャ国境を通り、その後バルカン半島を通って北上し、最終的にドイツを目指す通称「バルカン・ルート」であった。トルコからギリシャのレスボス島までは約五・五キロメートルと距離が短く、多くの移民がこのルートを選択した。また、トルコの湾岸地区には移民を船で不法に渡航させる闇業者がはびこり、「浮かばない」浮き輪を高値で売るなどの行為が行われた。そうした影響もあり、多くの遭難者が発生し、二〇一五年だけでトルコ・ギリシャ国境間で四〇〇〇人が溺死した。特に二〇一五年九月に起きた三歳児のアイラン・クルディーちゃんの溺死はトルコ国内、欧米各国の市民に大きなインパクトを与えた。一方で、ハンガリーなどバルカン・ルートの一部の国は移民の受け入れに消極的であり、移民を食い止めるためのフェンスを築くなどした。また、移民は通過する各国で通過のための申請を行わなければならず、検問所での揉め事は日常茶飯事であった。さらに移民の受け入れに反対し、極右勢力が支持を拡大させたり、移民の中にも問題を起こす者がいたりするなど、二〇一五年の後半、ヨーロッパは移民問題によって大きく揺さぶられた。

## EUとの戦略的関係

EUは移民に対して効果的な外部規制ができないなか、移民の送り出し国およびトランジット国となっているトルコと協調することで対応しようとした。特に、多くの移民が最終目的地としたドイツのメルケル首相がこの動きを主導した。三回にわたる首脳会談（二〇一五年一一月二九日トルコ・EUサミット、二〇一六年三月七日トルコ・EU首脳会談、二〇一六年三月一七～一八日EUサミット）の結果、三月一八日にトルコとEUが共同声明を発表した。

その共同声明によると、トルコ側は、①二〇一六年三月二〇日以降にギリシャに不法入国した移民をいったんすべて受け入れる、②二〇一六年三月一八日時点でギリシャに滞留している移民は登録を受け、個人的に庇護申請をギリシャ政府に提出する。そして、その中に含まれるシリア人と同じ人数のトルコに留まるシリア難民をEUが「第三国定住」のかたちで受け入れる。その際、不正な渡航をしなかった人が優先される、③トルコとギリシャ間の国境監視を強化する、ことを約束した。一方、EU側は、①トルコにEU加盟国のヴィザなし渡航の自由化を二〇一六年六月末までに実現するよう努める、②トルコ国内のシリア難民支援に二〇一六年三月末に三〇億ユーロ、二〇一八年末までに新たに三〇億ユーロ、合計で六〇億ユーロ（約七八〇〇億円）を支出する、③トルコのEU加盟交渉を加速させる、ことを約束した。このトルコとEUの共同声明に対しては人道に反する取りきめだとして、批判が起こったが、声明にも「今回の措置は人的被害と公共秩序回復のための一時的・例外的」と明記されている。四月四日に最初の不法入国移民二〇二名がギリシャからトルコに送還された。そして、トルコからは七八人のシリア難民がドイツとオランダをはじめとしたEU諸国に引き渡された。

難民問題で大きな揺さぶりを受けたEUにとって、トルコはEU加盟国ではないものの、その外堀を防衛する存在として欠かせない国家となった。難民問題が続く限り、トルコはEUに対して大きな戦略上のアドバンテージを持っていると言えるだろう。一方で、トルコ人のヴィザなし渡航は二〇一六年一二月時点でもまだ達成しておらず、トルコとEUの関係は緊張している。

## ロシアとの関係改善

ロシアは二〇一五年九月三〇日からシリアにおいてアサド政権を擁護するために空爆を開始した。ロシアはISに対してだけでなく、アメリカやトルコが支持する反体制派の中にISと通じるグループが含まれているとして、反体制派が押さえる一部の地域に対しても空爆を行った。二〇一五年一一月中旬から反体制派の中でもトルコが特に支持しているトルクメン人(シリア危機が起こる前の段階で、シリア国内には約二〇万人のトルクメン人が住んでいるとされた)が多く住むシリア西部のラタキア県のバユルブジャク地域に空爆を実施した。また、トルコは一〇月前半からロシア機およびシリア機がトルコ領空を侵犯していると主張していた。一〇月三日にはトルコのF―16戦闘機二機が、ロシア機がハタイ県の領空を侵犯したとしてスクランブル発進する事態も起こった。このように、ロシアがシリア空爆を始めて以降、トルコとロシアの関係は緊張度が高まった。

トルコとロシアの緊張が最高潮に達したのが一一月二四日のトルコ軍機によるロシア軍機撃墜事件である。この事件は、NATO加盟国がソ連／ロシアを実際に攻撃した初のケースであり、また、シリアに関与する外部勢力同士で武力衝突が起きた初のケースでもあったことから、国際社会に激震が走った。トルコとロシアは領空侵犯をめぐり主張が真っ向から対立し、ロシアはトルコに対して経済制裁を発動した。その主な内容は、ロシア人のヴィザなしでのトルコへの渡航禁止、鶏肉などを含む一七品目の輸入禁止であった。その結果、ロシアとの関係悪化はトルコの経済とエネルギー政策に大きな影を落とした。

二〇一五年にG20が開催されたトルコ有数のリゾート地アンタルヤには欧米から多くの観光客がやってくるが、ロシア人はその中心であった。二〇一五年と二〇一六年のトルコへの観光客の増減を月ごとに比較すると、五月は前年比三四・二パーセント減、六月は前年比四〇・八パーセント減となっている。ロシア人観光客だけに限ると、その減少はさらに顕著であり、二〇一六年に入り、七月までで九三パーセントの減少となった。

また、ロシアはトルコにとって主要な石油と天然ガスの輸入国（二〇一四年の統計では、石油はイラク、イランに次ぐ第三位、天然ガスは第一位）であり、天然ガスに関しては実に約五五パーセントを依存している。さらに、トルコは近年、原発の建設を積極的に進めているが、その最初の試みがロシアとの間のアクッユ原発（トルコ南部メルスィン県）であった。両国の関係悪化により、アクッユ原発の計画は一時的に停止となった。

結局、トルコとロシアは二〇一六年六月二八日に関係の正常化に合意した。これはトルコ側の関係正常化の強い意向を反映したものであった。トルコにとってロシアはシリア内戦、経済、エネルギーといった分野でやはり欠かせない国家であり、関係悪化がこれ以上長引くことがトルコにとってマイナスになるという極めて現実主義的な思考に基づいた決定であった。六月三〇日にロシアは経済制裁を解除し、八月九日にはエルドアン大統領とプーチン大統領の首脳会談が実現し、原発事業の再開、ロシア人観光客向けのチャーター便の再開、ロシアの天然ガスを黒海からトルコ経由でヨーロッパに輸出する「トルコ・ストリーム」計画の進展、を確認した。

### 共和国建国一〇〇周年を見据えて

それでは、最後に建国一〇〇周年に向けて、トルコが何を進めようとしているのか確認して、本書を閉じたい。エルドアン大統領および公正発展党が目指しているのは、大統領が行政の長となる強い大統領制の実現、治安の改善、周辺地域と国際社会の秩序の安定化に貢献する外交、経済のさらなる活性化、となるだろう。しかし、まず、喫緊の課題として取り組むべきは、国内、特に都市部でのテロ対策、クーデタ未遂事件による国内の混乱の収束、難民対策の長期的なプランの提示である。テロを根絶し、国内が安定しない限り、トルコへの投資や観光客が回復せず、経済成長も期待できない。また、シリア内戦の泥沼化を鑑みれば、シリア難民がシリアに帰還することは現状では考えにくい。トルコ国民の反発を招かない形でのシリア難民の定住化には何が必要か、早急に検討すべきである。これらの喫緊の課題を解決することが安定かつ長期的な政権運営につながる。二〇二三年、トルコはどのような形で混迷の時代を切り抜け、六本の矢との対話に折り合いをつけ、建国一〇〇周年を迎えるのだろうか。残りの七年間、しっかりと注視していかなければならない。

# あとがき

中公新書といえば、二〇〇四年の秋に初めてトルコの地を踏んだ時にイスタンブルのホテルで松谷浩尚元イスタンブル総領事の『イスタンブールを愛した人々』（一九九八年）を興味深く読んだことが思い出される。松谷氏の著書はイスタンブルにゆかりのある人物に焦点を当てた労作である。中公新書では、現代トルコに関して、松谷氏の著書の他に、大島直政氏の『遠くて近い国トルコ』（一九六八年）と小島剛一氏の『トルコのもう一つの顔』（一九九一年）が刊行されている。大島氏と小島氏の著書はトルコでの彼ら自身の体験をもとにトルコの歴史や問題を取り上げた作品である。

いささか意外なのは、多岐にわたる中公新書のラインナップの中で、これまでトルコ共和国の歴史を俯瞰的に論じたものがなかったことである。そのため、粗削りの印象の強い拙著であるが、現代トルコの理解には一役買うことができるのではないかと自負している。

＊＊＊

本書の執筆のきっかけとなったのは、外務省職員と中東研究者の共同研究会における、外務省の方の「トルコに関するコンパクトな新書があると便利ですね」という発言であった。同席していた立山良司防衛大学校名誉教授もその意見に賛同され、共同研究会でトルコを担当していた私に中公新書編集部の藤吉亮平氏をご紹介くださった。

とはいえ、本書の執筆を始める際には私のような若輩者が『トルコ現代史』という重厚なテーマで新書を執筆できるのか、また、執筆してよいものか一抹の不安がよぎった。そうしたなか、私の背中を後押ししてくれたのは、大学・大学院時代の指導教授である滝田賢治中央大学教授の「深く掘るには広く掘る必要がある」、つまり、研究を深めるには、研究対象を幅広く理解する必要があるという言葉であった。この言葉のおかげで、新書の執筆は私自身が改めてトルコ共和国と真剣に向き合うだけでなく、今後の研究を深めるうえでもよい機会になると前向きに捉えることができた。広く掘った後に深く掘ることができるかは、今後の筆者の成果を見て読者の皆様にご判断いただきたい。

加えて、トルコ政治を俯瞰的に捉えた良書——新井政美東京外国語大学教授の『トルコ近現代史』、トルコの政軍関係と外交の大家であるウィリアム・ヘイル教授の *Turkish Politics and Military* と *Turkish Foreign Policy*——は、新書執筆の道しるべになるとともに、改めて多くのことを学ばせていただいた。特に本書の第一章から第四章までは内容的にこれらの著書を大変参考にさせていただいた。また、なるべく中立な記述を心掛けたが、本書には私の約一三年にわたるトルコ認識、特に二〇〇六年から二〇一一年までの留学の経験がところどころ投影されていることはご了承いただきたい。

本書は基本的に書き下ろしである。ただし、第四章から第七章については、最初の単著である『中東秩序をめぐる現代トルコ外交』（ミネルヴァ書房、二〇一五年）を中心に、これまで私が執筆してきた論考などを一部参考にしている。

本書を執筆するうえで多くの方々にお世話になった。そのなかでも、本書を執筆するきっかけを与えてくださった立山名誉教授、指導教授である滝田教授、二〇一三年四月から一六年三月までの期間、日本学術振興会の特別研究員（PD）の受け入れを快く引き受けてくださった佐原徹哉明治大学教授および研究を支援してくださった明治大学の事務の方々、そして一六年四月から勤務している日本貿易振興機構（ジェトロ）アジア経済研究所の皆様にはとりわけお世話になった。アジア経済研究所ではトルコを担当している間寧中東グループ長、村上薫主任研究員、能勢美紀ライブラリアンと常に有益な意見交換をさせていただいている。共和国初期の執筆部分に関しては、小笠原弘幸九州大学准教授から有益な助言をいただいた。また、日本学術振興会・特別研究員（PD）の鈴木啓之氏には貴重な写真を提供していただいた。串本町訪問の記述に関しては、本文中にも登場していただいた串本町役場の西野真氏とエルトゥールル号事件の語り部である堀口徳弘氏との面会に多くを負っている。日本・トルコ協会事務局次長の大曲祐子氏には日本とトルコ関係の貴重な資料を拝見させていただいた。また、本書で触れた映画は、中東映画研究会での上映をきっかけに知ることができた作品である。ここではすべてのお名前を挙げることはできないが、この本は多くの方との意見交換およびご助言があってはじめて完成したものである。ここに感謝の意を表したい。なお、本書は、日本学術振興会特別研究奨励費（研究課題「トルコ公正発展政権の全方位外交」課題番号25・10342〔PD〕）および科学研究費若手研究（B）（研究課題「非西洋国際関係理論の発展におけるトルコの貢献」課題番号「15K17007」）による研究成果の一端である。

ご担当いただいた藤吉氏には大変お世話になった。当初、一年以内での刊行を目指すと言いながら、結局二年近くかかってしまい、さらにお渡しした原稿が予定より枚数が超過しているなど、編集者泣かせの筆者の手綱を上手にコントロールしていただいた。また、草稿を丹念に読んでいただき、とりわけ読者の視線に立ち、的確な修正依頼をしてくださった藤吉氏のご尽力なくして、本書は完成しなかった。心より感謝を申し上げたい。

最後に、私事で恐縮だが、私が研究活動に専念できているのは、妻の恵子をはじめ、両親、義母の助けによるところが大きい。また、娘の仁奈にはいつも元気を分け与えてもらっている。その意味では、本書は私だけではなく、家族一丸となって書き上げたものと言えるだろう。

二〇一六年一二月一四日　深大寺の鐘が遠くに鳴り響く調布の自宅にて

今井宏平

| | | | |
|---|---|---|---|
| ファフリ・コルテュルク | 1975 | | |
| | 1976 | スレイマン・デミレル | 公正党・国民救済党ほか |
| | 1977 | ビュレント・エジェヴィト | 共和人民党 |
| | | スレイマン・デミレル | 公正党・国民救済党ほか |
| | 1978 | ビュレント・エジェヴィト | 共和人民党ほか |
| | 1979 | スレイマン・デミレル | 公正党 |
| | 1980 | ビュレント・ウルス | 軍政下 |
| ― | 1981 | | |
| ケナン・エヴレン | 1982 | | |
| | 1983 | | |
| | ～ | トゥルグット・オザル | 祖国党 |
| | 1989 | | |
| トゥルグット・オザル | ～ | ユルドゥルム・アクブルト | 祖国党 |
| | 1991 | メスット・ユルマズ | |
| | ～ | スレイマン・デミレル | 正道党・社会民主人民党 |
| スレイマン・デミレル | 1993 | | |
| | ～ | タンス・チルレル | 正道党・共和人民党ほか |
| | 1996 | メスット・ユルマズ | 祖国党・正道党 |
| | | ネジメッティン・エルバカン | 福祉党・正道党 |
| | 1997 | | |
| | ～ | メスット・ユルマズ | 祖国党・民主左派党ほか |
| | 1999 | | |
| アフメット・ネズデット・セゼル | 2000 | ビュレント・エジェヴィト | 民主左派党・民族主義者行動党ほか |
| | ～ | | |
| | 2002 | アブドゥッラー・ギュル | 公正発展党 |
| | 2003 | | |
| | ～ | | |
| アブドゥッラー・ギュル | 2007 | レジェップ・タイイップ・エルドアン | 公正発展党 |
| | ～ | | |
| レジェップ・タイイップ・エルドアン | 2014 | | |
| | ～ | アフメット・ダーヴトオール | 公正発展党（15年6～11月は単独与党なし） |
| | 2016 | ビナリ・ユルドゥルム | 公正発展党 |

トルコ共和国の歴代大統領と政権

| 大統領 | 年 | 首相 | 構成政党 |
|---|---|---|---|
| ムスタファ・ケマル | 1923 | イスメト・イノニュ | 共和人民党 |
| | 1924 | アリ・フェトヒ・オクヤル | |
| | 1925 | イスメト・イノニュ | |
| | ～ | | |
| | 1937 | ジェラル・バヤル | |
| イスメト・イノニュ | 1938 | | |
| | 1939 | ラフィク・サイダム | |
| | ～ | | |
| | 1942 | シュキュル・サラチョオール | |
| | ～ | | |
| | 1946 | レジェップ・ペケル | |
| | 1947 | ハサン・サカ | |
| | ～ | | |
| | 1949 | シェムセッティン・ギュナルタイ | |
| ジェラル・バヤル | 1950 | アドナン・メンデレス | 民主党 |
| | ～ | | |
| ジェマル・ギュルセル | 1960 | ジェマル・ギュルセル | 軍政下 |
| | 1961 | イスメト・イノニュ | 共和人民党・公正党ほか |
| | ～ | | |
| | 1965 | スアッド・ハイル・ウルギュプル | 公正党ほか |
| ジェヴデット・スナイ | 1966 | スレイマン・デミレル | 公正党 |
| | ～ | | |
| | 1971 | ニハト・エリム | 公正党・共和人民党ほか |
| | 1972 | フェリト・メレン | 公正党・共和人民党ほか |
| ファフリ・コルテュルク | 1973 | メフメット・ナイーム・タル | 公正党・共和信頼党ほか |
| | 1974 | ビュレント・エジェヴィト | 共和人民党・国民救済党 |
| | | サーディ・イルマク | 共和信頼党ほか |
| | 1975 | | |

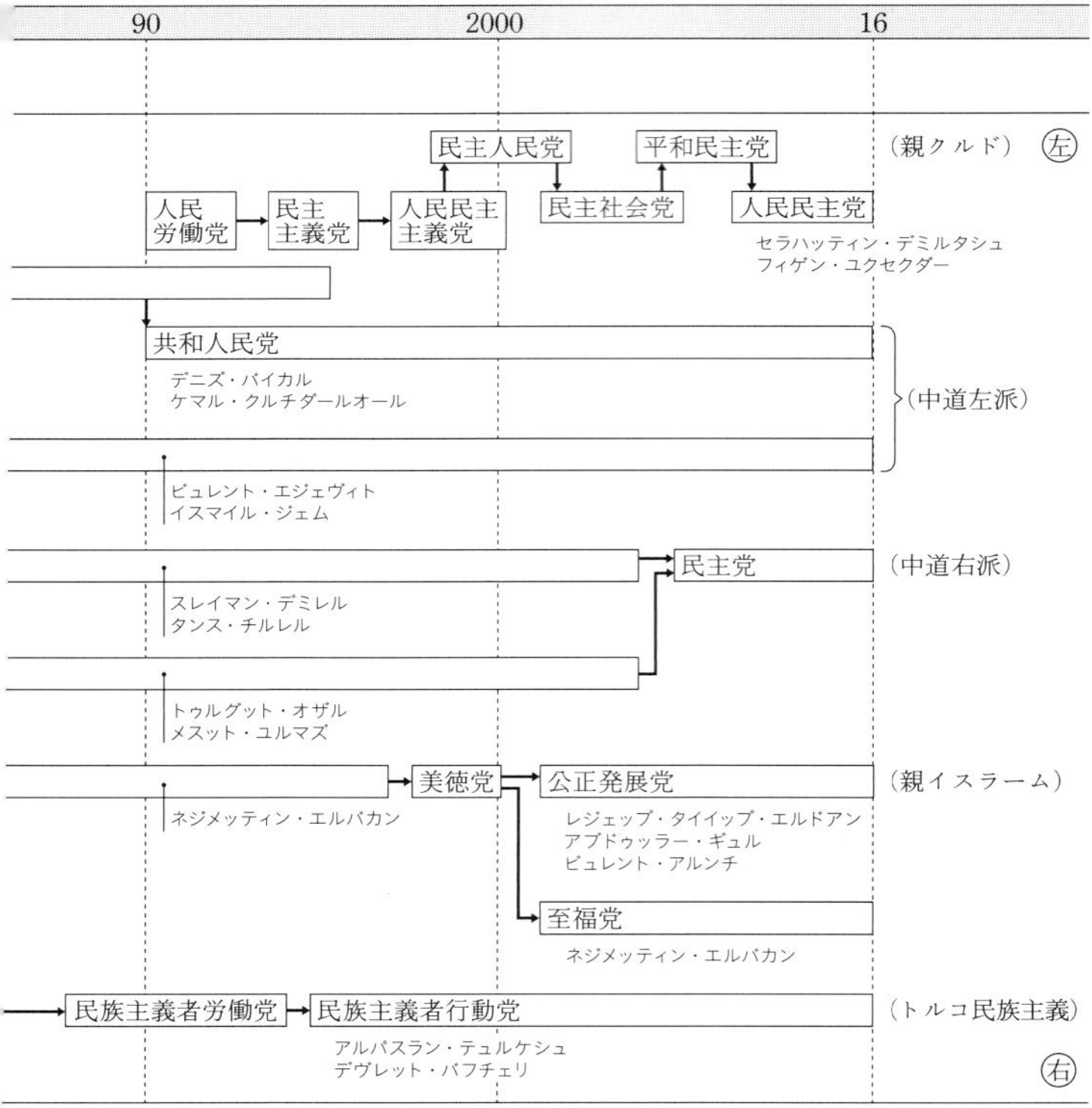

90
2000
16
民主人民党
平和民主党
（親クルド）
左
人民労働党
民主主義党
人民民主主義党
民主社会党
人民民主党
セラハッティン・デミルタシュ
フィゲン・ユクセクダー
共和人民党
デニズ・バイカル
ケマル・クルチダールオール
（中道左派）
ビュレント・エジェヴィト
イスマイル・ジェム
民主党
（中道右派）
スレイマン・デミレル
タンス・チルレル
トゥルグット・オザル
メスット・ユルマズ
美徳党
公正発展党
（親イスラーム）
ネジメッティン・エルバカン
レジェップ・タイイップ・エルドアン
アブドゥッラー・ギュル
ビュレント・アルンチ
至福党
ネジメッティン・エルバカン
民族主義者労働党
民族主義者行動党
（トルコ民族主義）
アルパスラン・テュルケシュ
デヴレット・バフチェリ
右

主な政党の系譜

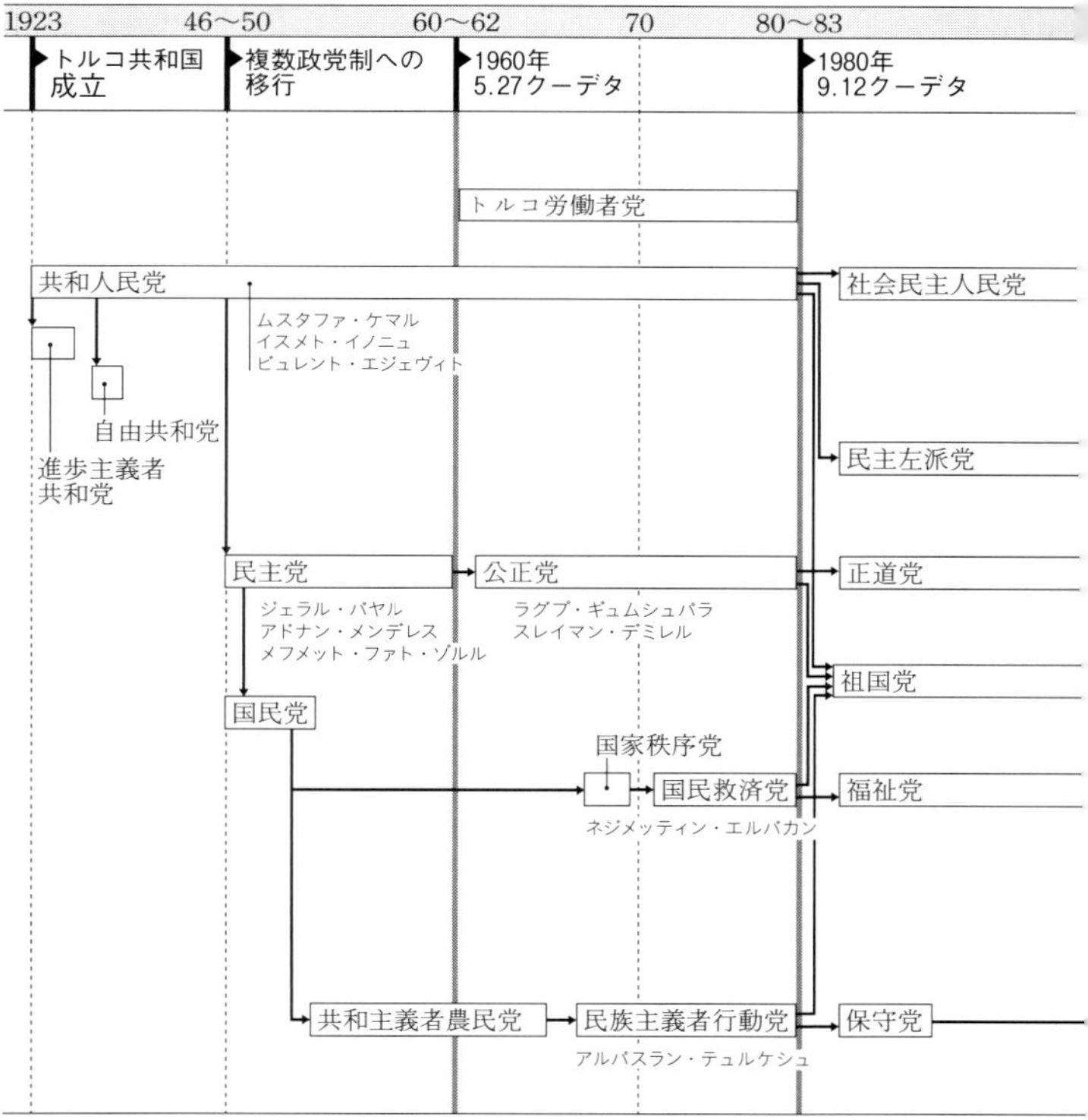
1923
46〜50
60〜62
70
80〜83
トルコ共和国成立
複数政党制への移行
1960年 5.27クーデタ
1980年 9.12クーデタ
トルコ労働者党
共和人民党
ムスタファ・ケマル
イスメト・イノニュ
ビュレント・エジェヴィト
自由共和党
進歩主義者共和党
社会民主人民党
民主左派党
民主党
ジェラル・バヤル
アドナン・メンデレス
メフメット・ファト・ゾルル
公正党
ラグプ・ギュムシュパラ
スレイマン・デミレル
正道党
祖国党
国民党
国家秩序党
国民救済党
ネジメッティン・エルバカン
福祉党
共和主義者農民党
民族主義者行動党
アルパスラン・テュルケシュ
保守党

参考文献

TÜİK（トルコ統計協会）ウェブサイト
JICA Turkey（パンフレット）

終　章

今井宏平「転換するトルコの内政と外交の行動原理―和解／善隣から治安／脅威へ」『平成27年度外務省外交・安全保障調査研究事業：安全保障政策のリアリティ・チェック―新安保法制・ガイドラインと朝鮮半島・中東情勢―中東情勢・新地域秩序』公益財団法人日本国際問題研究所、2016年、103〜113頁。

――「トルコ『安定化』へのシナリオ」―治安の回復・シリアでの権益確保・大統領制の実現」『外交』Vol. 37、2016年、128〜135頁。

Murat Erdoğan, *Türkiye'deki Suriyeliler: Toplumsal Kabul ve Uyum*, İstanbul: İstanbul Bilgi University Press, 2015.

Security Studies, 2014.
Ahmet Davutoğlu, *Stratejik Derinlik: Türkiye'nin Uluslararasi Konumu*, İstanbul: Küre Yayinları, 2001.
——, *Teoriden Pratiğe: Türk Diş Politikası üzerine Konuşmalar*, İstanbul: Küre Yayinları, 2013.
Fuat Keyman and Sebnem Gumucu (eds.), *Democracy, Identity, and Foreign Policy in Turkey: Hegemony through Transformation*, Hampshire: Palgrave, 2014.
International Crisis Group, "Turkey's PKK Conflict: The Death Toll" (http://www.crisisgroup.be/interactives/turkey/), 20 July, 2016.
Paul Kubicek, Emel Parlar Dal and Tarik Oğuzlu (eds.), *Turkey's Rise as an Emerging Power*, London: Routledge, 2015.

第８章

アナトリア考古学研究所ウェブサイト
池井優・坂本勉編『近代日本とトルコ世界』勁草書房、1999年。
ウムット・アルク『トルコと日本』サイマル出版会、1989年。
『広報くしもと』2015年12月号。
大成建設ウェブサイト
長場紘「日本とトルコ―国交樹立への歩み」『現代の中東』No. 22、1997年、48～62頁。
長場紘『近代トルコ見聞録』Keio UP選書、2000年。
日本外務省ウェブサイト
日本トルコ協会『アナトリアニュース』
松谷浩尚『イスタンブールを愛した人々』中公新書、1998年。
松谷浩尚『日本トルコ交渉史（続）―解説と資料』NPO法人岡崎研究所、2005年。
森永堯『トルコ世界一の親日国―危機一髪！　イラン在留日本人を救出したトルコ航空』明成社、2010年。
山口洋一『トルコが見えてくる―この親日国の重要性』サイマル出版会、1995 年。
「歴代駐トルコ４大使座談会」『アナトリアニュース』No. 100、2000年、８～18頁。
「トルコを通じて広がる第三国支援」『アナトリアニュース』No. 131、2012年、38～39頁。
ORSAM, *Japan and Turkey in the International Community: Cooperation and Potential*, Report No. 193, 2014.
JETROウェブサイト

――「トルコにおける政軍関係の変容―軍の権益の段階的縮小と今後の展望」『中東研究』No. 524、2015年、32～40頁。
Ahmet Sever, *Abdullah Gül İle 12 Yıl*, İstanbul: Doğan Kitap, 2015.
Fuat Keyman and Ziya Öniş, *Turkish Politics in a Changing World: Global Dynamics and Domestic Transformations*, İstanbul: İstanbul Bilgi University Press, 2007.
Gürkan Zengin, *Hoca- Türk Dış Politikası'nda Davutoğlu Etkisi*, İstanbul: İnkılap Kitabevi, 2010.
Hakan Yavuz, *Secularism and Muslim Democracy in Turkey*, Cambridge: Cambridge University Press, 2009.
Hakan Yavuz（ed.）, *The Emergence of A New Turkey: Democracy and the AK Parti,* Salt Lake City: University of Utah Press, 2006.
Hüseyin Besli ve Ömer Özbay, *Recep Tayyip Erdogan: Bir Liderin Doğuşu*, İstanbul: Yeni Türkiye Yayinları, 2014.
Masaki Kakizaki, "Anti-Iraq War Protests in Turkey", *Middle Eastern Studies*, Vol.47, No.1, 2011, pp.81-99.
Soli Özel, "After the Tsunami", *Journal of Democracy*, Vol.14, No.2, 2003, pp.80-94.
William Hale, *Turkey, US, and Iraq*, London: SAQI, 2007.
Ziya Öniş, "Conservative globalists versus defensive nationalists: political parties and paradoxes of Europeanization in Turkey", *Journal of Southern Europe and the Balkans*, Vol. 9, No. 3, 2007, pp. 247-261.

**第７章**

荒井康一「トルコにおける親イスラーム政党の成功と今後の課題―AKP中道化の背景とゲズィ抗議運動の意味」『中東研究』No. 519、2013年、29～36頁。

今井宏平「西洋とのつながりは民主化を保障するのか―トルコのEU加盟交渉を事例として」『国際政治』第182号、2015年、44～57頁。

――「トルコ外交の継続と変容―ダーヴトオールの考えを中心に」『外交』Vol. 31、2015年、132～137頁。

――「トルコにおいて伸張する『イスラーム国』―その起源と構成」『アジ研ワールド・トレンド』2016年８月号、40～47頁。

澤江史子「煮詰まるトルコのクルド人問題解決策―PKKの要求とトルコ政府の対応」『海外事情』第60巻11号、2012年、104～121頁。

内藤正典『トルコ：中東情勢のカギをにぎる国』集英社、2016年。

Aaron Stein, *Turkey's New Foreign Policy: Davutoglu, the AKP and the Pursuit of Regional Order*, Essex: Royal United Services Institute for Defence and

Turkey", *Comparative Politics*, Vol. 34, No. 4, 2002, pp. 439-456.

第５章

今井宏平「ポスト冷戦期におけるトルコのユーラシア外交―安全保障共同体モデルを枠組みとして」『中央大学政策文化総合研究所年報』第15号、2012年、55～80頁。
勝又郁子『クルド・国なき民族のいま』新評論、2001年。
坂本勉『トルコ民族の世界史』慶應義塾大学出版会、2006年。
八谷まち子編『EU拡大のフロンティア：トルコとの対話』信山社、2007年。
東野篤子「対外支援：EUの規範とコンディショナリティ」大矢根聡編『コンストラクティヴィズムの国際関係論』有斐閣、2013年、101～124頁。
Ali Kemal Özcan, *Turkey's Kurds: A Theoretical Analysis of the PKK and Abdullah Ocalan*, London: Routledge, 2006.
Banu Eligür, *The Mobilization of Political Islam in Turkey*, Cambridge: Cambridge University Press, 2010.
Barry Rubin and Metin Heper (eds.), *Political Parties in Turkey*, London: Frank Cass, 2002.
İhsan Daği, *Kimlik, Söylem ve Siyaset: Doğu-Batı Ayriminda Refah Partisi Geleneği*, Ankara: IMGE kitabevi, 1998.
İsmail Cem, *Turkey in the New Century (2nd edition)*, Nicosia: RUSTEM, 2001.
İsmet İmset, *The PKK: A Report on Separatist Violence in Turkey*, Ankara: Turkish Daily News Publications, 1992.
Kemal Kirişci and Gareth Winrow, *The Kurdish Question and Turkey: An Example of a Trans-state Ethnic Conflict*, London: Frank Cass, 1997.
Necmettin Erbakan, "Türkiye'nin Diş Politikası Nasil Olmali?", *Yeni Türkiye*, Yıl1. Sayı 3, 1995, pp. 58-61.
Philip Robins, *Suits and Uniforms: Turkish Foreign Policy since The Cold War*, Hurst & Company, 2003.
Stephan Larrabee and Ian Lesser, *Turkish Foreign Policy in an Age of Uncertainty*, RAND, 2003.
Sükrü Elekdağ, "2 1/2 War Strategy", *Perceptions*, March-May 1996, pp. 33-57.

第６章

今井宏平「トルコ―創造的破壊者としての公正発展党」後藤晃・長沢栄治編『現代中東を読み解く―アラブ革命後の政治秩序とイスラーム』明石書店、2016年、228～251頁。

岩坂将充「トルコにおける「民主化」の手法」『国際政治』第178号、2014年、132～145頁。

George McGhee, *The US-Turkish-NATO Middle East Connection: How the Truman Doctrine and Turkey's NATO Entry Contained the Soviets*, Hampshire: The Macmillan Press, 1990.

Nasuh Uslu, *The Turkish-American Relationship between 1947 and 2003: The History of Diştinctive Alliance*, New York: Nova Science Publication, 2003.

Nur Bilge Criss, "Strategic Nuclear Missiles in Turkey: The Jupiter Affair, 1959-1963", *Journal of Strategic Studies*, Vol. 20, No. 3, 1997, pp. 97-122.

Philip Nash, *The Other Missiles of October: Eisenhower, Kennedy, and the Jupiters 1957-1963*, Chapel Hill & London: The University of North Carolina Press, 1997.

Selin Bölme, *İncirlik Üssü: ABD'nin Üs Politikası ve Türkiye*, İstanbul: Iltişm Yayinları, 2012.

Serhat Güvenç, *NATO'da 60 Yıl: Türkiye'nin Transatlantik Güvenliğe Katkiları*, İstanbul: İstanbul Bilgi Üniversitesi Yayinları, 2013.

**第４章**

後藤晃「トルコの工業化政策とエタティズム：経済統計の分析を通して」『商経論叢』第36号第３巻、2001年、211〜264頁。

吉田徹『ポピュリズムを考える―民主主義への再入門』NHKブックス、2011年。

Metin Heper（ed.）, *Strong State and Economic Interest Groups: The Post-1980 Turkish Experience*, Berlin: Walter de Gruyter, 1991.

Mustafa Aydın, *Ten Years After: Turkey's Gulf Policy (1990-91) Revisited*, London: Frank Cass, 2002.

Necip, Torumtay, *Orgeneral Torumtay'in Anilarι*（2. Baskı）, Milliyet Yayinları, 1994.

Yeşim Arat, "Politics and Big Business: Janus-Faced Link to the State", in Metin Heper（ed.）, *Strong State and Economic Interest groups: the post-1980 Turkish experience*, Berlin: Walter de Gruyter , 1991, pp. 135-147.

Ziya Öniş, "Political Economy of Turkey in the 1980s: Anatomy of Unorthodox Liberalism" in Metin Heper（ed.）, *Strong State and Economic Interest groups: the post-1980 Turkish experience*, Berlin: Walter de Gruyter, 1991, pp. 27-40.

Ziya Öniş, "The State and Economic Development in Contemporary Turkey: Etatism to Neoliberalism and Beyond" in V. Mastny and R. Nation.eds., *Turkey Between East and West- New Challenge for a Rising Regional Power*, Westview Press, 1996, pp. 155-178.

Ziya Öniş and Umut Türem, "Entrepreneurs, Democracy, and Citizenship in

山口昭彦「現代トルコの国民統合と市民権―抵抗運動期から共和国期を中心に」酒井啓子・臼杵陽編『イスラーム地域の国家とナショナリズム』東京大学出版会、2005年、239～263頁。
Dilek Barlas, *Etatism and Diplomacy in Turkey: Economic and Foreign Policy Strategies in an Uncertain World, 1929-1939*, Leiden: Brill, 1998.
Edward Weisband, *Turkish Foreign Policy 1943-1945: Small State Diplomacy and Great Power Politics*, Princeton: Princeton University Press, 1973.
İsmail Soysal（ed.）*Çağdaş Türk Diplomasisi: 200 Yillik Süreç*, Ankara: Türk Tarih Kurumu Yayinları, 1999.
Selim Deringil, *Turkish Foreign Policy during the Second World War: An Active Neutrality*, Cambridge: Cambridge University Press, 1989.

第２章

関口陽子「現代トルコの民族主義者行動党（MHP）とイスラーム：1965-2007年」鈴木董編『オスマン帝国史の諸相』山川出版社、2012年、443～455頁。
Feroz Ahmad, *The Turkish Experiment in Democracy 1950-1975*, London: Hurst & Company, 1977.
Jacob Landau, *Radical Politics in Modern Turkey*, Leiden: Brill, 1974.
Metin Heper and Sabri Sayari（eds.）, *Political Leaders and Democracy in Turkey*, Lanham: Lexington Books, 2002.
William Hale, *Turkish Politics and the Military*, London: Routledge, 1994.

第３章

大島直政『複合民族国家キプロスの悲劇』新潮選書、1986年。
小野沢透『幻の同盟：冷戦初期アメリカの中東政策』（上・下）名古屋大学出版会、2016年。
谷口長世『NATO―変貌する地域安全保障』岩波書店、2000年。
中岡三益『アメリカと中東―冷戦期の中東国際政治史』財団法人中東調査会、1998年。
Bruce R. Kuniholm, *The Origins of the Cold War in the Near East: Great Power Conflict and Diplomacy in Iran, Turkey, and Greece*, Princeton: Princeton University Press, 1980.
"Correspondence between President Johnson and Prime Minister Inönü", June 1964, as released by the White House, January 15, 1966, *Middle East Journal*, Vol. 20, No. 3.
Ekavi Athanassopoulou, *Turkey-Anglo-American Security Interests 1945-1952: The First Enlargement of NATO*, London: Frank Cass, 1999.

研究所研究双書No. 555 西・中央アジアにおける亀裂構造と政治体制』IDE-JETRO アジア経済研究所、2006年、35～94頁。
Serif Mardin, "Center Periphery Relations: A Key to Turkish Politics", *Deadalus*, Vol. 2, No. 1, 1973, pp. 169-190.
Tarik Oğuzlu and Emel Parlar Dal, "Decoding Turkey's Rise: An Introduction" in Paul Kubicek, Emel Parlar Dal, and Tarik Oğuzlu (eds.), *Turkey's Rise as an Emerging Power*, New York: Routledge, 2015.

**第１章**

植田隆子「バルカン協商の形成（1934年）に関する覚書（Ｉ）」『東欧史研究』第２号、1979年。

――「バルカン協商の形成（1934年）に関する覚書（Ⅱ）」『東欧史研究』第３号、1980年。

宇野陽子「トルコ・ギリシア住民交換―トルコ国民国家建設に対する見直しとなりうるか？」『アフリカ・中東地域における社会・文化変容と国際関係』2009年、130～142頁。

大庭竜太「サイド・ヌルスィーにおけるクルド性とイスラーム」『イスラーム世界』No. 66、2006年、1～22頁。

――「現代トルコにおけるクルド系 ヌルジュ運動―メド・ゼフラの事例を中心に」『オリエント』No. 49（1)、2006年、185～202頁。

粕谷元「分化する『クルド・アレヴィー』アイデンティティ」『現代の中東』No. 28、2000年、2～14頁。

――「トルコのイスラーム潮流―ヌルスィーとギュレン」小松久男・小杉泰『現代イスラーム思想と政治運動』東京大学出版会、2003年、63～83頁。

佐原徹哉『近代バルカン都市社会史―多元主義空間における宗教とエスニシティ』刀水書房、2003 年。

設樂國廣『ケマル・アタテュルク―トルコ国民の父』〈世界史リブレット 人〉山川出版社、2016年。

柴宣弘編『新版世界各国史18 バルカン史』山川出版社、1998年。

長沢栄治「中東の開発体制―エジプトにおけるエタティズムの形成」東京大学社会科学研究所編『20世紀システム４：開発主義』東京大学出版会、1998年、207～238頁。

永田雄三・加賀谷寛・勝藤猛『中東現代史Ｉ』山川出版社、1982年。

山内昌之『納得しなかった男：エンヴェル・パシャ　中東から中央アジアへ』岩波書店、1999年。

――『中東国際関係史研究：トルコ革命とソビエト・ロシア 1918-1923』岩波書店、2013年。

# 参考文献

**全体に関わるもの**

新井政美『トルコ近現代史―イスラム国家から国民国家へ』みすず書房、2001年。

新井政美編著『イスラムと近代化』講談社選書メチエ、2013年。

今井宏平『中東秩序をめぐる現代トルコ外交―平和と安定の模索』ミネルヴァ書房、2015年。

――「トルコ―新自由主義・親イスラーム政党・秩序安定化外交」(松尾昌樹・岡野内正・吉川卓郎編『中東の新たな秩序』、ミネルヴァ書房、2016年、179-199頁。

イルテル・エルトゥールル(佐原徹哉訳)『現代トルコの政治と経済―共和国の85年史(1923～2008)』世界書院、2011年。

澤江史子『現代トルコの民主政治とイスラーム』ナカニシヤ出版、2005年。

松谷浩尚『現代トルコの政治と外交』勁草書房、1987年。

Ali Balcı, *Türkiye Diş Politikası-İlkeler, Aktör, Uygylamalar-*, İstanbul: Etkileşim, 2013.

Baskın Oran (ed.), *Türk Diş Politikasi: Kurtulş Savaşindan Bugüne Olgular, Belgeler, Yorumlar, Cilt I: 1919-1980*, İstanbul: Iltişm Yayinları, 2001.

――, (ed.), *Türk Diş Politikası: Kurtulş Savaşindan Bugüne Olgular, Belgeler, Yorumlar, Cilt II: 1980-2001*, İstanbul: Iltişm Yayinları, 2001.

――, (ed.), *Türk Diş Politikası: Kurtulş Savaşindan Bugüne Olgular, Belgeler, Yorumlar, Cilt III: 2001-2012*, İstanbul: Iltişm Yayinları, 2013.

Erik Zürcher, *Turkey: A Modern History*, London: I. B. Tauris, 2001.

Ersin Kalaycioğlu, *Turkish Dynamics: Bridge across Troubled Lands*, New York: Palgrave, 2005.

Hasan Kösebalaban, *Turkish Foreign Policy: Islam, Nationalism, and Globalization*, New York: Palgrave, 2011.

Meliha Benli Altunisik and Özlem Tür, *Turkey - Challenges of Continuity and Change*, London: Routledge, 2005.

Suavi Aydin and Yüksel Taskin, *1960'tan Günümüze Türkiye Tarihi*, İstanbul: İletişim, 2014.

William Hale, *Turkish Foreign Policy 1774-2000*, London: Frank Cass, 2002.

――, *Turkish Foreign Policy since 1774*, New York: Routledge, 2012.

**序　章**

岩崎美紀子『比較政治学』岩波書店、2005年。

間寧「トルコ:『周辺』の多元化と政党制への反映」間寧編『アジア経済

今井宏平（いまい・こうへい）

1981年，長野県生まれ．2006年，中央大学大学院法学研究科政治学専攻博士前期課程修了．06年からトルコのビルケント大学に留学，07年から11年までトルコの中東工科大学国際関係学部博士課程に留学．11年，中東工科大学国際関係学部博士課程修了．13年，中央大学大学院法学研究科政治学専攻博士後期課程修了．中東工科大学Ph.D.（International Relations）．中央大学博士（政治学）．日本学術振興会特別研究員（PD）を経て，16年より日本貿易振興機構（ジェトロ）アジア経済研究所研究員．専門は，現代トルコ外交・国際関係論．

著書『中東秩序をめぐる現代トルコ外交』（ミネルヴァ書房，2015年）
『国際政治理論の射程と限界』中央大学出版部，2017年
*The Possibility and Limit of Liberal Middle Power Policies: Turkish Foreign Policy toward the Middle East during the AKP Period (2005–2011)*, Lexington Books, 2017
ほか

トルコ現代史《げんだいし》
中公新書 *2415*

2017年1月25日初版
2021年2月25日再版

著　者　今井宏平
発行者　松田陽三

本文印刷　暁印刷
カバー印刷　大熊整美堂
製　本　小泉製本

発行所　中央公論新社
〒100-8152
東京都千代田区大手町1-7-1
電話　販売　03-5299-1730
　　　編集　03-5299-1830
URL　http://www.chuko.co.jp/



Published by CHUOKORON-SHINSHA, INC.
Printed in Japan　ISBN978-4-12-102415-2 C1222

# 中公新書刊行のことば

いまからちょうど五世紀まえ、グーテンベルクが近代印刷術を発明したとき、書物の大量生産は潜在的可能性を獲得し、いまからちょうど一世紀まえ、世界のおもな文明国で義務教育制度が採用されたとき、書物の大量需要の潜在性が形成された。この二つの潜在性がはげしく現実化したのが現代である。

いまや、書物によって視野を拡大し、変りゆく世界に豊かに対応しようとする強い要求を私たちは抑えることができない。この要求にこたえる義務を、今日の書物は背負っている。だが、その義務は、たんに専門的知識の通俗化をはかることによって果たされるものでもなく、通俗的好奇心にうったえて、いたずらに発行部数の巨大さを誇ることによって果たされるものでもない。現代を真摯に生きようとする読者に、真に知るに価いする知識だけを選びだして提供すること、これが中公新書の最大の目標である。

私たちは、知識として錯覚しているものによってしばしば動かされ、裏切られる。私たちは、作為によってあたえられた知識のうえに生きることがあまりに多く、ゆるぎない事実を通して思索することがあまりにすくない。中公新書が、その一貫した特色として自らに課すものは、この事実のみの持つ無条件の説得力を発揮させることである。現代にあらたな意味を投げかけるべく待機している過去の歴史的事実もまた、中公新書によって数多く発掘されるであろう。

中公新書は、現代を自らの眼で見つめようとする、逞しい知的な読者の活力となることを欲している。

一九六二年一一月

中公新書

## 現代史

f3

- 2590 人類と病 詫摩佳代
- 2451 トラクターの世界史 藤原辰史
- 2368 第一次世界大戦史 飯倉 章
- 27 ワイマル共和国 林 健太郎
- 478 アドルフ・ヒトラー 村瀬興雄
- 2553 ヒトラーの時代 池内 紀
- 2272 ヒトラー演説 高田博行
- 1943 ホロコースト 芝 健介
- 2349 ヒトラーに抵抗した人々 對馬達雄
- 2610 ヒトラーの脱走兵 對馬達雄
- 2448 闘う文豪とナチス・ドイツ 池内 紀
- 2329 ナチスの戦争 1918-1949 R・ベッセル 大山 晶訳
- 2313 ニュルンベルク裁判 A・ヴァインケ 板橋拓己訳
- 2266 アデナウアー 板橋拓己
- 2615 物語 東ドイツの歴史 河合信晴
- 2274 スターリン 横手慎二
- 530 チャーチル（増補版） 河合秀和
- 2578 エリザベス女王 君塚直隆
- 1415 フランス現代史 渡邊啓貴
- 2356 イタリア現代史 伊藤 武
- 2221 バチカン近現代史 松本佐保
- 2538 アジア近現代史 岩崎育夫
- 2586 東アジアの論理 岡本隆司
- 2437 中国ナショナリズム 小野寺史郎
- 2600 孫基禎《ソン・ギジョン》―帝国日本の朝鮮人メダリスト 金 誠
- 2034 感染症の中国史 飯島 渉
- 1959 韓国現代史 木村 幹
- 2262 先進国・韓国の憂鬱 大西 裕
- 2602 韓国社会の現在 春木育美
- 1763 アジア冷戦史 下斗米伸夫
- 1876 インドネシア 水本達也
- 2596 インドネシア大虐殺 倉沢愛子
- 2143 経済大国インドネシア 佐藤百合
- 1596 ベトナム戦争 松岡 完
- 2330 チェ・ゲバラ 伊高浩昭
- 1664 1665 アメリカの20世紀（上下） 有賀夏紀
- 2626 フランクリン・ローズヴェルト 佐藤千登勢
- 1920 ケネディ―「神話」と実像 土田 宏
- 2140 レーガン 村田晃嗣
- 2383 ビル・クリントン 西川 賢
- 2527 大統領とハリウッド 村田晃嗣
- 2479 スポーツ国家アメリカ 鈴木 透
- 2540 食の実験場アメリカ 鈴木 透
- 2504 アメリカとヨーロッパ 渡邊啓貴
- 2415 トルコ現代史 今井宏平
- 2163 人種とスポーツ 川島浩平